会展经济理论与实务

HUIZHAN JINGJI LILUN YU SHIWU

（第四版）

刘大可 陈刚 王起静 编著

首都经济贸易大学出版社
Capital University of Economics and Business Press
·北 京·

图书在版编目(CIP)数据

会展经济理论与实务/刘大可等编著. --4版. --北京:首都经济贸易大学出版社,2020.1

ISBN 978-7-5638-2979-8

Ⅰ.①会… Ⅱ.①刘… Ⅲ.①展览会—服务经济学—高等学校—教材 Ⅳ.①G245 ②F063.1

中国版本图书馆CIP数据核字(2019)第161289号

会展经济理论与实务(第四版)
刘大可 陈刚 王起静 编著

责任编辑 王 猛
封面设计 风得信·阿东 FondesyDesign
出版发行 首都经济贸易大学出版社
地 址 北京市朝阳区红庙(邮编 100026)
电 话 (010)65976483 65065761 65071505(传真)
网 址 http://www.sjmcb.com
E-mail publish@cueb.edu.cn
经 销 全国新华书店
照 排 北京砚祥志远激光照排技术有限公司
印 刷 唐山玺诚印务有限公司
开 本 710毫米×1000毫米 1/16
字 数 290千字
印 张 16.5
版 次 2006年6月第1版 2011年3月第2版
2015年2月第3版 **2020年1月第4版**
2021年8月总第7次印刷
书 号 ISBN 978-7-5638-2979-8
定 价 38.00元

第四版前言

感谢读者的厚爱，使得本书自2006年6月第一次出版以来得以不断重印和修订，本次修订已经是第四个版本。过去10余年来，中国会展行业在不断发展，会展教育在不断成熟，读者对会展教材的要求和期待也在不断提升，这次修订正是在这种背景下进行的。

本次修订，一方面更新了国际国内会展行业最新发展数据，让读者能够更加清晰地了解国内外会展业的发展态势，另一方面精选、补充了行业最新案例和行业背景资料，确保本书的内容能够与行业发展前沿高度契合。考虑到本教材的整体构架经过数次修订后已经比较合理，因而在本次修订中没有做大的改动。北京第二外国语学院会展管理专业的研究生刘媛丽同学为本次修订做了大量基础性工作，在此表示感谢。

最后，感谢孟岩岭编辑长期以来的支持，感谢读者们的认可，我们将十分珍视这份荣誉，将这本教材做得更好！

前 言

伴随着世界各国政治、经济以及文化等方面的交流与合作，以会议与展览为主体的“会展行业”近年来在全球范围内获得了快速增长。2005年7月，联合国国际经济和社会分类专家小组在法国巴黎正式将会议与展览业确定为一个“独立的产业”，这是对会展业在全球经济地位的重大认可。

中国会展经济虽然起步较晚，但近年来一直以20%左右的速度快速增长，行业规模急剧扩大，从业人员大幅上升。在一些区位条件和经济条件相对优越的城市中，会展业甚至已经成为经济发展的主要推动力之一。当然，与会展业比较发达的国家相比，我国目前举办的许多展会不仅规模偏小，而且还存在着定位不明确、策划不完善、主题不鲜明、营销不科学等多种问题，这些问题在很大程度上削弱了我国会展业的国际竞争力。

为培养会展方面的专业人才，以提高我国举办展会活动的整体水平，近年来中国会展教育和培训工作应运而生，并且取得了长足发展。教材编写是教育和培训的基础性工作，尽管最近两三年间已经公开出版了数十本会展方面的教材和著作，但是从总体看，无论是理论深度还是理论与实践的结合等方面仍然存在较大问题。在这种背景下，我们在前期研究的基础上，又组织相关专业教师编写了这本教材。

同以往的同类教材相比，本书具有以下四个显著特点：

一、主要以展览会的策划、组织与管理等为研究对象，克服了以往教材中将会议、展览、大型活动、体育赛事等“广义会展活动”罗列在一起进行研究的弊端，体现了专业性。

二、理论与实务紧密结合。既对实务工作进行了理论提升和总结，又加强了理论对实务工作的指导。特别是书中有关实务环节的讲解，主要以现实中的实际操作案例为基础，具有很强的可操作性。

三、结构完整。本书所讲述的内容包含了展览会选题策划、计划、营销、现场管理、风险控制以及展后评估等工作，系统、完整地介绍了举办展览会所涉及的各项主要工作。

四、适用面广。本书通俗易懂，案例丰富，既适合于普通高校以及职业技术院校的会展、旅游、营销等相关专业的教学，同时也是会展理论研究人员以及广大从业人员的普及读物。

当然，会展还是一个新兴的教育领域，尽管我们近年来一直致力于对这一领域的研究，而且出版了不少相关教材和著作，但是对展览会的理解和认识依旧存在许多需要进一步提高的地方。我们真诚地希望各界朋友对书中的不妥当甚至不正确之处提出批评指正,以便在以后的教材编写过程中能够做得更好。

全书共分13章,各章撰写人员如下:第一章,刘大可、侯雪艳;第二章,王起静、侯雪艳;第三、六、八、十、十一、十二、十三章,陈刚、张丽娜;第七章,刘大可;第四、五、九章,王起静。全书由刘大可和王起静统稿并修改。

最后,感谢北京市重点建设学科——北京第二外国语学院旅游管理学科建设基金为本书编写提供资助;感谢会展已有文献的作者们给我们提供精神营养;感谢首都经济贸易大学出版社孟岩岭编辑,孟老师认真和富有效率的工作,保证了本书的及时出版。

刘大可

2006年3月

第一章 会展概述

内容提要

本章介绍了会展的内涵与特征,并对世界和中国会展业发展的历史进程以及会展活动在全球以及我国的发展现状进行了简要概括。通过本章的学习,能够使读者了解会展的内涵及其特征,会展活动产生、发展的各个阶段,以及目前会展活动在各个地区的发展现状和总体布局。

第一节 会展活动的内涵与特点

一、会展活动的内涵

哪些活动是会展活动?对这一问题不同人有不同看法。把展览会、博览会与交易会等列为会展活动几乎是没有任何争议的。但是,除了这些有展示、有研讨,同时也夹杂一些娱乐活动的典型展会之外,像奥运会、亚运会等体育赛事算不算会展活动?政府、行业协会、高校、企业等机构举办的会议算不算会展活动?许多城市举办的节庆活动,如青岛的啤酒节、浏阳的花炮节以及三亚的模特大赛等是不是会展活动?对这些问题的回答,人们存在争议。

在本教材中,会展活动被界定为一个涵盖内容非常广泛的概念,其中至少包括三个板块的内容:

(一)会议

1.会议的含义。会议是一种聚众议事的社会活动。在现实生活中,凡是在一定的时间和空间内,为了达到一定目的或者解决某个问题而进行的有组织、有领导、有共同议题的议事活动均可称为会议。

按照这种定义,会议主要包括如下三个特点:

(1)会议是一种“聚众”行为。这种“聚众”首先是数量上的保证,一般情况下,会议的参与者至少应该在3人以上,而且必须是基于共同的议题而聚,这意味着参会者通常具有某种共同的偏好或者具有某种类似的社会统计特征。

(2)会议是一种有目的的行为。会议参与者聚到一起,或者是为了通过沟通和交流解决某些存在分歧的问题;或者是为了解决现实社会中广泛存在的信息不对称状态,使与会者获得关于某一事项或者某一领域的充分信息。

(3)会议是一种有组织的行为。会议不是自发性的群众聚会,而是组织者按照一定的程序和形式人为筹划的活动。很多会议的组织工作需要经过筹备阶段、召开阶段和后续事项处理阶段等完整的过程。许多大型年会通常还设有会议的常设机构,负责处理关于年会的日常事务。

2.会议的功能与商业机会。现实世界中,会议通常是组织内部成员之间以及不同组织之间最常用的沟通方式。如政府依靠会议传达行政命令,宣传施政思想;企业依靠培训会提高员工素质,依靠订货会加强同客户的沟通;科研院所的学者们依靠会议交流思想,启迪智慧,等等。由于会议能够给参会者提供有用的信息,因而很多机构和个人愿意“花钱参会”,于是便出现了不少以组织、举办和承办会议为生的“会议公司”,这些公司又集合在一起形成了“会议行业”。每天全世界都有大量人员从一个城市飞到另一个城市,从一个地区飞到另一个地区,参加各种各样的国际和国内会议,从大多数高档饭店提供的客源信息看,会议客人已经成为现代饭店业最重要的客户之一。

3.会议的类型。非专业人士通常看不出不同会议之间的差别,但是专门从事会议研究的学者们常常根据会议的不同特点将会议划分成不同类型:

首先,按照会议的组织形式不同,通常可以划分为年会(Convention)、代表会议(Congress)、论坛(Forum)、专题学术讨论会(Symposium)以及讨论会(Workshop)等多种类型。

其次,按照会议涉及的内容不同,通常可以划分为商务型会议、度假型会议、展销会议、文化交流会议、专业学术会议、政治性会议以及教育培训会议等。

最后,按照会议举办主体不同,通常可以划分为社会团体类会议(如协会类会议、社交团体类会议等)、公司会议(如销售会议、技术会议、管理者会议、培训会议、股东会议等)、政府机构会议、工会组织和政治团体会议以及宗教组织会议等。

当然,会议的分类并不是固定不变的,根据认识和研究问题的需要,完全可以按照其他标准对会议进行分类。比如说,按照会议的性质不同,可以分为正式会议和非正式会议;按照会议的规模不同,可以分为大型会议、中型会议和小型会议;按照与会代表是来自国内还是国外,可以分为国内会议和国际会议,等等。

（二）展览会

1.展览会的内涵与特征。展览会是会展活动中最普遍、最活跃并且最具典型性的部分。从展览会产生的历史以及在社会经济生活中发挥的主要作用看，展览会是为参展商和专业买家提供交易机会的贸易平台，是一个与贸易紧密相关的概念。展览会的这种本质属性决定了展览会与现实经济有着密切的关系。展览会一方面在促进经贸合作等方面发挥了积极的作用，另一方面展览会对区域经济的发展状况具有高度依赖性。

关于展览会的内涵，不同文献有不同表述。《辞海》（上海辞书出版社，1980 年版）认为展览会是"用固定或巡回的方式，公开展出工农业产品、手工业制品、艺术作品、图书、图片，以及各种重要实物、标本、模型等，供群众参观、欣赏的一种临时性组织"；《简明不列颠百科全书》将展览会定义为："为鼓舞公众兴趣、促进生产、发展贸易，或者为了说明一种或多种生产活动的进展和成就，将艺术品、科学成果或工业制品进行有组织的展览"；美国《大百科全书》则把展览会定义为："一种具有一定规模，定期在固定场所里举办的，来自不同地区的有组织的商人聚会。"尽管不同文献对展览会的定义有所不同，但是从这些不同界定中，我们依旧能够看出不同文献对展览会共同认可的一些基本特征。这些特征主要包括：

（1）信息高度集中。这种集中既包括展示的"物的集中"，也包括参展商和观众的"人的集中"，同时还包括同行业"信息集中"。从现代经济学的视角看，展览会之所以能够产生并不断得以发展，关键在于展览会能够在短时间内集聚大量供求信息和产品信息，无论对买家还是卖家来说，从展览会上获取这些信息比他们挨家挨户去搜寻要节省大量的时间和精力，从而极大地降低了商品供求双方的"交易费用"。有关调查资料显示，参加展览会是企业成本最低、收效最好的营销方式。

（2）交易选择空间大。展览会之所以受到商家的青睐，除了"信息集聚效应"外，展览会还为买家提供了广阔的交易选择空间。事实上，买方之所以愿意通过参加展览会订购商品，一个重要的原因在于展览会上有大量的卖家，卖家之间存在面对面的竞争，买家不仅可以从展览会上获取更多同类或者替代产品信息，从而有利于买方对商品性能和质量等方面进行比较，而且买家还可以从卖家的竞争中获取商品真实的成本信息，避免上当受骗。

（3）涉足行业前沿。展览会是展示企业最新产品和技术的平台，通常被誉为世界经济和技术的"晴雨表"。不管是哪个行业的展览会，如果不能够展示最新的产品和技术，如果不能集聚最新的思维以及不能体现最新的发展趋势，展览会就失去了生命力。所以，"新"是展览会永恒的主题。展览会既要体现"新"的产品和技术，也要体现新的理念和发展趋势。

(4)通过一定的艺术形式展示产品和技术。与会议有所不同的是,产品和技术的展示是展览会的重要功能。参展商为了突出展示产品和企业的形象,往往综合运用声、光、色、字以及图像等艺术手段,将展示的内容表现得个性突出,栩栩如生。观众置身于展览馆内,仿佛置身于立体艺术、平面艺术与灯光艺术的海洋里,加之音乐助兴,常常令人心旷神怡。

(5)展览、会议以及各种特殊活动的融合。从展览会的表现形式看,现代展览会已经不仅仅是简单的商品展示和交易。在展览会期间,主办方和参展商都组织大量与展览相配合的专业会议和各式各样的活动,以提高展览会的展示和交易效果。展览、会议以及特殊活动的结合已经成为近年来展览会明显的发展趋势,这是本教材将展览会称为最具"代表性"的会展活动的根本原因。以服装博览会为例,在绝大多数有影响的服装博览会期间,将同时举办"服装时尚论坛"、"面料流行趋势研讨会"、"新闻发布会"以及"模特秀"等各式各样的附加活动,以丰富展览会期间的交流内容和形式。

2.展览会的类型。与会议一样,虽然非专业人士通常难以分辨出不同展览会的差异,但是在展览同行中,按照不同的划分标准,展览会可以划分为不同的类型。通常的分类方法有以下五种:

(1)根据展示的内容不同,展览会可分为综合展和专业展。综合性展览会又称为博览会,通常情况下展示的内容包罗万象,涉及工业制造、自然地理、人文历史等各个方面,目前世界上规模、影响力最大的综合展是世界博览会。专业展是指展出内容严格限制在某一领域的展览会,通常属于贸易性展览会,以贸易为主要目的,具有较强的行业特征,如机床展、汽车配件展等。

(2)根据展示的目的不同,展览会可分为宣传类展览会和贸易类展览会。宣传类展览会通常属于公益性展览会,以宣传、教育、鼓动为展示目的,如反走私展、精神文明展、反腐败成果展、改革开放成就展、先进模范人物事迹展等展览大多数属于这种类型,贸易类展览会是指以促进商业贸易为展示目的的展览会。在中国,以商品交易为特色的"中国出口商品交易会(广交会)"、以科技项目交易为特色的"中国国际高新技术成果交易会(高交会)"以及招商引资为特色的"中国国际投资贸易洽谈会(投洽会)"等著名展览会都属于贸易类展览会的范畴。

(3)按照展示内容的行业属性不同,展览会可以划分为轻工、石化、纺织、建材、房地产、服务、医疗、能源、环保、机电、体育等各行各业的展览会。可以说,社会经济中存在多少个相对独立的行业,就会有多少"种"或者多少"类"行业性的展览会。

(4)根据参展商和观众的地区来源不同,展览会可分为国内展、来华展和出国展。国内展是指非涉外的贸易展览会,参展商和观众均来自国内;来华展是指在境内举办的对外经济技术贸易展览会，参展商和观众既包括国内的商家，又包括海外的商家；出国展是指组织国内企业出国办展或参展，其中以出国参展为主。

(5)根据组织者是否具有“营利目的”，展览会可以分为营利性展览和非营利性展览。营利性展览是指组织者通过为参展商和观众提供交易服务而获取相应的商业利润，通常以贸易性展览会为主；非营利性展览是指组织者主要是为了提高人们的文化内涵、艺术修养等公益目的而组织展览会，虽然他们也收取一定数额的门票费用，但是他们的根本出发点不是为了“营利”。这种非营利性展览通常情况下在博物馆、艺术馆、科技馆等公共性展览场所举行。

(三)特殊活动

1. “特殊活动”的含义。“特殊活动”是指人们为了纪念某个特殊的事件或者为了满足某种社会群体的特殊需求而精心计划和举办的文体比赛、庆祝仪式、特技表演以及节庆活动等。特殊活动涉及的范围十分广泛，通常包括重大庆典活动、大型文化演出、重要的体育赛事以及区域性的节庆活动等。

2.“特殊活动”的类型。通常情况下，按照参与活动的人数多少以及活动的影响范围不同，将特殊活动划分为三种类型：

(1)国际性大型活动。国际性大型活动是指那些规模庞大、参与人数众多并在全球媒体中引起强烈反响的活动。奥林匹克运动会和世界博览会是其中的典型代表。对国际性大型活动规模的界定，人们在认识上有较大分歧。规模多大才可以称之为“大型活动”，目前没有统一的界定标准。本教材认为，大型活动至少应该满足四条标准：第一，持续时间至少 10 天；第二，累计参与人数至少超过 100 万；第三，参与国家和地区至少在 10 个以上；第四，活动内容涉及面广，能够引起社会各层面人士的关注。从这一标准出发，中国举办的大型活动并不多，2008 年在北京举办的奥林匹克运动会和 2010 年在上海举办的世界博览会是在中国举办的“国际性大型活动”的典型代表。大多数国际性大型活动不是纯经济的贸易活动，政府的“形象功能”以及居民的“娱乐功能”从中占了很大部分。所以，与纯粹的贸易展览有所不同的是，大型活动的主办方通常是政府部门，大型活动中发生的部分费用需要政府依靠财政资金“埋单”。

(2)地区性大型活动。地区性大型活动是指活动范围波及一定的地理和行政区域，在特定地理区域内引起较大反响的综合性活动。地区性大型活动可以由区域以外甚至国外相关人士参加，但是从参与者主体以及活动所引起的影响看，主要局限在特定的地区范围内。地区性大型活动的举办目的，一方面是为了丰富本区域居民的社会文化生活，另一方面是为了通过举办活动，引起地区以外的政府组织、经济组织以及媒体的注意，最终达到提升本地区的知名度、提供商机并带动本地经济发展的目的。例如,一年一度的潍坊国际风筝节,虽然总体规模不大,但是每年都能够吸引来自世界各地数十个国家和地区的风筝爱好者前来参加,这些活动对树立潍坊的国际形象、招商引资等发挥了重要作用。

(3)地方性节庆活动。地方性节庆活动是指以某个乡镇和城区的民间习俗、产业、地理特征等为基础发展起来的具有较高知名度和较大影响力的区域性民间活动。如以地方产业为基础发展起来的景德镇国际陶瓷节;以地方民俗为基础发展起来的中国吴桥国际杂技艺术节等。地方性节庆活动一般有一定的持续时间并且重复举办。这些活动虽然规模不大,但地方特色鲜明,除了能够活跃当地居民的物质文化生活以外,通常还能够吸引国外的相关爱好者参加。

二、会展活动的共性特征

人们之所以把会议、展览和特殊活动统称为"会展活动",主要是因为这些活动存在许多共性特征,主要包括:

第一,这些活动都是"长期筹备、短期举办"的"点"状活动,而不像行政组织以及企业组织中日常管理那样的"线"状活动。

第二,这些活动都涉及人员的迁徙和移动,参加活动的人来自全国甚至世界各地,他们来到活动举办地,必须借助一定的交通工具并在举办地住宿和餐饮。

第三,这些活动通常能够为人们枯燥的日常工作和生活平添几分乐趣,所以能够吸引人们的参与,并能够引起媒体的关注。

第四,活动的组织管理都是以独立的"项目"方式进行的,一项活动结束后,需要策划和组织另一项活动,并在项目的不断策划和举办过程中,提高活动的声誉和价值。

三、本教材的研究对象

根据前文的界定,会展活动是一个内涵非常丰富的概念,其中主要包括会议、展览以及各式各样的特殊活动。其中,有的活动是商业性质的,通常由营利组织来经营,如绝大多数贸易性展览会以及专业会议机构组织的经营性会议;有的活动是纯公益性质的,通常由政府或者其他公共机构组织,展出后供观众免费参观,如中小学生的科普活动展;当然,也有半公益性质的,即活动展出后向观众收取一定数额的门票,但组织者的收入通常难以抵补支出,差额部分由政府或者其他公共机构补给。

显然,在这样一种繁杂的背景下,笼统地谈论"会展活动"毫无意义。因为有的活动是商业性的,以营利为目的,需要以商业的思路经营与管理;但是,有的活动是公益性的,以宣传、教育、文化传播等为目的,至少不需要商业意义上的经营。另一方面,即使经营性的"活动",因为会议、展览以及特殊活动等具体类别不同,具体经营方式也存在较大差异。以会议与展览为例,会议的主要功能是加强信息交流和沟通,而展览的功能是促进商品贸易。两类活动的目标差异,决定了会议与展览在目标客户群体、客户需求特征、客户支付能力、组织者盈利模式等方面通常会存在较大差异。因而,这两类活动不应该采取同样的经营管理模式。当然,奥林匹克运动会和世界博览会等国际性大型活动的情况更为复杂,如果仅仅按照一般会议的经营思路来推广这些大型活动,显然不是科学的做法。

鉴于此,本教材的研究对象明确界定为"商业性展览会"。这里的商业性展览会是指由"独立经营、自负盈亏"的会展企业组织的以"营利"为目的的展览会。这种展览会明显区别于以"非营利"目的组织的公益性展览会。之所以选择商业性展览会进行研究,主要理由有三:①商业性展览会的经营与管理是一种商业行为,符合一般市场经济规律。②展览会是一种连续性很强的贸易活动,很多展览会都是在相对固定的场所年复一年地举办,是一种相对稳定的经济形态。这一点有别于奥林匹克运动会和世界博览会等大型活动,因为后者通常在世界不同国家和地区轮流举办,对区域经济的影响不是一种"细水长流"的稳定状态。③现代展览会通常是展览、会议以及特殊活动的融合体,商业性展览会的营销对其他类型会展活动的经营管理具有较强的借鉴价值。

为了让读者更加清楚地了解会展活动的基本构成体系以及本教材研究对象与其他会展活动的关系,笔者绘制了一张会展活动构成图,并用深色底纹标注了本教材的研究范围,具体请参阅图 1-1。

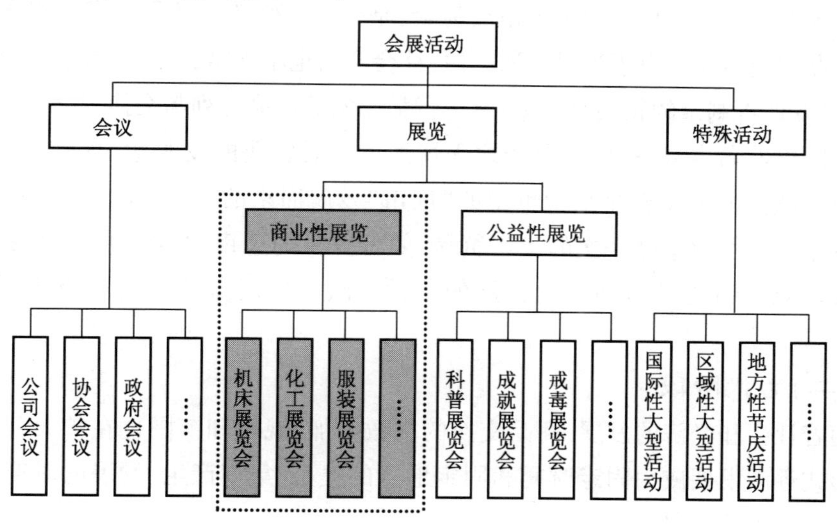

图 1-1　会展活动的构成及本教材的研究范围

(注:虚线框定的灰色区域为本教材研究范围)

第二节　会展业的起源和发展历史

会展活动的雏形可以追溯到千年以前,以集市交易的形式对人类社会和经济的发展产生了积极的促进作用。直到近代阶段,1851 年英国伦敦“万国工业大展览会”(The Great Exhibition of the Industries of All Nations)的举办,标志着旧贸易集市向标准的国际展览会与博览会过渡。如果从 1894 年的德国莱比锡样品工业博览会算起,世界展览业已经走过了 100 多年的历史。尽管我国的会展活动历史也较为久远,但会展业的真正发展则是从 20 世纪 70 年代末改革开放以后开始的。

一、世界会展业发展的历史

展览是最古老的市场形式。从世界范围看,展览的产生和发展过程大致可以分为原始、古代、近代和现代四个阶段。

(一) 原始阶段

人类的贸易起源于物物交换,这是一种原始的、偶然的交易,其形式包含了展览的基本原理,即通过展示来达到交换的目的,这是展览的原始阶段,也是展览的原始形式。

世界上公认的最早的国际集市交易会,是公元 629 年在法国巴黎近郊的圣丹尼斯举办的交易会。由于当时交通不便,社会商品也不丰富,人们只能在一定的地区内,自发地将剩余的物品拿到集市,进行最原始的商品陈列与交换。

从历史的角度来看,欧洲是当之无愧的世界展览业的发源地,具有十分悠久的历史。欧洲的展览会是从中世纪的“周市”发展而来的。“周市”(Weekly Marketplace)是指每周举办一次的集市贸易,如古罗马的鱼市、米市、油市等,都是专门以买卖双方的交易活动作为办展的宗旨。欧洲的展览会一直具有很强的贸易性。

(二) 古代阶段

随着社会和经济的发展,商品交换的次数增加,规模和范围也在扩大,商品交换的形式逐渐发展成为固定时间和固定地点的集市,集市产生、发展的时期,可以称为展览的古代阶段。

早在中世纪时代,作为展览会前身的集市贸易就定期或不定期地在人口集中、商业较为发达的一些欧洲城市举行了。在中世纪的欧洲,著名的国际贸易集市是香槟集市,它在12—13世纪时尤为重要。它名义上是依附于法兰西国王的香槟伯爵在其领地上建立的跨国界的集市贸易中心,位于当时法国的东北部,东邻德意志,北靠佛兰德,其边界为法兰西所环抱,正处在北欧诸国与地中海之间的贸易商道上,无论陆路还是水路,交通都极为方便。因而这里商贾云集,成为来自意大利、佛兰德、英格兰、德意志和法国其他地区的商人聚会之地。集市每年定期在伯爵领地内的四个城市轮流举行。在这里,东方的香料和奢侈品,佛兰德的呢绒,法国的葡萄酒和家畜,德国的金属制品,英国的羊毛和铅、锡,北欧的皮毛等都在集市上出售,香槟伯爵则从商品交易中抽税取利。1300年,香槟伯爵的领地归法王治理,封建主沿途征税,损害了商人利益,商路开始由内陆转向大西洋。1337年,持续百年的英法战争爆发,纷乱的战争环境,最终使曾经兴旺达200年之久的香槟集市在14世纪逐渐衰落,失去了其昔日的重要地位。香槟集市的形成和发展,是社会分工和生产力发展的结果,是早期会展经济活动较为完善的形式。

现代意义上的贸易展览会最早诞生在德国,因此,一般认为德国是世界贸易展览会的发源地。到15世纪,莱比锡和许多其他欧洲国家的城市都相继成为著名的世界展览大城市。

15世纪末和16世纪初,随着"地理大发现"的进程,世界各大洲的经济及文化交流很快发展并密切起来,形成了连接大西洋、太平洋、印度洋的国际市场,展览会也形成了跨地区、跨国界的趋势,使国际展览业得以形成。以后,随着贸易活动的频繁和经济的全球化发展,会展活动逐渐扩展到北美等其他地区。

(三)近代阶段

1.欧洲会展活动的发展。17—19世纪,在工业革命的推动下,欧洲出现了工业展览会。工业展览会有着工业社会的特征,这种新形式的展览会不仅有着严密的组织体系,而且将展览的规模从地方扩大到国家,并最终扩大到世界,这一时期是展览的近代阶段。

18世纪末至19世纪初的工业革命,使欧洲发达国家工业生产进入了机械化时代。继纺织业之后,机械在交通运输和工农业生产中的作用越来越受世人关注。工业革命极大地改变了全球社会经济活动的内容和形式,并使会展活动成为重要的经济活动之一。工业革命使英国成为当时的"世界工厂",为了显示自己的强大,英国举办了"万国工业博览会",即1851年在伦敦举行的世界博览会。来自世界各地(包括中国)的14 000多个展出者参加了此次博览会。该博览会使用的"水晶宫"展馆,以玻璃、铁架预制构件结构建成,面积7.4万平方米,场面极其壮观,标志着旧的贸易集市向标准的国际展览会与博览会过渡。此后,法国于1867年、1878年、1889年、1990年连续四次主办了类似的大规模博览会。再以后,奥地利、荷兰、瑞士、意大利、美国也都曾主办过这种大规模的博览会。

1894 年莱比锡举办了第一届国际工业样品博览会。这届博览会不仅规模空前,吸引了来自世界各地的大批展览者和观众,更重要的是配合资本主义生产方式和市场扩张的需要,在展览方式和宣传手段等方面进行了改革和创新,如按国别和专业划分展台;以贸易为主,以便于商人看样订货,等等。这种方式引起了展览界的重视,欧洲各地的展览会纷纷效仿,展览业从此走上了规范化和市场化的轨道。

2. 北美会展活动的发展。一般认为,北美展览会开始于 18 世纪,是直接从西欧传过来的。这些展览会刚开始时,主要集中在早期的殖民城市波士顿。1765 年,美国第一个展览会在温索尔市诞生。加拿大第一个展览会则诞生于 1792 年,当时是由加拿大尼亚加拉联邦的一个农业组织发起和举办的。

北美展览会起源于专业协会的年度会议。起初,展览会只作为年度会议的一项辅助活动,而且仅限于信息发布和形象展示,展览会的贸易成交和市场营销功能曾在很长一段时间内并不为企业所重视。

与欧洲相比,美国展览会的国际化程度较低。在大多数情况下,美国展览会更多的是为了满足美国各州间贸易往来的需要,称其为“州际贸易展览会”也许更为贴切。在美国展览会上,最活跃的交易是在批发商和零售商间进行,外国参展商的成交常常是小批量的,单个合同成交额一般也都小于欧洲。尽管如此,由于美国国内市场容量巨大,美国展览会对国外参展商的吸引力仍然不小。

(四)现代阶段

现代展览一般统称为贸易展览会和博览会,是在综合两者的基础上产生的,这一时期始于 19 世纪末。

1. 19 世纪末至第二次世界大战前。19 世纪末至第二次世界大战前,展览会与博览会成为发达国家争夺世界市场的场所。为适应市场的变化,扩大对外贸易,展览会与博览会改变了过去单纯的商品展示方式,采取样品展示、邀请专业贸易人士前来参展、进行期货贸易等方式,以达到赢得竞争的目的。

1928 年 11 月 22 日,来自 31 个国家的政府代表出席了在巴黎举行的国际会议。经过讨论,共同签订了《1928 年国际展览会巴黎公约》——世界上第一个关于管理和协调国际性展览会的公约。公约规定了国际性展览会(即世界博览会)的举办周期、主办者和参展者的权利与义务等。作为该公约的执行机构——国际展览局(BIE)亦应运而生。BIE 总部设在巴黎,常务办事机构为秘书处,秘书长为该处的最高领导。国际展览局的宗旨是通过协调和举办世界博览会,促进世界各国经济、文化和科学技术的交流与发展。

2. 第二次世界大战到20世纪70年代。第二次世界大战结束后,一批因战争而停办的展览会和博览会重整旗鼓,为世界经济复苏注入了勃勃生机。当时世界著名的“米兰博览会”“莱比锡博览会”“巴黎博览会”被誉为连接各国贸易的三大桥梁。“莱比锡博览会”在冷战期间为沟通东西方贸易联系起到了重要作用,前民主德国每年与西方国家达成的贸易额中,有1/3来自“莱比锡博览会”。展览会与博览会为科技成果在国际生产领域的应用和传播起了不可低估的作用。在新产品、新技术层出不穷的今天,许多有利于生产发展的产品与技术都是通过展览会的宣传和介绍而被社会所接受的。

3. 20世纪70年代到90年代。20世纪70年代,国际分工体系的深化和科学技术的进步,给国际展览业带来强劲的发展动力。世界各国,特别是发达国家纷纷将其贸易集市发展成为具有较大规模的国际展览会或博览会,纷纷兴建大型展览中心,花巨资建造常设的展览场馆,同时大量扩充会展从业人员队伍,这使得国际展览业形成了庞大的产业规模。

4. 20世纪90年代以后。20世纪90年代以来,以信息技术为核心的新一轮科学技术革命使世界市场的时空距离大大缩短,为全球贸易的开展提供了最为便捷的手段。网络技术不断完善,网上会展日渐推广,电子商务日益普及。

目前,欧洲会展在全球会展经济中整体实力最强、规模最大,德国、意大利、英国、法国都是世界级的会展业大国。欧洲的展览会明显具有数量多、规模大的特点。据统计,每年在欧洲举办的贸易展览会约占世界总量的60%,而且欧洲展览会规模巨大,参展商数量和观众人数众多,绝大多数世界性“航母级”超大型和行业顶级展览会都在欧洲举办。在这方面,德国堪称是最典型的代表。世界著名的国际性、专业性贸易展览会中,约有2/3在德国举办。按营业额排列,世界十大知名展览公司中,有6个是德国公司。美国、意大利、法国、英国、日本、新加坡等国家和我国香港地区的展览业这几年也都有很大的发展,在这些国家或地区的国民经济中占有相当的比重。

二、中国会展业发展的历史

中国的展览史可以追溯到2 000多年前。关于我国会展业的发展历史,还没有非常科学合理的阶段划分。在这里,我们把我国会展历史大致分为如下四个阶段。

(一)从会展活动出现到中华人民共和国成立前期——中国会展业萌芽阶段

《易经》记载:“日中为市,致天下之民,聚天下之货,交易而退,各得其所。”我们认为,《易经》中所描述的景象只是会展活动的萌芽,还不是现代意义上的会展。

虽然会展活动在我国有较长的历史,但在漫长的封建社会里,我国长期处于自给自足的自然经济状态,社会分工不明显。农耕文明制约了商品交易的充分发展,历代封建王朝大多采用重农抑商政策,使得以商品交易活动为主要基础的会展活动发展缓慢。

我国1873年首次参加在奥地利举办的维也纳世界博览会,此后,官方或民间商人又以组团参展、寄物参展、派员参观等形式,先后参加了美国费城(1876年)、法国巴黎(1878年和1900年)、美国新奥尔良(1885年)、日本大阪(1903年)等20余次世界博览会。1905年,清朝商部颁行《出洋赛会同行简章》20条,对华商出国参加国际性博览会做出了统一规定,鼓励各省商家踊跃赴赛。1915年,中华民国政府派员参加了在美国旧金山召开的巴拿马太平洋万国博览会,获大奖56个,名优奖67个,金牌奖196个,银牌奖239个,铜牌奖147个。自1926年参加美国费城博览会后,中国一直没能参加世界博览会。直到1982年,新中国才又登上世界博览会的舞台,参加了在美国举办的诺克斯维尔世界博览会。

除了参加世界博览会,我国国内的会展活动也逐渐发展起来。自20世纪初以来,我国举办过各种类型的博览会,其中以1910年的南洋劝业会最为典型。南洋劝业会是我国有史以来第一次全国性博览会,并初具世界博览会的性质。博览会会场占地47万多平方米(700余亩),设省展览馆30余个;并设参考馆,分别展出英、美、日、德等国的展品;还有暨南馆一所,陈列南洋华侨展品。会期5个月,仅两江地区物产展品就达100万件,会上获奖展品5 269件,参观人数亦达20余万人。此外,我国还举办过一系列全国性或地区性运动会。

虽然自20世纪以来,我国会展活动开始缓慢发展,但因为国力虚弱,政局动荡,战争频繁,我国的会展活动始终没能与世界会展活动的发展同步。只是到了新中国成立,特别是改革开放以来,我国的会展活动才得以迅猛发展,并极大地改变了社会经济生活的内容和形式。

(二)中华人民共和国成立后到改革开放前——政府控制下的会展业起步阶段

中华人民共和国成立后,由于受国际政治、经济环境的制约,我国参加世界性会展活动的次数和机会并不是很多。但与旧时中国比,已发生了翻天覆地的变化。1951年3月,我国在中华人民共和国成立后首次参加了“莱比锡春季博览会”,这标志着我国出展业新的开端。

我国这一阶段会展活动的显著特点是:配合中华人民共和国政府的外交政策,冲破西方国家对中国的政治孤立和经济封锁,宣传中国的建设成就。无论是出国参加国际博览会、赴国外单独举办展览，还是接待外国代表团的来华展览会，基本上都是围绕着展示建设成就这一主题展开的。这一时期，我国无论是在展会的功能、形式，还是在展会运作的方式上，都与现代意义上的商业展览会大相径庭。会展在全国范围内还远没有成为一个产业。

（三）改革开放后至2003年——市场拉动下的快速发展阶段

我国这一阶段会展活动的显著特点是：随着市场化改革的不断深入，对外开放政策的不断深化和经济的快速增长，会展活动从第一阶段的“政治主导型”转变为“经济主导型”，会展活动逐步市场化，但是办展主体尤其是海外组展主体依旧受政府控制。

改革开放以来，我国的会展经济从无到有，从小到大，从单一到多样，从综合到专业，以年均20%左右的速度递增，并开始走向世界。中国展览会经过20年的国内外竞争，有一批专业展越滚越大，逐步形成全球知名的展览会，例如在北京举办的机床展、纺机展、冶金铸造展和印刷展已跻身国际同行展的前四名，这些展览会在展览规模、服务水平等方面已接近国际水准，已被列入全球行业展览计划，参与全球行业展览竞争。近年来，消费品专业展也越办越大，北京的春秋国际服装展，大连、宁波的服装节，上海的国际家具展都逐步成为新的品牌展。

根据有关统计数字显示，1997年全国举办展览会总数为1 063个，1998年为1 262个，1999年为1 326个。其中，国际性展览约占48%，国内展览约占52%。来华展览就地域来说，由于市场和运输费用等因素的影响，主要分布在北京、上海、广州、大连、成都、深圳等沿海和经济发达地区。1999年全国国际展694个，其中上述四城市占58%。就展会类型来说，有外国来华单一国家展览，有综合性展览，有专业性展览。就国际展而言，专业性展览约占95%以上。据有关方面不完全统计，全国主要的行业展数量为：电子展24个、轻工展23个、食品展10个、石化展7个、汽车展13个、纺织服装展17个、建材展35个。专业展目前较成熟且在国内外影响较大的，有北京的国际机床展、汽车展、国际通信展、纺机展、冶金铸造展等，面积在4万至6万平方米，这些展览在其同类展中占有重要的分量，在亚洲乃至世界均有一定的影响。就总体来说，5万平方米以上的展览每年不超过10个，2万平方米以上的展览约20个，其余国际性专业展以1万平方米左右的为多，约占总数的50%。就观众来说，估计每年约有600万以上人员参观国际展览会。以中国国际展览中心为例，每年约有160万人流。除汽车展等公众性较强的展会外，大多数专业展会的观众为专业界的决策人士、贸易人员及科技人员等。一些高水平的专业展给我国经贸、技术人员提供了一个不出国的考察、交流机会，其客观经济效益难以估量。

（四）2003 年以来——世界贸易组织（WTO）推动下的国际化发展阶段

这一阶段的显著特点是：中国展览业对外开放进程加快，国外展览业从展览产品市场到展览要素市场两个侧面全面进入中国，中国展览业在展览产品和服务方面的国际化进程继续加快，但在展览业要素市场的竞争方面力量不足。

在这一阶段，有两个标志性事件推动了中国会展业的国际化进程。一是《内地与香港关于建立更紧密经贸关系的安排》及其附件分别于 2003 年 6 月 29 日和 9 月 29 日由中央政府和香港特别行政区政府在香港签署，《内地与澳门关于建立更紧密经贸关系的安排》于 2003 年 10 月 17 日由中央政府和澳门特别行政区政府在澳门签署；二是 2004 年 1 月商务部颁发《设立外商投资会议展览公司暂行规定》，规定“国家鼓励引进国际上先进的组织会议展览和专业交流方面的专有技术设立外商投资会议展览公司，促进我国会展业的发展”。

在中国展览业对外开放政策的鼓励下，2003 年以来，中国会展业的国际化进程出现了历史性飞跃。特别是海外跨国巨头已经从合作办展、合资办展、合资建设会展中心、展台搭建、展品运输以及教育培训等诸多领域全方位进入中国，中国展览业面临着前所未有的国际竞争压力。

以下是一些比较有代表性的典型事件：

第一，美国博彩业巨头珠海打造亚洲会展王国。2005 年 10 月，美国拉斯维加斯金沙集团在美国旧金山同珠海市政府签订合作意向，将把横琴岛一处废弃采石场开发成一座集国际休闲旅游、高级酒店及附属别墅和配套康乐设施为一体的会展中心，项目投资高达 10 亿美元，先期投资 3 亿美元。

第二，中美携手打造消费电博会世界名展。2005 年 7 月 1 日至 4 日，2005 中国国际消费电子博览会（简称 SINOCES）在青岛拉开帷幕。此次 SINOCES 之所以受到人们的普遍关注，是因为这是博览会首次与美国国际消费电子协会（CEA）展开全面合作，并利用其所拥有的市场资源提升 SINOCES 的办展水平。2005 年，美国 CEA 首次移师国外，与 SINOCES 开始全面合作，目的是打造一个新的国际会展品牌。

第三，法兰克福展览公司携手广州光亚展览贸易有限公司打造中国展览航母。2005 年 10 月 11 日，广州光亚展览贸易有限公司与法兰克福展览公司共同参股的广州第一家中外合资展览公司——广州光亚法兰克福展览有限公司举行合资公司签字仪式，中外双方各占 50%的股份。这不仅是法兰克福公司第一次与我国民营展览公司合作，同时也使广州诞生了第一家中外合资展览公司，开了广州展览业的先河。

第四，中德巨头联手为全球五金制造商开展。2005 年 8 月 30 日，中国五金制品协会与德国科隆国际展览有限公司签订协议：自 2006 年开始，双方长期在中国联合主办“中国国际五金展”（CIHS）。它标志着双方“让行业走向世界，把世界拉近中国”这一高水平、国际化的会展平台搭建成功。中德这两大巨头联手,能最大限度地实现优势互补和资源整合,进一步扩大展会规模,提升展会内涵,把中国国际五金展打造成高质量、高水准的国际一流五金专业展会和著名品牌。

第五,锦江国际(集团)公司牵手日本株式会社 JTB,欲打造“会展旗舰”。2005 年 2 月 22 日,锦江国际(集团)公司与世界排名第二的旅游集团——日本株式会社 JTB 签约成立合资会展公司,此举标志着中国和日本两个大型旅游“航母”将携手开拓上海乃至中国的会展市场。专家指出,这家将锦江的国内资源和 JTB 的国际品牌结合起来的中日合资公司,将成为上海最具竞争力的会展企业。

第六,纽伦堡会展公司在上海设立首个海外全资子公司。欧洲第六大的德国纽伦堡会展公司于 2007 年 5 月 31 日在上海成立了首个海外全资子公司,这是海外会展公司首次以全资形式进入中国市场。首个海外全资会展公司在中国的成立,意味着中国展览市场已经成为国际大型展览集团的重要扩张目的地。

第七,澳门国际贸易投资展览会获全球展览协会认证。由澳门贸易投资促进局主办、澳门会议展览业协会承办的“澳门国际贸易投资展览会”(MIF),经第 72 届全球展览业协会(UFI)会员大会正式决议通过,成为 UFI 的认证展会,同时澳门贸促局也正式成为 UFI 会员。

第八,“第三届中俄区域会展联盟工作会议”在哈尔滨召开。2010 年 6 月 12 日,我国黑龙江、香港、澳门、台湾及俄罗斯远东经贸合作洽谈会——“第三届中俄区域会展联盟工作会议”在哈尔滨国际会议中心召开。来自中国贸促会 11 家省市与行业分会的代表与俄罗斯联邦博览联合会的 11 家代表签署了中俄区域会展联盟共同协议。该协议的签订标志着中俄两国会展界联盟的首次合作已经启程。

第九,德国会展巨头斯图加特展览公司落户南京。2010 年 10 月 20 日,总部位于德国巴登-符腾堡州的全球知名会展巨头斯图加特展览公司在南京成立办事处,并与南京国际博览中心签订战略合作意向书。南京市委书记朱善璐和德国巴登-符腾堡州经济部长费斯特共同出席了揭牌仪式。斯图加特展览公司此次在宁落户,将为本地会展业的国际化带来巨大影响。

总之,中国展览业的发展,在很大程度上将取决于中国经济发展的速度、中国对外开放的深度和广度以及中国和世界技术的发展速度,取决于中国参与世界经济全球化进程等诸多背景要素。中国经济将迎来一个极大的发展时期,这将给我国国际展览业带来新的繁荣。我国巨大的市场和高速发展的经济,将吸引更多的外商来中国进行各种经贸活动,展览会将成为各种经贸活动的桥梁和重要场所。

第三节　全球会展业的发展现状及态势

全球展览业经过多年发展,形成了许多著名的品牌展会和展览中心,如世界著名的米兰博览会、莱比锡博览会、巴黎博览会等,以及米兰、莱比锡、巴黎等国际展览中心,并带动了这些国家展览业的发展。美国、德国、意大利、法国、英国等则形成了国际展览会的集中地,而维也纳、哥本哈根、马德里、布达佩斯、悉尼、巴黎、伦敦、墨尔本等已经成为展会比较集中的城市。总体来看,展览会多集中于国际化大都市。从经济总量和经济规模的角度来考察,展览会的经济走向在世界各国发展并不均衡。

一、欧洲

欧洲是世界展览会的发源地,1851 年在伦敦举行的万国博览会成为现代展览会的起始点。经过 160 多年的积累和发展,欧洲已成为世界上整体实力最强、规模最大的展览区域,也是当今展览业竞争最激烈的地方。从总体上看,欧洲展览代表着当今世界展览业发展的最高水准。欧洲的展览强国主要聚集在西欧,德国、法国、意大利、英国等都是世界级的展览强国。下面以德国为例,简要分析欧洲会展业的发展概况。

德国长久以来由于其优越的地理位置、专业的会展场馆、众多的品牌展会和细致的展会服务被公认为世界会展发展的中心和风向标,并获得“世界会展王国”的美誉。在地理位置方面,德国位于中欧西部,与 9 个国家相邻,素有“欧洲心脏”的称号,不论在道路交通上还是数据传输上都处于世界领先水平;在会展场馆方面,目前德国的展览面积达 280 万平方米,大于 10 万平方米的展馆有 10 个,5 万至 10 万平方米的展馆有 5 个,世界上最大的 8 个展览中心有 4 个在德国;在品牌展会方面,每年有 160~180 个全球领先的国际性贸易展览在德国举办,平均有 18 万参展商和 100 万观众到现场参展观展,2017 年品牌展会为德国带来的直接收益为 14.5 亿欧元并提供了 23.1 万个就业岗位;在展会服务方面,德国拥有完整的会展业人才培养体系以不断满足市场需求,同时更有多达 5.8 万家的专业会展公司在展会策划、媒体宣传、场景设计和市场调查等方面不断创新,以为参展商和专业观众提供更为优质的服务。2017 年,德国会展公司总营收 3.7 亿欧元,在全球会展公司营收前十中,有 4 家公司是德国的。

关于德国会展业的最新发展,从表 1-1 可以看出,2013—2017 年德国每年举办的国际性贸易展览约164个,每年净展出面积约670万平方米,参展商约17.7万家,专业观众约996万,其中56.82%是国外参展商,29.05%是国外专业观众。

表1-1　2013—2017年德国国际贸易展会相关信息一览表

年份	2013年	2014年	2015年	2016年	2017年
参展商总数(万家)	16.64	17.96	17.29	19.21	17.62
外国参展商(万家)	9.49	10.27	10.19	11.29	10.78
外国参展商所占比例(%)	57.03	57.18	58.93	58.77	61.18
参展观众总数(万人)	1 006.52	971.73	977.20	1 053.63	972.76
外国参展观众(万人)	265.00	262.00	255.00	320.00	290.00
外国专业观众所占比例(%)	26.80	26.96	26.10	30.37	35.00
净展览面积(万平方米)	669.70	682.39	625.79	757.74	644.68
展览会数量(个)	139.00	176.00	164.00	186.00	157.00

资料来源:德国贸易展览协会(AUMA)(https://www.auma.de)。

德国不追求每年举办展会的数量,但重视展会的规模和质量。他们在打造大型国际品牌展会时,非常重视与城市产业的结合,对展会的时间也进行了规律性划分,确保展会各方利益相关者都能获得最大程度的参展收益。据统计资料显示,大多数德国企业认为参加展览会对提高公司知名度、展示创新产品、收集信息等方面的作用优于其他任何方式。参展商在展会上每花费1欧元,平均可带来40欧元左右的合同。2017年,德国展会共为参展商带来了28亿欧元的贸易交易额。

二、北美

由于北美特别是美国强大的经济实力以及国内巨大的市场容量,北美展览业的发展水平从世界范围来看依然处于领先地位,北美展览对于海外参展商具有较大的吸引力。北美净展出面积约达到5 000万平方米,参展商120万,观众近7 500万,每年举办展会近万个,并形成了北美地区独特的办展模式和风格。其中最主要的展览城市是多伦多、拉斯维加斯、芝加哥、纽约、奥兰多、达拉斯、亚特兰大、新奥尔良、旧金山和波士顿等。

美国在长期的会展业发展过程中,逐步形成了一套独特的办展模式和风格。美国虽然是一个典型的“小政府大社会”国家,但在会展业的管理方面,却充分体现出政府的管理职能,80%的展馆由政府直接管理,20%为专业公司管理,场馆使用率72%,政府财政补贴较大。在市场分工方面,展览场地的所有者与展览会的组织者截然分开,展览中心只出租展览场地和设施,没有进行自主展览项目的开发;而展览会组织者一般没有自己的展览场地,办展时需要从展览中心的所有者那里租用展览场地和相关设施。对于会展市场的运作,政府只是通过某个部门进行协调,而不是具体经营。在会展活动的整个环节中,美国较好地将政府与市场结合在一起,做到了两种力量的优势互补,为美国会展业的迅速发展创造了良好的市场空间。

三、亚洲

亚洲会展经济的发展水平虽然总体上在欧洲和北美之后,但从规模上看,近年来已经开始追赶欧美,整体水平高于拉美和非洲。2017年全球展览业协会(UFI)发布的《亚洲贸易展年度行业报告》(第14版)显示整个亚洲地区的展会总面积整体增长7%,达2 200万平方米。目前亚洲会展市场的核心组成部分为中国内地、中国香港、中国澳门、澳大利亚、印度、印度尼西亚、日本、韩国、马来西亚、巴基斯坦、菲律宾、新加坡、中国台湾、泰国、柬埔寨、缅甸和越南,其中中国内地、日本、印度和韩国的展会总面积超过100万平方米,而中国内地则以1 300万平方米的展会面积位居亚洲第一。虽然中国国内展览业呈现数量稳步提高、规模快速增长的良好态势,但在专业化管理、品牌化运营、国际化发展等方面与会展业相对成熟的新加坡仍有一定的差距。

新加坡是著名的国际会展中心、国际金融中心、国际航运中心和国际贸易中心,连续多年获得国际大会及会议协会(ICCA)“亚洲最佳会展城市”称号,被誉为亚洲会展之都。南洋理工大学(NTU)专题研究报告称会展业对新加坡经济的带动率为1:12。根据国际大会及会议协会最新公布的数据,2017年新加坡共举办了160个国际协会会议,按城市排位位居全球第六,亚太地区第一。新加坡的会展业发展于1974年,新加坡旅游促进局正式设立展览会议署,专门负责协助展会活动的组织策划和协调推广。新加坡会展业的快速稳定发展得益于其政府的专业化管理、展览的品牌化运营和企业的国际化发展。在专业化管理方面,新加坡政府严格厘清职能界限,推行“无为而有为”,在基础设施、办展手续、财政优惠和宣传促销等方面竭力为会展业的发展保驾护航,而在涉及会展项目供需时则交给市场,优胜劣汰,从不干预;在品牌化运营方面,亚洲航空展、新加坡国际家具展、亚洲绿色建筑展和新加坡国际医疗展等品牌展览会均已成长为亚洲最大的国际级展会;在国际化发展方面,新加坡在1976年便引入英国蒙哥马利展览集团和励展集团,为会展企业带来前沿管理知识和新鲜血液,目前在新加坡运营的大型国际会展公司主要有新加坡会展有限公司、杜塞尔多夫有限公司、励展博览集团和慕尼黑展览有限公司等，展会组织者呈现跨国、跨地区发展趋势。

四、大洋洲

大洋洲会展经济发展水平仅次于欧美，但规模小于亚洲，该地区的会展业主要集中于澳大利亚。由于2000年悉尼奥运会的成功举办，澳大利亚会展业的世界排名快速攀升，带动了澳大利亚以及太平洋地区展会市场份额的增长，增长率高达80%以上。

澳大利亚将展览定义为“至少20个摊位、并且摊位之间有隔断”的展览会。按照这个定义，澳大利亚整个展览行业每年为澳大利亚经济贡献了约23亿澳元的收益，公众性和专业性展览会共吸引了约500万观众、10 700家企业参展。专业性展览会的观众，无论来自澳大利亚其他城市还是来自海外，平均每人大约在展出城市消费700澳元，包括住宿、餐饮、娱乐、购物、交通等方面的花费；而来自同一城市的观众，平均每人花费130澳元。平均29%的观众来自国外或者澳大利亚其他地区，89%的观众为专门来参加展览会而进行相应的旅行安排。公众性展览会的观众，无论是从澳大利亚其他城市来还是从海外来，平均每人大约在展出城市消费346澳元，而来自同一城市的观众平均每人花费108澳元。澳大利亚共有展览场馆107家，展览会的主办机构106个，共举办大约360个展览会。澳大利亚的展览服务公司有122家，主要涉足除展览会主办和场馆经营外的其他配套服务业务，包括展台搭建、展览设计、展品运输、展览会餐饮、展览配套旅游等，每年总营业额近1.8亿澳元。另据一项研究结果显示，2001年到悉尼参加会议的外国旅游者平均每天消费749美元，是其他旅游者消费额的9倍。商务旅游者在澳大利亚的消费以航空交通费用增长最快，为87%，其次是购物、观光、住宿和餐饮等。调查结果显示，48%的商务旅游者携带随从人员，每位商务旅游者携带的人员由1999年的1.9位增加到2001年的3位。此外，有57%的人参加会前或会后旅游，其中以到新南威尔士州的为最多①。

五、拉丁美洲与非洲

据估计，整个拉丁美洲的会展经济总量约为20亿美元。其中，巴西位居第一，每年办展约500个，营业额8亿美元；阿根廷紧随其后，每年大约举办300个展览会，营业额4亿美元；排在第三位的是墨西哥，每年举办展览会近300个，营业额约

① 中国贸促会驻澳大利亚代表处：澳大利亚展览市场调研，中国贸易报网站（www.chinatradenews.com.cn）。

2.5亿美元。除了这三个国家,其他拉丁美洲国家的会展经济规模都很小,很多国家尚处于起步阶段。

整个非洲大陆会展经济主要集中于经济相对发达的南非和埃及。南非凭借其雄厚的经济实力及对周边国家的辐射能力,其会展业在整个南部非洲地区处于遥遥领先地位;北部非洲的会展业以埃及为代表,埃及凭借其在连接亚、欧、非和沟通中东、北非市场的极有利的地理位置,近年会展业发展突飞猛进。2017年UFI全球年会在南非约翰内斯堡举办,这是UFI年会首次在非洲大陆举办,从一定程度上体现了国际会展业界对非洲市场关注度的提升。非洲会展市场的增长很快,每年从2月到11月中旬是非洲的展览旺季,所举办的知名展览项目包括法兰克福汽配展、非洲航空航天防务展和工程机械展览会等,展会规模也不断扩大。

第四节　中国会展业发展现状及态势

中国展览业已经成为构建现代市场体系和开放型经济体系的重要平台,在我国经济社会发展中的作用日益凸显。2017年,中国经济贸易展览总数达10 358场,展览面积为14 285万平方米,投入使用的展览场馆有348所,从总量上看,我国已经发展成为一个"展览大国"。展览行业类型已经涉及汽车、建筑建材、家居家装、医疗器械、食品饮料、节能环保、休闲产业、包装印刷、信息科技、美容美发等数十个领域。同时,在经济全球化和"一带一路"倡议下,我国正积极同"一带一路"沿线国家和地区紧密联系、合作共赢、以展促贸,会展业的国际化程度越来越高。

一、我国境内展览统计

20世纪90年代以来,我国展览业发展迅速。1997年国内展览会数量首次突破1 000个,经过20年的发展,2017年中国经济贸易展览数量突破1万场大关。而中国经济贸易展览总面积自2015年跨过1亿平方米台阶后,2017年净增面积首次超过1 000万平方米。就展览会数量和面积而言,我国已当之无愧地成为"世界展览大国"(图1-2)。

二、我国专业展览场馆建设情况

会展场馆是会展业发展的硬件基础,是会展经济活动中不可或缺的重要角色。从中华人民共和国成立初期至2016年,我国会展场馆完成了从成果展示为主的第一代场馆到功能丰富的综合型场馆的升级转变,经历了从政府行为到市场行为、从

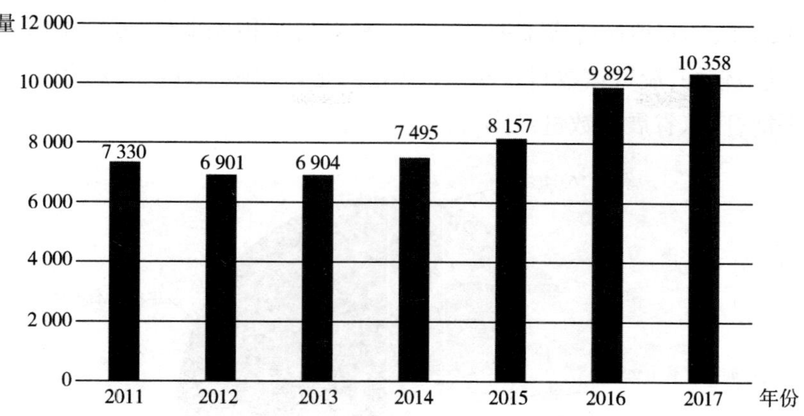

图 1-2 中国内地展览会数量增长状况统计图

资料来源:《2017 年度中国展览数据统计报告 2.0》,中国会展经济研究会。

成果展示到商业运作的全面提质升级。作为展览活动的物质载体,展览场馆的软硬件环境直接决定了承接展会的规模、档次,对展览业的发展起着举足轻重的作用。近年来,各城市为了促进展览业的发展,纷纷新建或扩建展览场馆,使之成为城市建设中的热点项目。

(一)我国专业展览场馆发展历程

中国现有展览场馆的建设主要分成 5 个阶段:第一个阶段是中华人民共和国成立初期,为展示社会主义经济建设成就,在各省会城市建设省级展览馆,场馆建筑风格不少为苏式风格,场馆运营主要经济来源为政府拨款;第二个阶段是 20 世纪 50 年代末期,展览馆的主要功能和主要经济来源未发生变化,但场馆建筑风格已逐渐由苏式风格向中国风格转变;第三个阶段是 20 世纪八九十年代,现代商业展览馆已初见雏形,展览场馆仿效德国模式进行运营,运营主要收入来源为政府拨款和场租收入;第四个阶段是 2000 年至 2009 年,场馆规模不断增加并逐渐向城市远郊转移,运营主要收入来源仍是政府拨款和场租收入;第五个阶段是 2009 年至 2016 年,展览场馆向综合型场馆转型,场馆运营收入来源多元化。2017 年杭州国际博览中心首次提出"第六代会展场馆"概念,第六代会展场馆是第五代会展场馆在经营业态、信息化水平、"流量"变现和配套服务等多方面的迭变,是聚焦场馆内部运营,重视场馆城市功能,集多元业态、智能服务、数字经济和生活美学于一体的场馆综合体。

据《2017 年度中国展览数据统计报告 2.0》显示,截至 2017 年,全国投入使用的展览场馆达 348 座,室内可供展览总面积为 1 187.99 万平方米;在建场馆 15 座,可供展览面积达 195.31 万平方米。从图 1-3 中可以看出,华东地区展馆数量最多，占 44.54%，华东地区各省市展览业发展相对处于领先地位，其中上海、山东、浙江、江苏发展较好，展览馆数目也比较多；其次是西南地区 14.94%；华南地区展馆分布不平衡，广东省展馆数量最多，占一半以上。

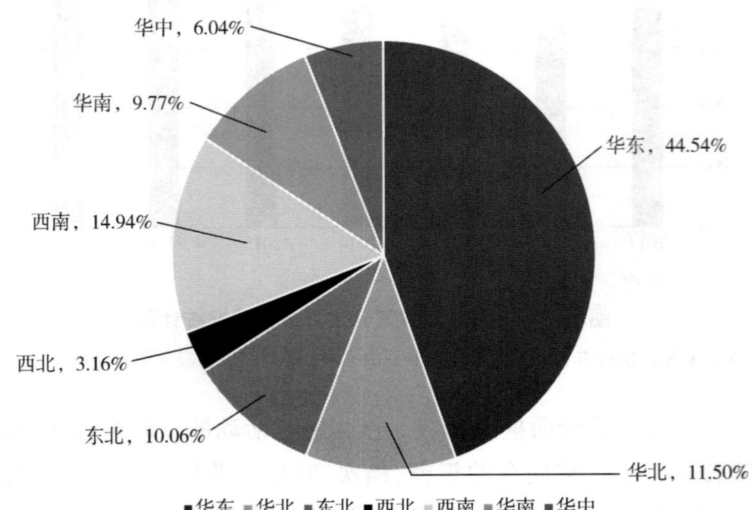

图 1-3　中国专业展览场馆地区分布

资料来源：《2017 年度中国展览数据统计报告 2.0》，中国会展经济研究会。

（二）我国专业展馆地区分布

从场馆集群角度来看，2017 年专业展览场馆数量前十大省市如图 1-4 所示。其中，山东省展览场馆数量最多，达到 64 座。在前十大省市中，有 4 省市属于华东地区，分别为山东、江苏、浙江和福建。

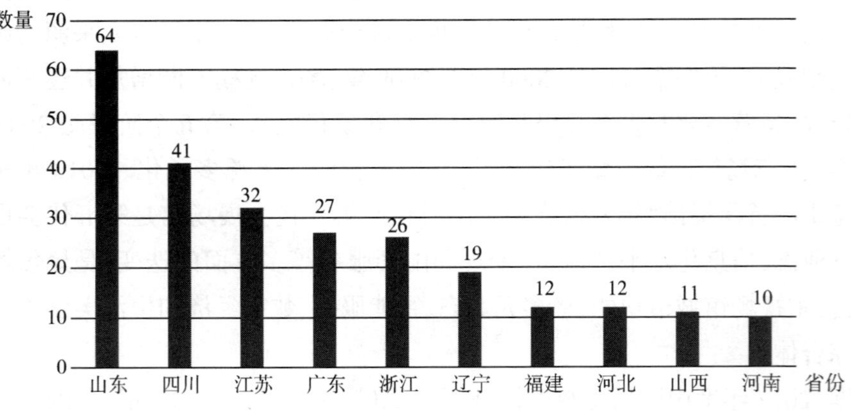

图 1-4　中国专业展览场馆数量前十大省市

资料来源：《2017 年度中国展览数据统计报告 2.0》，中国会展经济研究会。

三、中国展览业的地区分布

由于我国经济发展的不平衡，导致城乡居民收入水平、不同地区的市场化程度以及产业结构布局等呈现出明显的多层次性特征。受国民经济整体布局多层次性的影响，中国展览业的发展同样呈现出多层次、多元化的发展态势。

（一）中国展览业的地区分布

按照我国传统的地理区域划分，2012—2014 年中国展览业的地区分布如表 1-2所示。从表 1-2 中可以看出，华东地区展览业独占鳌头，展会数量大约占全国一半的份额；其次是华北地区，大约占全国的 15%。另外，华北地区、西南地区和华南地区各城市的展览会数量表现出极大不平衡性：华北地区中，北京占整个华北地区 40.78%的份额，而内蒙古只占 4.97%；西南地区中，四川占整个西南地区 65.28%的份额，而云南只占 5.17%；华南地区中，广东占整个华南地区的 89.43%，而海南只占 4.71%。

2015 年，我国先后颁布了《推动共建丝绸之路经济带和 21 世纪海上丝绸之路的愿景与行动》、《国务院关于进一步促进展览业改革发展的若干意见》和《服务业创新发展大纲（2017—2025 年）》等文件，在肯定了会展业在我国经济社会发展中的显著作用的同时，也将发展会展业上升到了国家战略层面，2015 年至 2017 年我国展览业市场得到快速增长。从表 1-3 可以看出华东地区展览业仍处于领先位置，其次是西南、华北、华南、东北、华中和西北。除华北地区外，其他地区展会数量均实现增长，华东地区增长明显，举办展会数量在 2017 年已突破 4 000 场，占展会总数的 40.5%。

表 1-2　2012—2014 年中国展览会的地区分布

地　区	2012 年		2013 年		2014 年	
	数量（个）	比例（%）	数量（个）	比例（%）	数量（个）	比例（%）
华东	3 172	44.80	3 064	41.86	3 522	43.97
华北	1 063	15.00	1 025	14.00	1 013	12.65
东北	661	9.30	719	9.82	766	9.57
西北	273	3.90	311	4.25	360	4.50
西南	211	3.00	309	4.22	976	12.19
华南	744	10.50	785	10.73	776	9.69
华中	959	13.50	1 106	15.12	595	7.43
合计	7 083	100.00	7 319	100.00	8 008	100.00

资料来源：2012—2017 年中国展览数据统计报告，中国会展经济研究会。

表 1-3　2015—2017 年中国展览会的地区分布

地　区	2015 年		2016 年		2017 年	
	数量(个)	比例(%)	数量(个)	比例(%)	数量(个)	比例(%)
华东	3 484	37.53	3 976	40.19	4 195	40.51
华北	1 170	12.61	1 127	11.39	1 062	10.25
东北	859	9.25	922	9.32	991	9.57
西北	393	4.23	389	3.93	423	4.08
西南	1 589	17.12	1 533	15.50	1 545	14.92
华南	960	10.34	1 068	10.80	1 201	11.59
华中	828	8.92	877	8.87	941	9.08
合计	9 283	100.00	9 892	100.00	10 358	100.00

资料来源:2012—2017 年中国展览数据统计报告,中国会展经济研究会。

(二)全国展会数量排名前十的城市

总体上看,排名前十的城市都具有较高的经济发展水平和对外开放程度,且大部分位于东部沿海地区(见表 1-4)。上海连续三年举办展览会数量第一,充分说明了其在中国展览业发展中的"风向标"地位。广州也连续三年位列前三。

表 1-4　2015—2017 年展会数量排行前十的城市

地　区	2015 年		2016 年		2017 年	
	城市	数量(个)	城市	数量(个)	城市	数量(个)
1	上海	749	上海	816	上海	767
2	重庆	749	重庆	597	广州	662
3	广州	482	广州	538	南京	509
4	北京	415	北京	409	重庆	469
5	沈阳	350	南京	394	沈阳	405
6	武汉	336	沈阳	361	北京	365
7	杭州	297	武汉	294	武汉	313
8	天津	260	郑州	238	青岛	239
9	郑州	255	厦门	230	郑州	237
10	南京	225	青岛	226	长沙、长春	217

资料来源:2012—2017 年中国展览数据统计报告,中国会展经济研究会。

四、中国展览会的行业分布

各行业国内定期展览会的数量体现了不同行业内展览会的发展水平以及行业对展览会的依存度。从行业类型分布中，我们可以看到不同行业和展览业结合的紧密程度，了解各行业展览会的发展现状及趋势。展览业的发展要随着产业结构的调整而改变，展览与相关行业是互动的关系，二者相互扶持、相互促进、共同发展。从表1-5可以看出，排名前十的国内定期展览会的行业类型基本稳定，并且行业集中度也比较高，主要集中在汽车、家装、食品和服务业领域。具体来看，车展连续三年位列第一，食品业连续三年位列前五，而与居民生活紧密相关的家居家装、文化休闲、服装配饰和美容医疗等行业的展览会市场前景也较为广阔，保持在前十的水平。

表1-5　2015—2017年国内定期展览会类型分布(前十位)

排名	2015年			2016年			2017年		
	展览会类型	数量(个)	占比(%)	展览会类型	数量(个)	占比(%)	展览会类型	数量(个)	占比(%)
1	汽车	471	7.63	汽车	427	8.23	汽车	555	11.45
2	商品交易会	291	4.71	家居家装	279	5.43	家居家装	420	8.23
3	建筑建材	211	3.42	艺术品	177	3.45	食品饮料	295	6.12
4	休闲娱乐	187	3.03	食品饮料	172	3.35	建筑建材	220	4.38
5	食品饮料	186	3.01	文化创意	153	2.98	文化	176	3.71
6	家居博览会	177	2.87	服装配饰	148	2.88	农产品	170	3.65
7	文化产业	173	2.80	建筑建材	141	2.75	医疗器械	114	2.44
8	服装配饰	162	2.62	农产品	138	2.69	珠宝	87	1.97
9	珠宝	141	2.28	商品交易会	137	2.67	美容美发	86	1.91
10	茶业	134	2.17	工艺品	115	2.24	节能环保	84	1.87

资料来源：2012—2017年中国展览数据统计报告，中国会展经济研究会。

五、中国展览业国际化程度

随着经济全球化的发展和各国经济发展水平的提高，世界经济呈现全球性、密切性、关联性的特点。展览业作为全球信息交流、技术进步和商品交易的重要载体，在促进各国商务贸易方面发挥着重要作用。国际化是中国展览业融入世界展览市场的重要形式。

（一）中国出国参展情况

出国参展是助力企业“走出去”、提升企业品牌国际知名度、完善现代市场化体系和开放型经济体系的重要平台。从表1-6可以看出，我国出国参展数目屡攀新高，参展项目数量不断增多，展览面积稳步增长，参展企业数量逐渐增多。2017年，我国出国参展的区域主要集中在亚洲（506项）、西欧（357项）和北美（282项），而随着“一带一路”倡议的提出，我国也积极同沿线国家各级政府紧密联系、合作共赢、以展促贸，全国88个组展单位共赴33个“一带一路”沿线国家组织参展628项，占参展项目总数的40.5%。

表1-6 2014—2017年中国出国参展情况一览表

年份	展览数量（场）	展出面积（万平方米）	参展企业数（万个）
2014	1 447	70.68	4.70
2015	1 385	63.89	4.80
2016	1 492	83.50	5.80
2017	1 549	84.98	5.90

资料来源：《中国展览经济发展报告2017》，中国国际贸易促进委员会。

（二）中国境外自主办展情况

随着经济全球化的深入和中国展览企业的崛起，我国境外自主办展数量逐年上升，展览面积也日益增长。2017年，中国境外自主办展举办地共涉及45个国家，在美国、德国、伊朗、墨西哥等九国的办展数量均有增长。在“一带一路”的倡议下，中国机构2017年在境外自主举办的123场展览中，有71场在“一带一路”沿线国家举办，占57.72%；展览总面积51万平方米，占61%（表1-7）。

表1-7 2014—2017年中国境外自主办展情况一览表

年份	展览数量（场）	展览面积（万平方米）	目的国（个）	办展机构（个）
2014	84	26.80	41	36
2015	63	32.20	30	23
2016	128	78.00	50	37
2017	123	83.60	45	36

资料来源：2014—2017年中国展览数据统计报告，中国会展经济研究会。

（三）中国内地全球展览业协会（UFI）认证的国际展会

与国际惯例接轨，按国际标准衡量，是推进中国展览业国际化的必然要求。全球展览业协会（UFI）是世界展览业重要的国际性组织之一，经UFI认证的展览会是高品质贸易展览会的标志。UFI 对申请加入的展览会的规模、办展历史、国外参展商比例、国外观众比例等都有较严格的要求。UFI 规定的注册标准为：作为国际性展览会至少已连续举办 3 次以上，至少有 2 万平方米的展出面积，20%的国外参展商，4%的海外观众。近年来，我国得到 UFI 认证的展览会数量持续增长，截止到 2017 年，UFI 中国会员达到了 116 个，中国境内和中国境外自主办展共有 94 个展会项目通过 UFI 认证，其中在境内通过 UFI 认证的项目中，上海、北京和深圳居前三位。

复习思考题

1. 简述会展的内涵和特征。
2. 简要叙述世界会展业的发展历程。
3. 世界上哪些国家和地区的会展业比较发达？
4. 观察我国会展业的发展状况，你认为中国会展业的发展有哪些特点？

第二章 会展产品

内容提要

本章主要以展览为例，深入分析会展产品的基本内涵，并根据不同的标准对展览进行分类，有利于读者更加清楚地认识现实世界中存在的多种多样的展览。本章最后重点分析了展览的特点，认识展览的特点对于理解展览的功能和会展营销具有重要意义。

第一节　会展产品的基本内涵

目前在理论上并没有关于会展产品的统一定义。在欧洲，会展被称为 C & E (Convention and Exhibition)或者 M & E(Meeting and Exhibition)，会展的内容仅包括会议和展览。这可以说是一种狭义的会展概念，是一种从更纯粹与更专业的视角来界定会展。在美国，会展被称为 MICE(Meeting, Incentive, Convention, Event)，包括各种类型的专业会议、博览交易会、奖励旅游和事件活动，这是一种广义的会展概念①。

虽然会展产品包括的范围较广，且不同活动之间具有很多相同点，但它们毕竟还是存在很多差异，很难用统一的定义或规律来总结和概括。为了使本书的讲述更加清晰、严谨，除了特别强调之外，本书的大部分内容是以展览②为例，探讨会展产品及会展项目的管理。

---

① 马勇，肖铁楠.会展活动概论[M].北京：中国商务出版社，2004.

② 当然，后面也会用一些会议作为案例来分析，如科博会，但科博会不是一个单纯的会议，是一个展会结合的会展产品。

一、展览会的概念

在实际应用中，展览会名称相当繁杂。英语国家中，有 exhibition，exposition，show，fair 等不同表述。在英文中，fair 是传统形式的展览会，也就是集市与庙会。fair 的特点是“泛”，有商人也有消费者，有农产品也有工业品。集市和庙会发展到近代，分支出了贸易性质的、专业的展览，被称为 exhibition（展览会）。exhibition 是被使用最广泛的展览名称，通常作为各种形式的展览会的总称。exposition 起源于法国，是法文的展览会。在近代史上，法国政府第一个举办了展示、宣传国家工业实力的展览会，由于这种展览会不进行贸易，主要是为了宣传，因此，exposition 便有了“宣传性质的展览会”的含义。由于其他国家也纷纷举办宣传性质的展览会，并由于法语对世界一些地区的影响，以及世界两大展览会组织（国际博览会联盟和国际展览局）的总部均在法国，因此，除了在法语国家，在北美等英语地区 exposition 也被广泛使用。show 在英文中的原意是展示，但在美国、加拿大等国家，show 已替代 exhibition。在这些国家中，贸易展览会大多称作 show，而宣传展览会被称作 exhibition。

在中文里，展览会名称有博览会、展览会、展览、展销会、博览展销会、看样订货会、展览交流会、交易会、贸易洽谈会、展示会、展评会、样品陈列、庙会、集市、墟、场等。

目前，关于“展览会”并没有被广泛认可的定义。美国《大百科全书》把展览（会）定义为：一种具有一定规模，定期在固定场所里举办的，来自不同地区有组织的商人聚会。有的学者从系统的角度认为现代展览是由若干相互联系的要素有机构成的一个系统，在这个展览系统中存在着五大基本要素：一是展览会的主体，即展览会的服务对象——参展厂商；二是展览会的经营部门或机构，即专业行业协会和展览公司；三是展览会的客体，即展览会的展示场所——展览馆或展览中心；四是展览市场，即参展厂商获取信息和宣传企业形象的渠道；五是参观展览的观众，即最终的用户和消费者。

不同主体对展览理解的重点是各不相同的。对展览主办者来说，展览就是按照社会需求，通过物品（展品）在一定时间、空间条件下的直观展示来传递和交流信息，使观者做出购销决定、进行投资决策，或者从中学习、受到教育的社会服务活动。对参展商而言，他们主要是通过物品的展示，吸引观众，与观众进行交流，以实现交易或教育的目的。对观众来讲，他们主要是通过展览所透过的各种信息，实现购买或接受教育的目的。

为了便于会展产业专业人士的交流和沟通，会议产业委员会（CIC，Convention

Industry Council)作为会展行业中的重要协会组织,集中了大量的会展项目利益相关者,制定了会展行业惯例 APEX(The Accepted Practices Exchange)。APEX 可以节省时间和成本,便于沟通和数据共享,提高消费者服务水平,精简系统和程序以提高效率,减少重复性劳动和运营效率,便于培训和专业人才的培养。在 APEX 的行业术语中,有相关术语的定义(见表 2-1)。除表 2-1 中关于展览的定义之外,还有关于会议、奖励旅游、事件等多种会展活动的定义①。

表 2-1 APEX 专业术语一览表

专业术语(APEX industry glossary)	英文解释	中文解释
展览会/博览会(Exhibition/Exposition)	1) An event at which products and services are displayed. The primary activity of attendees is visiting exhibits on the show floor. These events focus primarily on business-to-business (B2B) relationships. 2) Display of products or promotional material for the purposes of public relations, sales and/or marketing.	1)展出产品和服务的活动,观众的主要活动是在现场参观展台。这些活动主要着重于商业往来关系。2)产品或以公共关系、销售和/或营销为目的的资料展示。
专业展(Trade Show)	An exhibition of products and/or services held for members of a common or related industry. Not open to the general public.	为一般或相关产业的企业举办的产品和/或服务的展览,不向公众开放。
消费展(Consumer Show/Public Show/Gate Show)	Exhibition open to the public usually requiring an entrance fee.	向公众开放的展览,通常需要入场费。

二、会展产品的构成要素

虽然目前会展产品在理论上还没有一个权威、统一的定义,但从以上关于会展产品的多个定义中可以看出,会展产品是在一定的时间和一定的地点举办,由特定组织者组织,为参展商和观众提供信息的活动。从这个角度来说,一项活动要成为一个会展产品,应该具备以下六个因素:时间、地点、组织者、参展商、观众和信息。

(一)时间

同一般的产品生产和交易活动有所不同,一般商品的生产与交易大多在时间上呈现出"线状"分布,如衣服、鞋帽等,每天都在生产,每天都在消费,而会展活动是以会展项目的方式出现的,任何一个会展项目都是经过长时间的筹备,在

① 参见会议产业委员会(CIC)的官方网站(www.conventionindustry.org)。

短短的几天内来实现的，因而会展活动在时间上呈现出“点状”分布①。有些展会活动是一次性的，在时间序列上只出现一个点，但有些展会活动是按照一定的频率经常举办的，如北京每两年举办一次的国际汽车展，在时间序列上是众多点的集合。

这里所说的“点状”分布并不是说会展是在一个时点上举办，而是指相对于一般性产品的连续性生产和销售来说，会展产品的生产和销售是非连续性的，但每个会展产品的展示也会持续一段时间。展会的规模不同，持续的时间也不同。小型展会一般持续1~3天（一般在周末举办）；中型展会将持续5~7天，如中国北京国际科技产业博览会历时一周②，北京国际汽车展历时5天；大型展会将持续10~15天，如广交会持续15天。世博会享有“经济、科技、文化领域内的奥林匹克盛会”的美誉，每5年举办一次，每届持续时间半年左右。

科博会产生的背景

中国北京国际科技产业博览会（简称“科博会”）是经国务院批准，由科技部、国家知识产权局、中国贸促会和北京市人民政府共同主办，北京市贸促会承办，每年5月在北京举办的大型国家级国际科技交流与合作的盛会。

科博会创办于1998年，改革开放已经20多年，中国经济得到飞速发展，科学技术也有了长足的进步。但当时有一个问题特别突出：很多科研人员进行了大量的课题研究，也出了不少成果，但这些成果仅用来为科研人员评定职称，不能转化为现实的生产力。对此，科研人员很头疼。另一方面，企业正从面向计划向面向市场转变，经过发展企业也有了一定的积累，很多企业有创新突破的冲动，需要寻求一些新项目和新技术。但企业和研究成果却不能有效对接，研究和生产互相脱节，科研成果商品化和产业化困难的问题非常突出。政府也发现了这个矛盾并对此非常关注。在这样的背景下，科博会（当时叫高新技术产业周）的创意应运而生，主要目的是搭建一个平台，把我国的科研成果和最新技术在这个平台上展示出来，让科学家来推介自己的研究成果，让企业家来寻找适合的产品和技术。这个创意得到了北京市政府和科技部的大力支持。

---

① 刘大可，王起静.会展经济学[M].北京：中国商务出版社，2004.

② 在不同的年份，科博会的持续时间略有不同，有时七天，有时六天，还有时举办五天，但都在一周之内，这也是科博会又称国际周的原因。

科博会至今已连续举办20届，逐步构建了集综合活动、展览展示、推介交易、论坛会议、网上展示推介“五位一体”的活动架构，成为国内外展示最新科技成果、传播前沿思想理念、发布产业政策信息、促进国际经济技术合作的专业化和标志性的品牌活动。

资料来源：第二十一届中国北京国际科技产业博览会（http://www.chitec.cn）。

（二）地点

会展活动必须在一定的场所举办。在会展领域，地点也有广义与狭义之分。广义的地点是指在哪个国家或地区以及在这些国家和地区的哪座城市举办展会；狭义的地点是指举办展会的具体场所，主要是指举办展览的会展中心等。一个展会一般在一个城市的一个会展中心举办，这样有助于展览现场的管理和展览效果的提高。但有时受限于展览场馆的容量，一些大型的展会也会在同一个城市的两个或两个以上的场馆同时举办。如2004年北京国际汽车展就分别在中国国际展览中心和北京展览馆同时举办，这也在一定程度上影响了展览的效果。科博会的展览部分一般在中国国际展览中心举办，但它还有很多会议、论坛，占用了北京很多会议中心、宾馆和酒店的会议室，如人民大会堂、北京国际饭店、昆仑饭店、钓鱼台大酒店、北京京西宾馆等。可以说，一个科博会几乎占用了北京所有高星级的酒店、宾馆。

（三）组织者

同一般的群众自发性活动相比，会展活动是一种有组织的活动。对于一个大型的展会来说，参与展会组织的组织者有多种类型，一般有主办者、承办者、协办者和支持单位等。

展会的主办者也是展会的所有者，展会由谁来主办，展会的所有权就归谁所有。从理论上来讲，任何主体（包括自然人和法人）都可以成为举办展会的主体，但在这里我们只讨论法人作为展会主办主体的情况。展会的主办主体一般有政府、行业协会、高校、科研院所、一般性企业、专门的会展公司等。

虽然每个展会都有主办主体，但是很多主办主体都不直接参与展会实际的组织、安排和管理工作，而是委托一定的单位来承办①。承办单位主要是接受主办方的委托，负责整个会展活动的组织、安排和管理工作。也就是说，承办单位是实际运作、经营和管理展会的一方。主办方和承办方的关系就像一个企业的股东和经理的关系一样，股东出资成立企业生产产品，但却不实际经营、管理企业的生产，经

---

① 主办单位和承办单位也可合二为一，但随着会展产业市场化程度的提高以及分工的深化，主办单位和承办单位的分离也是会展产业运营的趋势。

理虽然实际管理企业,但却不是企业的所有者。当然,会展的承办方虽然负责整个展会的管理工作,但这并不意味着展会的每一项工作或每一项活动都要由承办方来完成。承办方可以将展会的某些活动或项目承包给具有一定资质的企业来完成,这些企业将成为承办方的合作主体或协作单位。

会展产业是一个产业关联性非常强的产业,会展产品的提供需要会展产业链各个环节上的企业通力合作,共同完成会展产品的生产或者会展服务的提供。一般来说,一个会展产品的完成需要组展商(主办者或承办者)、展台搭建商、展品运输商、展馆运营商以及其他服务供应商的共同合作,而会展产业的运营模式通常是由组展商把所有参与服务的法人实体组织在一起,然后向会展产品的消费者提供产品或服务①。

知识链接

科博会的组织者

科博会是由中华人民共和国科学技术部、国家知识产权局、中国国际贸易促进委员会和北京市人民政府主办。中国科学院、中国工程院、中国企业联合会和中国科学技术协会是其顾问单位;中华人民共和国商务部、国务院国资委、国家海洋局和中华全国归国华侨联合会是其特邀支持单位;中央电视台是其支持单位。

科博会的承办单位是中国国际贸易促进委员会北京市分会,其特别协办单位是北京市科学技术委员会,负责整个科博会活动的组织、安排、管理。除此之外,大约有几十家会展公司在为科博会服务,它们承接一些由贸促会委托的具体活动。

资料来源:第二十一届中国北京国际科技产业博览会(http://www.chitec.cn)。

(四)参展商

从理论上讲,会展产品的需求者一般有两类:一类是参展商,另一类是观众。参展商是指在展览会、博览会等会展活动中提供产品、技术、图片等在展会上进行展示的物品的参展主体。参展商之所以参加展览,是因为通过展览,可以展示自己的产品,宣传自己的企业,促进交易的实现,等等,因此,参展商参加展览是有需求的。

---

① 当然,消费者也可在一定程度上选择服务商,比如有的参展商自己选择展台搭建公司或展品运输公司,但其他的服务提供商一般还是由组展商选择,组合成完整的会展产品提供给消费者。

如果单纯地把参展商作为会展产品的需求者来看,参展商是独立于会展产品之外的,也就是说,参展商不应该成为构成会展产品的要素。但从观众的角度来讲,观众参观的不是展览本身,而是在展览现场展示的参展产品。没有参展商的参与,展览也就不能称其为展览。因此,从观众的角度来看,参展商就构成了展览必不可少的要素,而且参展商的数量和质量决定了一个展览的质量。比如,一个展会的参展商众多,而且有很高比例的参展商来自举办地以外甚至国外,此外,参展商大都是行业内的知名企业,展出的产品也都是知名品牌或新推出、新研制出的产品,这就决定了这个展会应该是一个高质量、高层次的展会。这说明,参展商作为会展产品的一个重要构成要素,决定了会展产品的质量。而高质量的展会必定可以吸引到高质量的买家(尤其是专业性的观众),从而使参展商的参展目的尽可能地实现。

知识链接

科博会上的参展商

据不完全统计,前 20 届科博会先后有 100 多个国家和地区的 900 余个境外政府和科技经贸代表团组参加,有 35 004 家高新技术企业和科研院所推出最新技术成果,参展企业包括爱立信、西门子、美国通用电气、佳能、爱普生、LG 电子、汇丰控股、法国 RNGIE 集团、法国电力集团、美国大都会集团等国际知名高科技企业,也包括海尔、航天科技集团、国家能源集团、紫光集团、中航智、北汽、百度和小米等国内高科技骨干企业。

2017 年第二十一届科博会共有来自 3 个国际组织、29 个国家和地区的 36 个境外代表团组和 29 个省区市代表团参展参会。该届科博会科技合作项目会上集中签约 156.87 亿元人民币,签约项目总体呈现三个特点:一是凸显高精尖产业导向;二是聚焦科技创新中心建设;三是助推企业创新、绿色发展。

资料来源:第二十一届中国北京国际科技产业博览会(http://www.chitec.cn)。

(五)观众

观众是会展产品的又一重要消费者。在会展行业中,观众的含义比较丰富。在展览会中,观众有两类,一类为专业观众,主要是指商业企业;另一类为普通观众,主要指一般的民众。有些展会只对专业观众开放,如北京国际印刷展;有些展会只对普通观众开放,如北京房地产展览会;有些展会既对专业观众开放,也对普通观众开放,但对专业观众和普通观众开放的时间不同,一般先向专业观众开放,再向普通观众开放，如北京国际汽车展持续 5 天，一般在前三天对专业观众开放，而在后两天对普通观众开放。

如果单纯地把观众作为会展产品的需求者来看，观众应该是独立于会展产品之外的，不能成为构成会展产品的要素。

但从参展商的角度来看，参展商之所以参加展览，是因为在展会上可以接触到许多买家，这些买家可能是企业原来的老客户，也有可能是企业的潜在客户，因此，展会就为参展商提供了一个巩固老客户、结识新客户的平台。从这个层面来看，参展商作为需求者，对于会展产品的需求也不是会展产品本身，而是观众。因此，相对于参展商来说，观众也是会展产品必不可少的构成要素，因为如果没有观众的参观、购买或欣赏，参展商参加会展就没有任何意义，也就不会对会展产品产生需求。而且，观众的数量和质量也在一定程度上决定了会展产品的质量。如果一个展会上的观众数量众多，尤其是专业观众所占的比例很高，而且专业观众都是一些大的采购商，专业观众代表在其所在单位或机构的职位都较高或较特殊，对采购具有很大的决策权或很强的影响力，那么，这个展会应该可以吸引到更多的参展商，这个展会也应该是一个成功的展会。

可以看出，参展商作为会展产品的构成要素是相对于观众来说的，而观众作为会展产品的构成要素是相对于参展商而言。参展商和观众同是会展产品的需求者，又在一定的条件下成为会展产品的构成要素。可见，参展商和观众对于会展产品的需求，实质上应该是二者之间的互为需求。

知识链接

科博会上的观众

据不完全统计，前 20 届科博会参与的各界人士累计达到 542 万人次，包括境内外知名科学家、经济学家、著名企业首脑等。境内外来宾中，包括外国政府高层官员，如阿根廷前总统梅内姆、日本前首相海部俊树、西班牙前首相冈萨雷斯、德国前总理施罗德、意大利前总理德米凯利斯；国际组织的代表，如联合国工发组织总干事马格尼奥斯、联合国教科文组织副总干事安吉达、世贸组织副总干事门多萨、联合国环境规划署署长、国际科技园协会主席等；世界 500 强企业首脑来自如美国证券交易所、IBM、通用电气、法国电力、汇丰控股、家乐福、西门子和三菱商事株式会社等著名企业。

2017 年第二十一届科博会共有 1 500 余家中外企业参展，接待观众 10 余万人次;12场项目推介交易活动吸引了国内外客商5 000余人次参与;主题报告会和10场论坛受到业界热捧,332位国内外知名人士登台演讲,听众7 000余人次。

资料来源:第二十一届中国北京国际科技产业博览会(http://www.chitec.cn)。

(六)信息

信息可以说是会展产品的灵魂。参展商参展是为了获取观众的信息或同行业其他厂商的信息,观众参加展览是为了获得参展产品的信息,媒体参展是为了寻找有价值的信息和新闻点,组展商组织展览是为了给参展商和观众提供一个交流信息的平台。

在会展产品中,信息有多种多样,有产品信息、产业信息、资金信息、技术信息、思想和政策信息等。如在每年的科博会上,除了寻找技术和资金以外,参展商和观众还有一个重要的目的,就是寻找思想和政策信息。每年的科博会都有几十场论坛和主题报告会,都有几十位副部级以上的领导在论坛或报告会上发表演讲,由于政界人士的参与,中国科技产业和经济发展政策走向的信息都会成为与会者捕捉的目标。

第二节　会展产品的分类

现实生活中的会展产品多种多样,我们很难对会展产品下一个规范的定义。在此,我们不想争论会展产品的定义,只是对众多展览按一定的标准进行分类,以绕开规范定义的困难,从而使读者从更直观、更清晰的角度认识会展产品。

一、按展览目的划分

根据展览的目的,展览会可分为宣传类展览会、贸易类展览会。

(一)宣传类展览会

宣传类展览会是以宣传、教育、鼓动为目的的一种展览形式,如反走私展、精神文明展、反腐败成果展、改革开放成就展、先进模范人物事迹展等。宣传教育类展会不以赢利为目的,不是本书研究的重点。

(二)贸易展

贸易展是以促进交易为目的的一种展览形式,如商品交易方面的"广交会"、科技项目交易方面的"高交会"、招商引资方面的"中国投资贸易洽谈会""哈洽会""乌洽会"等。贸易展分为综合性贸易展览会和专业性贸易展览会。广交会已成为中国目前规模最大、商品种类最齐全、层次最高的综合性国际贸易盛会。专业性展览主要集中在各个行业,例如房展、汽车展、珠宝展、服装展、建材展、医疗设备展、家具展等,不胜枚举。

知识链接

中国进出口商品交易会

中国进出口商品交易会,又称广交会,创办于1957年春,每年春秋两季在广州举办,由商务部和广东省人民政府联合主办,中国对外贸易中心承办,是中国目前历史最长、规模最大、商品种类最全、到会采购商最多且分布国别地区最广、成交效果最好、信誉最佳的综合性国际贸易盛会。

广交会历经61年改革创新发展,经受各种严峻考验但从未中断,加强了中国与世界的贸易往来,展示了中国形象和发展成就,是中国企业开拓国际市场的优质平台,是贯彻实施我国外贸发展战略的引导示范基地,已成为中国外贸第一促进平台,被誉为中国外贸的晴雨表和风向标,是中国对外开放的窗口、缩影和标志。

截至第122届,广交会累计出口成交约12 937亿美元,累计到会境外采购商约822万人次。目前,每届广交会展览规模达118.5万平方米,境内外参展企业近2.5万家,210多个国家和地区的约20万名境外采购商与会。

资料来源:中国进出口商品交易会官网(http://www.cantonfair.org.cn/cn/index.aspx)。

二、按展览内容划分

根据展览内容的不同,国际展览联盟(UFI)①把展览会分为综合展、专业展和消费展。

(一)综合展

综合展的内容包括人类一切文明进步的成果,涉及工业制造、自然地理、人文历史等各个方面。如上海工业博览会、杭州西湖博览会等。世界上规模最大、范围最广的综合展是世界博览会。

① 国际展览联盟成立于1925年,是博览会与展览会行业最有影响的世界性组织,目前在72个国家、144个城市有224个正式成员,其成员主办的621个博览会与展览会均在本国展览行业占据重要地位,一旦博览会名称与UFI联系在一起,即被认为是高品质的象征。截至2004年10月底,中国已有22个展览获得了国际展览联盟的认证,已超过德国,位居世界第一。

世界博览会

世界博览会(简称“世博会”)是由一个国家的政府主办,有多个国家或国际组织参加,展现人类在社会、经济、文化和科技领域取得的成就的国际性大型展示会。其特点是举办时间长,展出规模大,参展国家多,影响深远。世界博览会是一项具有较大影响和悠久历史的国际性活动,第一届1851年在英国伦敦举办,享有“经济、科技、文化领域内的奥林匹克盛会”的美誉,并已先后举办过41届。人们还从世界博览会获得启示、萌生创意,孕育诞生了将许多商品汇集一处买卖的百货店,组织观光游览的现代旅游活动,提供休闲娱乐的各类公园、游乐园、度假村、俱乐部等丰富多彩的现代社会经济活动组织或方式。

按照国际展览局的最新规定,世界博览会按性质、规模、展期分为两种:一种是注册类(以前称综合性)世博会,展期通常为6个月,每5年举办一次;另一类是认可类(以前称专业性)世博会,展期通常为3个月,在两届注册类世博会之间举办一次。注册类世界博览会不同于一般的贸易促销和经济招商的展览会,是全球最高级别的博览会。2010年在上海举办的世博会就属于注册类世博会,而1998年在昆明举办的世界园艺博览会则属于认可类世博会。

(二)专业展

中国会展业首个行业标准《专业性展览会等级的划分及评定》对专业性展览会的定义是:“在固定或规定的日期和期限内,由主办者组织、若干参展商参与,通过展示促进产品、服务推广和信息、技术交流的社会活动。”专业展览会具有鲜明的主题,主要展出某一行业或同类型的产品,如汽车展、食品展等。一般来说,专业展比综合展的规模要小。目前,专业展有取代综合展的趋势,越来越多的综合展按照展品的不同拆分成不同行业的专业展。比如德国著名的计算机通信网络展(CeBIT)就是从汉诺威工业展览会这个综合类展会中分离出来的。

知识链接

德国汉诺威 CeBIT 展览会

CeBIT 源于1947年在德国汉诺威创立的旨在向国际市场展示德国产品的汉诺威工业展览会(Hannover Messe),是全球规模最大的计算机通信网络展,也是全球最大的贸易展览会、最大的信息技术和通信博览会，与美国 COMDEX 和日本 WORLD PC EXPO 并列为计算机业界的三大展会。

20 世纪 50 年代末，当时被称为“办公设备”的产业在汉诺威工业展览会已发展为第三大展团，该展团的重要性在整个 60 年代持续增长。1970 年，举办者德国汉诺威展览公司专门为这一展览类别创造了新的名称，CeBIT 由此产生。CeBIT 是意为“办公及信息技术中心”的德语缩写，BIT 这个音节暗指 70 年代电子数据处理日益增长的重要性，尤其是在 80 年代，个人电脑制造商蜂拥来到汉诺威工业展览会，这更显示了电子数据处理这一发展趋势。七八十年代，CeBIT 这一展览类别占据了越来越多的展出面积，主导地位不断增强，但展位仍供不应求，候补展商名单变得越来越长。于是，在 1986 年，CeBIT 脱离了汉诺威工业展览会，成为独立的展会。

（三）消费展

消费展主要是面对普通观众的展会，目的主要是直接销售。这是消费展与综合展以及专业展最大的区别。综合展和专业展一般都属于贸易展览会，是为工业、制造业和商业等产业举办的展览，展览的主要目的是展示产品、宣传、交流信息及贸易洽谈。消费展一般要比综合展和专业展的规模小，一般是在展会上直接销售展品，如服装展销会、图书展销会等。

三、按行业划分

根据行业的不同，展览会可以划分为轻工行业展、石化行业展、纺织行业展、建材行业展、房地产行业展以及服务、医疗、能源环保、机电、体育等各行各业的专业展览会。

可以说，有什么样的行业就有什么行业的展览。但随着我国经济的飞速发展，产业结构的不断调整以及人们生活水平的不断提高，能够反映未来产业结构和需求结构调整方向的展览越来越多。这也说明了会展经济的发展和产业的发展以及需求结构的调整密不可分。

我国有很多知名行业展会都获得了国际展览联盟（UFI）的认证，在中国乃至世界都享有很高的盛誉。如中国国际机床展览会（CIMT），它是世界四大机床名展①之一，由中国机床工具工业协会主办，从 1989 年起每两年（逢单年）举办一次，到 2014 年为止成功举办了 13 届。CIMT 展会规模一直位居中国各类国际专业性

① 其他三大国际机床展分别是：美国芝加哥国际制造技术展览会（IMTS）、欧洲国际机床展览会（EMO）、日本国际机床展览会（JIMTOF）。

工业展览会之首,已成为国际先进制造技术交流与贸易的重要场所,成为我国机械制造技术进步和工业发展的推动力量。主办者中国机床工具工业协会也于1993年被国际展览联盟(UFI)接纳为联盟成员。再比如中国铸造展(METAL CHINA),它是由中国铸造协会于1986年开始策划并连续举办的国际铸造展览会,是中国唯一获得国家批准,长期定期举办的国际铸造展览会,也是位居德国杜塞尔多夫冶金、铸造展(METEC、GIFA)之后,世界第二、亚洲最大的热加工及铸造展览会。此外,还有北京国际印刷技术展览会,它被誉为世界六大印刷展之一,是中国规模最大的印刷展览会,也是第一个经过国际博览会联盟认证的中国展览会,并被世界印刷业认可。

四、按参展商来源国划分

根据参展商是否全部来自一国,展览可分为单国展和国际展。

单国展是指参展商和观众全部来自一个国家,或者即使有一些参展商或观众来自国外,但还没有达到国际展对外国参展商和观众所占比例要求的展览。而国际展是指至少有20%以上的参展商来自国外,而且至少有20%的观众来自国外的展览。如北京国际汽车展、美国拉斯维加斯的电子计算机展等①。一般来说,国际展聚集了来自世界各国家和地区的参展商和观众,信息量更大,规模更大,影响更大,给参展商和观众带来的收益更多。当然,参展商和观众也不可一味地追求参加国际展,因为展览是企业的一种营销手段,展览类型的选择与企业的营销战略、目标市场都有密切关系,盲目地选择国际展未必能给企业带来真正的收益,而且企业还会因此而支付高额的参展费用。

五、以举办国为参照主体划分

以举办国为参照主体,根据展览举办地点的不同,展览可分为国内展和出国展。

以我国为主体,国内展就是指在我国境内举办的各种类型的展览,既包括单国展,也包括国际展,还包括来华展。来华展是指由外国企业、机构或其他实体主办,但举办地在我国的展览。如1953年由中国贸促会接待的德意志民主共和国工业展览会就是一个典型的来华展。随着我国经济的飞速发展和市场容量的不断扩大,越来越多的会展业发达国家的展览主办者都把在本国发展比较成熟的展会移植到中国举办,以占领中国巨大的消费市场。如CeBIT Asia就是由德国汉诺威公

① 目前,在我国经常会有一些展览组织者为了吸引参展商和观众参展,不管所举办的展览是否符合国际展的标准,都冠以“国际”的名称,这极大地损害了参展商和观众的利益。

司主办,举办地在上海的一个来华展。

出国展是指由我国企业、机构或有关单位主办,举办地在国外的展览[①],出国展和来华展是相对应的。

六、按展览方式划分

根据展览方式的不同,可以把展览分为实物展览和网络展览。

伴随着实物展览的快速发展,网络展览的发展速度也越来越快。一方面,实物展总是在一定的时间、一定的地点举办,参展商和观众会受到时间、空间距离的制约。另一方面, 各地同类型展览越来越多,要在各地参展,在人力、物力、财力各方面都有越来越多的约束。而网络展览可以使全球各地的潜在买家随时随地参观展品、了解厂商、传递订购意愿,弥补了传统展览会在时间、地点上的局限,开辟了面向全球市场的渠道,拓展了目标市场,而且,参加网络展览也可以相应地节省参展和观展的成本。

虽然近年来新技术特别是电子技术、网络技术的发展,使得网络展览以较快的速度发展,但是不能因此盲目夸大网络展览的作用。因为,传统展览除了解产品和信息的功能之外,还有人际交流功能、交易功能、洽谈功能,观众还可以直接触摸展品,这些功能是网络展览无法代替的。从长远来看,网络展览前景不可限量,但目前仍只是实物展览的补充和配角。当然,随着信息技术和电子商务的进一步发展,网络展览有望后来居上,成为现代展览业的主体。

需要说明的是,目前国内外不少展览会在举办实物展览的同时,也开设了网上交易,只不过网上交易额所占的比例较小,我们把这种展览仍归为实物展览。如2003年“非典”期间,广交会就开设了网上交易,对当年广交会的成功举办起到了重要作用,但由于网上交易毕竟还不是主体,所以广交会依然属于实物展览。

第三节　会展产品的本质和特点

会展产品作为一种服务产品,既与制造业产品有所不同,也与一般的服务性产品有所区别。认识会展产品的本质和特点,对于理解会展的功能以及会展产品的营销具有重要意义。

---

① 注意:出国展不是指出国参加展览,而是我国有关部门或单位主办的展览,只不过举办地在国外。

一、会展产品的本质

（一）展览市场是典型的双边市场

双边市场是一种现实或虚拟空间，该空间可以导致或促成双方或多方客户之间的交易。现实中有很多双边市场的例子，如银行卡，它为商家和消费者提供了交易的平台。除此之外，双边市场还包括许多其他产业，如电信业、互联网站、购物中心、媒体广告等，它们涵盖了经济中最重要的产业。展览也是一种非常重要的双边市场，具备双边市场的一般性质和运作规律，它为参展商和观众提供了交易和交流的平台。

要创建一个双边市场，必须解决“鸡与蛋”的动态博弈问题：要说服买家采用某个平台，就必须说服一部分卖家，而且使他们相信一定会有买家参与市场，反之亦然。大多数双边市场的理论研究都假定市场处于一种理性的预期均衡，双边用户同时进入，从而回避了“鸡与蛋”谁先谁后的问题。但事实上，大多数双边市场中一方比另一方更早介入市场，如在展览市场上，有时参展商比观众更早进入，因此展览运营的一个根本性问题是能否有能力影响参展商对于未来交易量和目标实现性的预期；但有时观众尤其是专业观众会更早进入，专业观众的进入会直接影响到参展商进入的数量和质量。

（二）展览市场的网络外部性

双边市场是具有某种网络外部性的市场，当在某一特定市场上一个消费者的效用（通常是正向的）依赖于相同产品或服务的消费者总量时，就存在网络外部性。从某种意义上说，一般的双边市场的网络外部性并不取决于相同客户群体的消费状况，而是取决于相异但又相容、处于市场另一方客户群体的消费状况。双方（或多方）在一个平台上互动，这种互动受到特定的网络外部性的影响，其突出表现在：平台上卖方越多，对买方的吸引力越大；同样，卖方在考虑是否使用这个平台的时候，平台上的买方越多，对卖方的吸引力也越大。

展览平台作为典型的双边市场也具有显著的外部性，但与一般的双边市场所不同的是，这种外部性表现为：展览平台上的一方的效用不仅取决于相同客户群体的消费状况，而且取决于相异但又相容、处于市场另一方客户群体的消费状况；同时展览平台上的一方的效用不仅取决于双边消费者的数量，还取决于双边消费者的质量。也就是说，在展览这个特殊的双边市场中，消费者在做是否参加展览的决策时，同边消费者和另一边消费者的数量和质量都将成为参展决策的影响参数。正是因为展览具有这样的网络外部性，参展商在作参展决策时一般要考虑几个非常重要的因素：一是参展商的数量。二是参展商的质量。衡量参展商质量的指标主要有国外参展商比例，国内其他地区参展商比例，行业内知名企业的比例。三是观众的数量，即展览平台对参展商的承诺，可以吸引到多少观众。四是观众的质量，衡量观众质量的指标主要有专业观众的比例、采购商的购买能力、作为采购商代表的专业观众在所在企业中的职位和影响力、普通观众的收入水平等。

二、会展产品的特点

（一）供给主体的多元性

虽然会展产品是一种类型的产品，但它却可能是由不同类型的单位或机构提供的。展会的主办主体一般有政府、行业协会、高校、科研院所、一般性企业、专门的会展公司等。这说明展会的供给主体是多元的。通常情况下，因展会属性的差异，展会组织者的身份会有所不同。政府一般来说会组织一些公益性展览会，如建国成就展等。当然，除了一般的公益性展会，政府也可能会主办一些商业性展会。在审批制下，政府作为主办主体能够更容易地获得审批，即使在审批制取消的情况下，政府利用其特殊的地位和资源也比较容易主办大型的会展，但这不利于一般企业和会展公司作为主办主体参与市场竞争。因此，在会展管理体制逐步市场化的过程中，政府应该逐渐淡出主办主体的角色，着重为企业办展打造良好的办展环境。即使在一些展会上政府还不能马上退出，也应该采取商业化运作手段，作为主办者只享有所有者的权利。

行业协会作为联系政府和企业的桥梁，拥有众多行业内部的企业作为会员单位。行业协会是行业内部企业自发形成的民间组织，是行业内企业的自律组织。行业协会的职能决定了它非常了解行业内企业的需求，因此，由行业协会举办的展会通常有众多的企业参展。比如中国机械行业协会主办的机械展，中国五金行业协会主办的国际五金展，中国纺织行业协会主办的纺织展等都是在行业内部有非常大影响力的展会。从世界范围来看，行业协会也是会展的非常重要的主办主体。

在市场经济环境下，会展活动的主办主体应该是专业的会展公司。在我国会展管理体制由审批制向注册制过渡的过程中，会展公司正在逐渐成为我国会展产品的主要供给主体。

（二）消费主体的二元性

消费主体的二元性主要体现在贸易类展会上。会展产品的消费主体有两类：一类是参展商；一类是观众。

会展产品消费主体的二元性主要体现在贸易类展会上。会展产品的消费主体有两类：一类是参展商；一类是观众。尽管在会展产品的“生产”过程中涉及的利益相关者非常多，如运输部门、搭建商、媒体、旅游部门等，从某种意义上说，它们都可以算作会展产品需求的主体，但是，从因果关系上来说，最核心的主体是参展商和观众，其他利益相关者对展会产品的需求都是由于为参展商、参会者、观众等提供服务而派生出来的。

参展商对会展产品的需求主要出于以下几个动机：①销售产品。会展是企业实现产品销售的重要渠道。在德国，80%的贸易量是通过展览会实现的，在我国，有1/3的进出口额是通过广交会完成的。②树立、维护形象。虽然很多企业都认为销售产品是企业参加会展最重要的目标，但越来越多的企业却把展会作为树立和维护自身形象的舞台。如2004年，广交会设立品牌馆，吸引了许多已经退出广交会多年的名牌企业。它们重返广交会，说明树立、维护形象是参展商参加展会的重要动机。③调查、了解市场。展览会是企业进行市场调查的好机会，因为好的展览会可以集中行业内部大部分买家和卖家，参展商可以通过展会了解市场供求水平，发展趋势，消费者消费习惯和偏好，销售渠道，客户的反映，等等。④推出新产品或新服务。在产品还没有进入市场之前，关于产品设计的理念、模型就可能在展会上展示，因为商家需要通过展览会来调查市场对即将面市的产品反应如何。当经过在展会上的调查研究，确认市场对新产品有大量需求时，商家则通过展览会等方式推出新产品或新服务。⑤建立并巩固客户关系。会展是一个重要的结识新客户、维护老客户的机会。相对而言，在展览会上结识的新客户往往是比较专业、比较有诚意的。至于老客户，参展企业平时难得有机会与老客户进行面对面的交流，借展出机会可以邀请老客户到展台参观，让老客户看看新产品，听取老客户对产品的要求和意见等。

观众分为专业观众和普通观众。观众对于会展产品的需求主要出于以下动机：①购买。无论是对专业观众还是普通观众来说，购买展览所展示的产品，都是非常重要的需求动机。②了解新产品、新服务。前面论述过参展商参加展览的动机之一就是推介新产品和新服务，与此相对应的是，观众参加展览的主要动机就是了解新产品、新服务。③欣赏。很多人出于对某类产品的偏爱，也许并没有要购买的意图，只是为了欣赏而去参加展会。如在2008年北京第十届国际汽车展上，普通观众的参观人次达到68万人次，而这68万人次的普通观众并不是都具有购买汽车的意愿。其中有很大一部分观众只是因为喜欢汽车产品，完全是出于欣赏目的而去参观展会。一些艺术类展会更是如此，大部分观众都是出于欣赏的动机而去参加展会的。

参展商和观众作为会展产品的两类消费者，存在着互为需求对象的关系。参展商参加展会主要是为了获得更多的观众或客户，而观众参加展会是为了看到更多的参展产品或参展商。可以说，没有观众就没有参展商，没有参展商也就没有观众。

（三）生产和消费的同步性

会展产品是一种服务产品，具有一般服务产品的特点，即生产和消费具有同步性。虽然会展产品的前期准备时间很长，但真正提供会展产品的期间只有几天（世博会除外）。在展览举办期内，展览组织者通过有效地组织服务提供商、参展商和观众，为参展商和观众提供展览服务。生产和消费的同步性决定了会展产品的不可贮存性①，也决定了会展产品在生产和消费过程中会有许多突发事件发生，因此，危机管理在会展管理中非常重要。

生产和消费的同步性增加了创立会展产品品牌的难度。当主办者决定举办一个新的展览，由于参展商和观众不能等会展产品生产出来，对其进行试用或与其他同类展会进行比较后再做出是否参加该展会的决定，为了降低参展风险，参展商和观众一般不会轻易选择一个新举办的展览，这就增大了创立会展品牌的难度。这也说明了会展评估在会展产业发展中的重要性。如果能对会展产品的供给主体进行有效的评估，就会为参展商和观众选择新办展览提供有效的依据。

（四）消费的同时同地性

会展产品不仅生产和消费同步进行，而且会展产品的消费属于一种集体性消费，这是会展产品区别于一般产品的一个非常显著的特点。比如，消费者购买食品、服装等产品或购买理发、金融等服务产品时，一般是在不同的时间或不同的地点消费。一般而言，一个人的消费效果不会影响其他消费者。而会展产品由于有两类消费者，参展商和观众是在同时、同地消费，且两类消费者的消费效果相互影响。如果有更多的参展商来参展，就会吸引更多的观众来观展，观众的消费效果就有保证；如果有更多的消费者来观展，就会吸引更多的参展商来参展，参展商的参展目的就更容易实现。

消费的同时同地性，决定了会展产品的供应商要想提供高质量的会展产品，必须要从参展商和观众两方面入手，尽可能吸引更多的参展商和观众来参展。

（五）信息集聚性

会展活动是在确定的时间和地点，进行大规模的信息集中，尤其是在贸易展会上，能使产品得到充分的宣传、展示，其直观性、艺术性、宣传力得以充分体现，能集合众多的买家和卖家进行互相交流，既沟通了信息，又实现了商品的购销，从而大

---

① 由于互联网的普及，网上展览作为一种重要的展览形式正在悄然兴起。网上展览的出现，改变了会展产品生产和消费同步性的特点，也使会展产品可以贮存。但由于现阶段实物展览仍处于主导地位，我们在分析时还是以实物展览为主。

大降低了经济活动中的交易费用。正是因为会展产品具有很好的信息集聚性的特点,能够为消费者提供大量的有用信息,才出现了大量会展产品需求,使会展产业在近些年来飞速发展。

(六)产业关联性

会展产品具有很高的产业关联性,一种会展产品的生产需要多种产业相互协调、密切配合才能完成。与会展活动直接相关的部门和行业有展会活动的策划与组织部门,会展中心的经营管理部门,以及直接服务于会展活动的交通、旅游、广告、装饰、边检、海关以及餐饮、通信和住宿等部门。一方面,会展活动的发展需要交通、旅游、通信、运输等行业提供及时的配套服务;另一方面,举办大规模的会展活动时,也成为这些配套环节生意最好做的“黄金季节”。

会展产品的产业关联性,决定了一个国家或地区发展会展产业必须要有发达的相关产业的配套服务,同时,会展产业的发展也能够促进配套设施产业的发展。产业关联性的特点使相关产业的配套设施尤其是旅游产业的发展水平成为制约会展产业发展的重要因素。

总之,会展产品作为一种服务性产品,既与制造业产品有巨大差异,也与一般的服务性产品有很多不同。认识会展产品的特点对于理解会展的功能以及会展产品的营销具有重要意义。例如,正是因为会展产品具有产业关联性,会展产品才会具有产业促进的经济功能,并进一步具有就业促进的社会功能;正是因为会展产品的消费主体具有二重性,而且消费具有同时、同地性,所以会展营销时要同时兼顾参展商和观众两个方面,尽可能多地吸引更多的参展商和观众来参加展览,因为两个消费主体的消费效果是相互影响的。

复习思考题

1. 一个完整的展览应该具备哪几个要素?

2. 为什么世界展览业会出现专业展取代综合展的趋势?

3. 如何理解会展产品消费主体的二元性?

4. 认识会展产品的特点对于理解会展的功能以及会展产品的营销具有什么重要意义? 请先作简单思考,并结合第三章和第七章的知识回答。

5. 为什么说由于会展产品具有生产和消费的同时性,现场危机管理在会展管理中显得尤为重要?

第三章 会展的功能

内容提要

会展业作为一种新兴产业，能带来相当可观的直接经济效益，这些都属于会展的经济功能。除此之外，会展还有相当重要的社会功能，如产业联动功能、促进就业功能、提升知名度功能、推动城市建设功能、加强合作交流功能、传播新观念功能、普及科普知识功能等。本章通过这两方面的介绍，旨在让读者了解会展业在今天如火如荼的发展是以其特殊的功能为基础的。

会展业虽然是一个新兴的产业，但由于其本身所特有的经济特性，它所表现出的巨大的功能已经越来越被人们所认识、所利用。它对现代城市的国际化、信息化的进程有着巨大的推动作用，甚至有些西方的经济学家还把会展业称为“知识会餐”、“财富平台”、城市的“面包”、城市经济的助推器等。

第一节　会展的经济功能

会展业属于第三产业，是名副其实的无污染、高效益的“绿色产业”。它一般被认为是高收入、高赢利的行业，有关数据显示，会展业所产生的直接利润大致是20%~25%。其经济功能表现在以下几个方面：

一、参展商展品推介功能

绝大部分展会都是以企业为参展商、以专业买家为观众的，这是一个买卖双方面对面直接沟通的过程，是在同一时间、同一地点将某一行业中最重要的生产厂家和购买者集中到一起，这种机会在其他场合是绝难找到的。因此可以说，会展是一种立体的广告，为展商提供了一个充分展示自己产品的机会，使客户充分增进了对参展商产品及服务的了解。参展商借助于会展这个信息交流平台，充分展示、推销自己的产品，巩固老客户，培植新客户，流通环节中的各种复杂的中介过程被一次简单的会展活动全部或大部分替代，商品的流通过程明显加快。可以说，这是一种花费最小、时效最高的产品推介过程。许多工商企业正是借助会展这个渠道，向国内外客户试销新产品，推出新品牌，同时通过与世界各地买家的接触，了解谁是真正的客户，行业的发展趋势如何，最终达到推销产品、占领市场的目的。

二、参展商营销订货功能

参加展览会是企业最重要的营销方式之一，也是企业开辟新市场的首选方式，在同一时间、同一地点将某一行业的生产厂家和采购商集中到一起，这种机会实在难得。尤其对于参展商来说，他们之所以热衷于参展，一个非常明确的目的就是想通过会展这种形式将自己的商品销售出去。为此，他们会使出浑身解数为自己的商品推销，以吸引消费者的眼球。他们会拿出自己最好的产品与其他厂家一比高低。

在会展活动中，销售人员比平时更有机会面对面地联络老客户、结识新客户、发现潜在客户。一项调查表明，79%的展会观众认为受展出产品影响有购买欲望，44%计划购买产品，77%表明他们对于在展会上看到的产品感兴趣。会展的这种功能具有唯一性、时效性和前瞻性，是会展作为市场营销工具区别于其他市场营销方式最重要的和不可替代的特征之一。

知识链接

金融危机下，展会成浙江外贸企业的突围之路

面对2009年全球金融危机带来的经济“严寒”，展会营销作为一种重要营销和推广方式，在这一年被浙江外贸型企业重新考量。参加2009年秋季香港电子展的企业规模从前一年的27个展位上升到76个展位，参加国际展会，成了大部分杭州外贸企业选择的一条突围之路。“展会要比电子商贸牢靠一点，采购商既然到了展会现场，总是有采购的意愿的，现在形势不好，多参加展会也就增加了我们的曝光率，增加了我们得到海外订单的机会”，某纺织用品公司的一位负责人说。另一家企业的业务总监算了一笔账，“以网络为获得客户的渠道，成本包括年费及维护费在6万元左右，搜索排名费3万元左右，跟单员工资4万元左右，过程中产生的耗材费7万元左右，这些加起来差不多就要20万元。而在香港时装展上拿两个展

位，也就5万元。所以，我们仍选择参展获得订单”。

三、品牌推介功能

在知识经济时代，注意力日益成为稀缺资源，成为信息化社会的无形资产和市场经济宝贵的资本。企业之间产品或服务的竞争正在演变为争夺眼球、争夺注意力的竞争。因此，各参展商都十分珍惜参展的机会，为了宣传自己的品牌形象，它们为使展会上的形象花样翻新绞尽脑汁，力求通过训练有素的展台职员，积极的展前、展中促销以及严谨的展台跟进服务，将自己最鲜亮的一面展现在公众面前。为此，参展厂商不惜标新立异，甚至哗众取宠。所有这些，都是因为厂商看中了会展所特有的品牌形象推介功能。例如，在国内一些著名的展会上，国外一些大公司会派送带有企业标志的小纪念品，希望通过这些日常用品，扩大本企业的影响，增加潜在的客户。另据业内人士估计，商家从事推销活动的日常支出是参加展会的8倍，可见参展是一项成本较低的广告宣传活动，有利于塑造企业形象，提升产品、品牌的知名度。

知识链接

一个论坛成就一座名城

世界经济年会的会址达沃斯原本只是一个滑雪胜地，位于瑞士东南部的一个名不见经传的小镇，但一次论坛却与它结下了不解之缘，达沃斯没有把这次论坛作为一般的活动事件来处理，而是把它作为一个千载难逢的发展机遇来把握。在达沃斯的精心营造和创意下，一次论坛比一次更精彩，一次比一次更富有创意。论坛不仅给达沃斯带来了名誉、地位，同时也带来了金钱和人气。从此，只有1.5万人口的达沃斯在世界出了大名，并成为世界名牌城市。达沃斯把论坛做成了一个产业，一个遍布世界的产业。目前，达沃斯论坛除了每年一届年会在达沃斯举办外，每年还要在世界各个国家分别举办几十个不同主题的论坛。除了论坛总部设在达沃斯外，在世界几十个国家还设立了论坛组织机构。另外，除了世界各主要国家成为论坛的会员外，还有上千家企业也加入到了论坛的基金会员中来，形成了一个世界性的论坛组织和论坛托拉斯。仅一届年会的基金会，一年就收入几千万美元，而各国政要捐助的奖金更达到几亿美元之多。达沃斯的知名度如日中天，人们把达沃斯论坛称为世界经济的风向标，世界经济的晴雨表，世界经济的导航仪。世界经济的发展无不以达沃斯的精神为指向，而这些把握世界经济发展的大事情，却是由只有1.5万人口的小小的达沃斯小镇来决定的。

四、业内信息集聚与传播功能

为什么一些行业展览和行业论坛会成为行业领袖的关注焦点,成为任何已经或想要在这个行业内占有一席之地的人士的盛会?吸引行业人士的重要因素应该是“行业信息”。一个知名的会展实际上就是一次行业年会,是经济界定期集聚,检阅行业发展状况,研究行业发展方向的机会、场所和平台。通过会展,从行业协会到产业链的各个环节均被聚集在同一个时空,人们通过参加这样的行业会展,了解行业现实或者潜在的发展趋势,通过商品、信息、资金、技术,供需双方面对面地交流,引导行业发展潮流,扩展行业发展空间,提供市场机会,促进要素流动,从而发挥市场配置资源的基础性作用。因而,展览业被誉为“行业发展的风向标”,对行业及企业的发展具有重要意义。

现代社会是一个“信息社会”,无论从事何种行业,人们都不可能在没有信息的情况下做出正确的决策,人们需要了解同行在干什么,竞争对手在干什么。信息的畅通不仅仅加剧了竞争,同时也加剧了分化,因为大家相互了解并不是为了相互模仿,而是希望发掘尚未被别人占据的特定市场,以求开发新的领域。尤其是业内人士,他们更需要一个谈论行业自身问题的去处,可以在那里争论观点、吸取新知、结交伙伴、寻找新的生意机会,满足他们这一需求的正是行业会展。

与其他信息传播媒介相比,会展活动的信息传播具有以下几个特点。

(一)信息的聚集性

会展活动的利益相关者群体中,参展商有参展商的立场观点,专业买家亦有各自的购买倾向,而主承办方正是采取“一手托两家”的策略,将二者的利益兼顾。由此不难看出,在展览期限内,主承办方、参展商、观展商都在不约而同地聚集和传播着与自己相关的信息,从而在客观上形成了业内信息短期集聚的局面。作为商品的买卖双方,直接进行互动式交流,容易产生合作的思想基础;携带同类或相近商品的参展商们宛如同台打擂,一决高下,为他们提供这一信息聚集平台的正是会展。

(二)信息交换的经济性、便利性

会展活动期间,参展者、观展者、行业协会以及政府相关行业的主管部门集中通过现场观摩、产品展示、经贸洽谈、高层论坛等方式交流信息,大大减少了个别利益相关者的信息搜寻成本和谈判成本,从而以一种类似于信息批发交换的方式,加速了业内信息交换的速度,降低了交易成本和交易偏差。企业通过倾听广大消费者的呼声和广大用户的意见及建议,通过与其他企业相互交流,取长补短,为自己产品的改进和技术创新创造了良好的条件。据英联邦展览业联合会调查，会展上信息交流的成本大大低于推销员推销、公关、广告等手段。可见，会展这种信息交流的方式具有很强的经济性和便利性。

（三）信息传播的相对有效性

由于绝大多数会展活动参与者都是本行业相关的企事业单位、行业上下游的专业买家、行业协会以及政府主管部门、潜在的市场进入者等，参展企业在会展活动期间所收集到的信息具有相对的有效性，因为这些信息会被与会各方快速、大规模地分享，并可获得来自各方面的即时反应，从而最大限度地实现了信息资源的利用效能。用我们常常采用的百分比的办法来说就是：如果说一般的广告受众对企业产品关注从而购买的概率是1%，那么展会活动中的专业买家对展品关注从而购买的概率很可能达到33%。

虽然参展商眼中的会展功能依据不同类型的展会各有不同，但一般而言，参展商更侧重展会的信息推介功能，而不是一味地看重展会的即期销售能力。比如，德国著名研究机构IFO对慕尼黑展览公司举办的机械工程设备展览BAUMA进行的"企业参展目标"的调查表明：企业参展目标中，提高企业知名度为85%，密切老客户和结识新客户均为70%，宣传市场占有率63%，推介新产品60%，提升产品知名度58%，交流信息50%，发现客户需求50%，影响客户决策33%，最后才是签署销售合同，仅占29%。

五、商务洽谈功能

会展是国际商贸活动的一种非常重要的形式，企业通过参加相关的会展活动，可以扩大商务接触面，开阔视野，启发思路，在这个交流平台上，买卖双方可以轻松地进行面对面的洽谈，免去寻求海外客户与市场的中间环节，花费最少，成效最高。

六、第三方认证功能

从会展产生的历史原因可以知道，展览会实际上就是一个公平买卖的市场，是提供企业进行商业交易的特定场所，其所处地位就是一个中立的第三方，其对展览产品的认证相当于第三方认证，具有一定的权威性。众所周知的贵州茅台酒之所以在20世纪70年代被周总理点名定为"国宴酒"并用来招待美国总统尼克松，就是由于贵州茅台酒厂1915年在美国旧金山参加巴拿马世界博览会期间，茅台酒被评选为金奖。法兰克福的照明展览会，被称为"世界照明行业的麦加"，是全球照明行业毕生追求的圣地，是反映世界照明行业最新动态和市场的晴雨表，成熟的参展商总是为能够参加这样的展览会而自豪和骄傲,参加这个展会成了体现企业实力的最有力的佐证。因此,一个权威展会赋予企业的认证意义成为会展的又一个主要经济功能。

第二节　会展的社会功能

从前面的分析中我们已经知道,会展业具有经济衍生性高、产业增长速度快、辐射力强、无污染、开放性等特点,是现代服务业的重要组成部分,加快发展会展业,对于拉动相关产业发展,提升城市品牌,优化产业结构,扩大内需,增加社会就业,提高人民生活水平具有重大的意义。其社会功能表现在以下几个方面。

一、产业联动功能

会展活动在举办过程中,举办城市要进行一系列跨时空的宣传、组织工作,开展多层次、宽领域的合作,从而形成了以会展活动为核心的"同心圆"式的经济圈。也就是说,会展产业的变化会沿着不同的产业关联方式,引起与其直接相关的产业部门变化,并且这些相关部门的变化又会导致与其直接相关的其他产业部门的变化,影响力依次传递。

国际会展业是高收入、高赢利的产业,利润率大都在25%以上,而且除了它自身的巨大收益外,还有极强的经济联动性。也就是说,它是对相关产业带动能力极强的产业,它的大力发展可以推动一系列相关产业的发展。国际上对此有1∶9的说法,即一次成功的会议或展览所带动的相关产业,如交通、住宿、餐饮、购物、娱乐、旅游等的营业额约为会展本身收入的9倍(许多发达国家已经达到1∶10)。而且,这种带动作用,还能使产业结构的发展沿着第一、二、三产业优势地位顺向递进的方向演进;顺着劳动密集型产业、资本密集型产业、技术(知识)密集型产业分别占优势地位的方向演进,使城市的产业结构向着更加合理化和高度化的方向发展。美国一位市长感叹:"如果在一个城市召开一个国际会议,就好比一架飞机在我们头顶上撒美元。"从这句略带一些夸张的话中我们可以真切地感受到会展为当地经济的发展所带来的效益。

以法国为例,1995年,法国企业花费了75亿法郎(约合13亿美元)参加各种展览会和博览会,支出总额占广告业营业额(包括所有媒介)的5%。这些展会宣传费仅次于直接促销费、报刊广告和电视广告的费用,与海报费用和公关花费相当,高于花费在电台、各种指南和年鉴上的广告费用。这75亿法郎展会支出额,只包括参展商用于展会的直接花费即展台租金和展台装修费用,而展品的运输费以及参展人员的交通费、住宿费、餐饮费用等均未计算在内。参展商每花费 1 法郎,平均可带来 35~40 法郎的合同。法国国内企业(约占参展商的 67%)因参展而带来的合同营业额可达 1 500 亿法郎,这意味着创造了 20 万个就业岗位。会展业不仅为展览公司、场馆公司和展览服务公司带来收益,也为会展所在城市引来大量的国内外参观者和参展商,从而为当地的旅馆业、餐饮业、零售业、公共交通、出租汽车等行业带来显著收益。比如在巴黎地区,会展业带来的其他收入约为 150 亿法郎,也就是 3.65 万个工作岗位全员全年的收入。

以广交会为例,通过对第 104 届和第 105 届广交会所有参与者消费支出与结构的估算得出广交会直接经济影响为 55.26 亿元,并运用广东省投入产出表对广交会的间接经济影响进行评估得出一届广交会对广州市的直接与间接效应合计为 163.24 亿元,其中间接经济效应为 107.98 亿元,直接与间接效应之比为 1 :1.95,如表 3-1 所示。

表 3-1　广交会主要参与者的直接与间接经济效应表(万元)

	采购商		参展企业		参展个人		交易团		承办方	
	额外产出	总投入	额外产出	总投入	额外产出	总投入	额外产出	总投入	额外产出	总投入
城市公共交通运输业	14 261.88	21 739.38	1 814.89	2 767.10			184.07	280.65		
批发和零售贸易业	76 636.56	111 199.65			21 731.57	31 522.00			305.53	443.17
住宿业	90 259.98	243 088.18	14 268.22	38 418.00			1 595.89	4 297.00		
餐饮业	36 039.05	32 835.18	14 690.31	13 385.00	1 812.03	1 651.10	661.98	603.17		
商务服务业	6 064.83	16 959.08	151 002.70	422 210.00			898.48	2 512.20	3 576.02	9 998.70
旅游业	8 825.31	4 223.79			8 716.93	4 171.40				
居民服务和其他服务业	18 853.57	25 239.28	9 558.60	12 797.00	6 378.35	8 539.10	826.46	1 106.40	8 888.02	11 899.00
娱乐业	7 324.13	15 160.21			5 637.79	11 672.00				
仓储业			6 269.60	13 409.00						
电力、热力的生产和供应业			1 625.15	1 106.40					1 235.10	4 022.70

续表

	采购商		参展企业		参展个人		交易团		承办方	
	额外产出	总投入	额外产出	总投入	额外产出	总投入	额外产出	总投入	额外产出	总投入
建筑业			27 001.49	2 195.90						
信息传播服务业			1 531.52	1 999.70			57.20	74.69	485.76	634.26
租赁业			1 882.73	4 697.70					226.69	565.62
印刷和复制业									1 506.50	2 392.50
小计	258 265.31	470 444.75	229 645.21	512 985.80	44 276.67	57 555.60	4 224.08	8 874.11	16 223.62	29 955.95
额外产出(直接效应)						552 634.89				
总投入(间接效应)						1 079 816.21				

资料来源：罗秋菊．基于投入产出模型的大型活动对举办地的经济影响：以广交会为例[J]．地理学报，2011(4)．

可见，会展除了具有一个类似于旅游“黄金周”的可观的直接经济效益外，还能极大地带动相关产业的发展。因此，在会展业十分发达的欧洲城市流行着这样一句话：会展是城市的面包。这种多米诺骨牌似的连锁波及效应，用一句话来概括就是：“一方会展，八方受益”。

知识链接

会展业的带动作用

据香港经促局资料显示，2002 年，香港国际展览业创造的产值为 73 亿港元，其中除 19 亿港元来自会展业自身，其余 54 亿港元都是会展业拉动所致。这 54 亿港元收入包括酒店业、餐饮业、运输仓储业、零售业及劳动保险部门的收入，所占比例分别为 26%、10%、17%、23%和 4%。由此可见香港会展业对这些部门的带动作用之大。另据德国著名研究所的有关资料，2001 年德国展览业总体经济收益达 230 亿欧元，其中间接收益为 130 亿欧元，并创造了大量就业岗位。另据有关机构对日本筑波世界博览会的研究，1974 年，筑波世博会使宾馆/汽车旅馆、餐饮业和电影/娱乐设施三个产业获得了高于正常预期的增长，其中增长最高的电影/娱乐设施产业的经济影响比预测值高出 165.8%(参见表 3-2)。

表 3-2　1974 年日本筑波世博会的经济影响

产业名称	经济影响程度(百万美元)	经济影响比预测值上涨(%)	影响百分比(%)
宾馆/汽车旅馆	7.5	67.0	5.4
餐饮业	15.9	35.5	11.4
电影/娱乐设施	19.4	165.8	13.9

资料来源:克劳德 · 塞尔旺,竹田一平.国际级博览会影响研究[M]. 上海:上海科学技术文献出版社,2003.

以下具体说明会展业对相关产业的带动作用。

(一)旅游业

会展业与旅游业都具有"异地消费"这一共同特征,因而"会展消费链"与"旅游消费链"有相当一部分是交叉的。这种交叉其实意味着只要会展出现增量,旅游就必然会产生增量。据国际大会及会议协会统计,美国作为世界最大的国际会议主办国,其航空客运量的 22.4%和饭店入住率的 33.8%都来自国际会议及奖励旅游。而据北京市旅游局的一项统计,在来京旅游的旅游者中,参加会展和商务活动的分别占13.6%和 26.6%。

另一方面,会展项目及会展主办场地可以成为新的旅游景点。这些新景观反过来也会刺激旅游。从经济学角度说,这是供给的增加刺激消费的增长。1999 年昆明世博会、2008 年北京奥运会和 2010 年上海世界博览会都证明了这一点。

旅游业是当今世界第一大产业,大力发展旅游产业已是世界各国的共识。举目环顾世界名城,无一不在向旅游名城的方向发展,而会展业能够带动旅游产业的蓬勃发展已经是一个不争的事实。瑞士山区小镇达沃斯早已被世界经济论坛打造成世界知名的旅游度假地,博鳌小岛也正在成为名扬天下的海滨休闲旅游胜地。有"展览之都"美名的香港,在每年超过 1 000 万名的游客中,约有 30%的人是为参加各项贸易展览或会议而来的。1997 年,西班牙 24 个城市接待会议约 4 000 个,与会人数超过 10 万人次,每个会议平均创汇约 35 万美元,会议商贸旅游的外汇收入高达 44 亿美元。另外,1998 年葡萄牙旅游业也因为举办里斯本世界博览会而获得大丰收,接待国际旅游者数量达 1 180 万人次,比 1997 年增加 16.83%。以上数据表明,举办会展不仅能为主办国带来巨额收入,而且其充足的客源还会拉动本国、本地区旅游业的迅猛发展。

与其他游客相比,会展业带来的游客具有 5 个特点:客户消费高,停留时间长,团队规模大,赢利性好,行业带动性强。这些特点促使很多城市积极构建以会展带旅游,以旅游促会展的良性互动发展模式。

大力发展会展经济,不仅会为主办城市的旅游业提供巨大的客源市场,更会形成一种良性循环。一个旅游资源丰富、服务设施齐全的旅游胜地必定会吸引大量的大型会展;而大量的大型会展又必将带来更多的旅游客源。会展业带动旅游业发展的路径可参见图3-1。

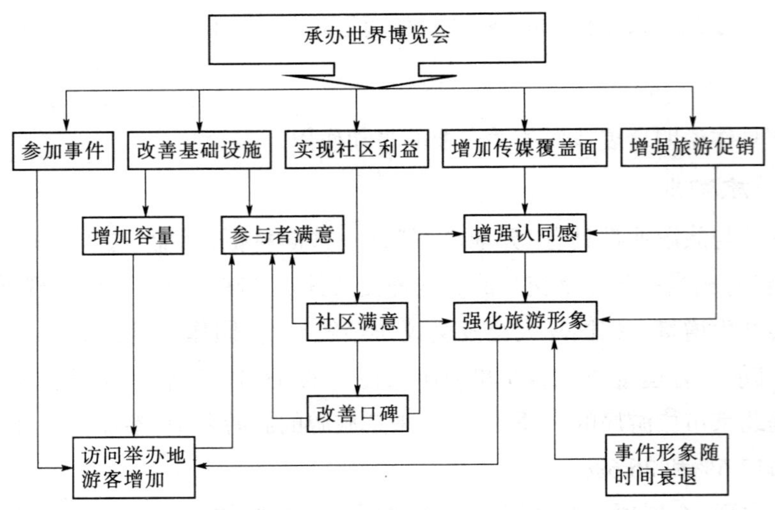

图3-1 会展对举办地旅游业的影响:新奥尔良1984世界博览会

资料来源:Dinanche,1997。

(二)餐饮、住宿业

会展业可为举办地的餐饮、住宿业带来巨额的收益。会展活动期间,大量参展商和参展观众的涌入,对举办城市的餐饮、住宿服务形成巨大的需求,从而为当地这些行业的发展创造了新的机遇。德国会议局统计显示,2002年,到该国参加会展并入住酒店的代表达6 760万人次,占酒店入住总人次的1/3。2003年淄博"陶博会"期间,淄博市宾馆、饭店的客房平均入住率高达90%,比上年同期增长19%;星级酒店平均入住率达到94%以上,宾馆、饭店营业收入同比增长31.25%。每年的广交会期间,广州市酒店的入住率都高达90%以上。2000年参加北京国际汽车展的40多万人中,外地和海外参观者约占30%,而这30%的参观者仅在北京餐馆和宾馆的花销就超过了300万美元。

(三)交通、通信业

会展业对举办地交通、通信业的发展也有很强的带动作用。会展活动的举办,会将大量的人流、物流汇集到会展举办城市,增加了对城市交通和通信业的需求,促进了这些行业的发展。2003淄博"陶博会"期间,客运量同比增长39.24%,客运收入同比增长 37.49%。会展产品的异地消费，还拉大了人们在地域空间上的距离，提高了人们通信联系的频率，增加了对城市通信服务的需求，从而为城市通信业创造了收入。

（四）零售业

会展业对零售业的发展也有着一定的带动作用。会展活动期间，大量人流的涌入，会增加对生活用品和服务的需求，促进举办地零售业的发展。

比如，一些大型赛事举行间隙或结束后，人们常能看到一些运动员结伴到街上购物的场景，他们除了采购一些自己喜爱的当地物产，还会为家人、朋友带回一些纪念品。可见，会展对于举办地零售业的发展也有很大的促进作用。

（五）物流业

被称为企业“第三利润源泉”的物流业在城市会展经济发展中也大有作为，物流、会展两大朝阳产业的珠联璧合，使得展览物流成为一块诱人的香味四溢的“奶酪”。

会展活动期间，会展举办地会汇集大量的商品，因此对物流活动产生了极大的需求：会展前后参展商品的运输、包装、储存、装卸、搬运，会展活动期间向参展商和参展观众分发成吨的食品以及其他会展配套设施，都会增加对物流服务的需求。更为重要的是，相对于一般的货物运输而言，展品对物流服务有着更高的要求，这就要求物流活动组织者不断采用先进技术、设备和管理方法，提高物流服务水平。

（六）保险业

会展业的发展不可避免地会涉及保险业。为了确保会展活动中参展商和参展观众的人身安全，保护参展企业的专利、商标等知识产权，保证各类展品，特别是珠宝、航空飞机等贵重展品的安全，会展的举办需要保险业的大力支持，这就促进了保险业的发展。2003 年一场突如其来的“非典”，更提高了人们对于保险业重要性的认识。

来自上海世博会工程并作为世博会第一个公开招标的保险项目，浦江镇定向安置基地“建筑工程一切险”12 亿巨额保单，吸引来了中国人民财产保险股份有限公司、中国太平洋财产保险股份有限公司、中国平安保险股份有限公司与太平保险有限公司等 6 家实力雄厚的公司竞标，最后太平保险有限公司拿下了这份高额保单。据称，在世博会保险“第一单”后，还将有上亿元保费的保险项目有待保险公司参与，而财产险与责任险将成为世博会众多保险项目中的重头险种。

（七）房地产业

房地产业与旅游业一样，同为我国现阶段新的经济增长点。随着我国与世界交往的密切,随着我国城市设计水准和城市品位的提升,房地产业的竞争将进入全新的品质和品牌竞争阶段。无论从数量还是质量上看,会展对房地产业的拉动和提升作用都是巨大的。

亚运会是当今世界上历史悠久、规模较大和水平较高的综合性国际体育盛会,也是影响深远、参与人数众多的社会文化活动之一。广州成功取得 2010 年第 16 届亚运会的承办权后,给房地产业的发展带来了前所未有的契机。亚运会为广州市带来的设施改善、形象提升、城市更新加快、环境改善和可持续发展能力提高等诸多有利因素,为广州提高城市的整体竞争力打下了基础,而这可以为房地产业的发展赢得更好的经济和社会环境。

二、促进就业功能

前面已经分析过,会展业的发展能带动大量相关产业的发展,而相关产业的发展必然会为城市创造出许多就业机会。据国际展览联合会的测算,会展场馆每增加 1 000 平方米,就会给社会带来近百个就业机会。会展业是服务业的重要组成部分,是劳动密集型产业,与现代化的工业企业相比,会展业的发展可提供更多的就业机会。1999 年在威尔士举行的橄榄球世界杯赛中,大约有 2 000 人在运动会期间被雇用做临时工作或兼职工作,而此项比赛引起约 4 000 个工作岗位的员工延长了工作时间。1996 年汉诺威世界博览会就为当地居民创造了 10 万个就业机会。在香港,一年的会展活动可为当地居民提供大约 9 000 个就业机会。据估计,正在兴建的济南国际会展中心将新增就业岗位 3 万多个。

三、提升城市知名度功能

会展业不仅是一个集旅游、商业、物流、通信、餐饮、住宿等为一体的多方受益的产业,而且会展业还能够发展成为带动举办地形象推广的“动力引擎”。会展有利于提升城市的知名度,打造城市的品牌形象。展会是最大、最有特色、最有意义的城市广告,它能够向各地的参展商、贸易商和展会观众宣传一个城市的科技水平、经济发展实力,展示城市的形象,扩大城市影响,提高城市的知名度和美誉度。像瑞士日内瓦,德国汉诺威、慕尼黑,美国纽约,法国巴黎以及香港等世界著名的“展览城市”,都从展会中获益良多。国际上衡量一个城市能否跻身于国际知名城市的行列,一个重要标志就是这个城市召开国际会议的数量和规模。对于城市而言,会展是最有效的城市广告。很多情况下,为争夺国际知名展会的举办权,很多城市都会进行激烈的竞争。

日益增多的会展活动,不仅为企业带来了新的机遇,也为会展举办地带来了知名度的提升。以德国为例,国际上具有领先地位的博览会约有2/3在德国举行,而德国举办博览会的城市多达20多个。其中,地处德国东部的汉诺威展览会就因此而享誉世界,它拥有世界上最大的展览场地,总占地面积达100多万平方米,是世界展览会的发源地,已有800年举办展览的历史。值得一提的是,该城市在第二次世界大战期间有大半个城市毁于战争,但由于它成功地举办了汉诺威国际博览会,很快从战争创伤中恢复过来,并成为全球知名的“世界展览之都”。会展在给汉诺威带来财富的同时,也大大提高了它的城市形象。巴黎因作为法国会展业的中心城市而更加名扬四海,还赢得了“国际会议之都”的美誉。

城市形象的塑造离不开有效的传播,只有通过传播,才能将城市的技术水平、经济实力、城市市容及市民素质、综合风貌全面地展示给世人,才能有效地在公众中树立起良好的城市形象。会展业之所以被大家看好,其重要原因之一就是它能够创造一个高效、快捷的传播渠道。大连市通过举办服装节,仅仅两三年时间就一跃成为国内外颇具影响力的城市;青岛通过“啤酒节”“海洋节”将自己独具特色的“海洋文化”传播出去,成功地塑造了自己作为海洋城市的特色形象;昆明更是借助世博会将“万绿之宗、彩云之南”的口号传遍世界各地。

由此可见,一次成功的会展活动,不仅可以使某个产品、某个企业蜚声全球,更可以以点带面,使会展举办地的形象声名鹊起。它为举办地提供的展示自己形象的舞台,是任何一则广告、任何一次营销活动所取得的成效都难以与之相媲美的。

会展活动提高城市知名度

荷兰海牙北海爵士音乐节是世界上最大的室内爵士音乐节,也是欧洲知名度最高、规模最大的爵士盛会之一。每年7月,世界各地的爵士迷都会齐聚荷兰的海牙来参加这个为期3天的爵士盛会。它创办于1976年,据其创始人迪奥·凡登霍克先生说,音乐节每年都吸引了70万人来到海牙,有1/4是外国游客,音乐节使海牙的酒吧、宾馆以及整个餐饮业、交通业都出现了繁荣景象。会展活动自身的优势使其能够成为一种有效的城市公关手段,举办会展活动的特定空间,使参与者能够通过会展活动的各项内容,全面了解城市的自然景观、历史背景、人文景观和城市建设等硬环境和软环境,较容易对城市形象产生感性认识。会展活动本身就是对城市形象的塑造,会展活动就是城市形象的塑造和推广过程,成功的会展活动能够成为城市形象的代名词。随着城市经济、文化的发展和城市知名度的提高,城市所具有的无形资产也在不断聚积和增值,不断增强城市的实力。

四、推动城市建设功能

有专家认为,1 美元的场馆建设投资,将拉动 5 到 10 美元的城市基础设施配套建设。2010 年上海世博会带动了近千亿元资金用于城市基础设施建设。而最典型的案例莫过于博鳌亚洲论坛对当地城市建设及城市品位提升的推动作用,博鳌从一个普通的海滨小镇发展成了现代化的“会议小镇”。

会展经济的发展能直接促进城市基础设施建设,带动举办地经济的发展。因为会展业是一项极为复杂的系统工程,受制因素很多,从制订计划、市场调研、展位选择、展品征集、报关运输、客户邀请、展台布置、广告宣传、组织成交到展品回运,形成了一个互相影响、互相制约的有机整体,任何一个环节的失误,都会直接影响展览活动的效果。

例如,第六届世界华商大会在南京召开,就大大推进了南京城市建设的速度。市政府投资 90 多亿元进行城市规划、建设,使南京市的城市建设、经济水平都切切实实地上了一个新的台阶。也正是由于大会的召开,南京向全国、全世界展示了其拥有的国际一流的展览载体,展示了南京市经济、文化、科技等各方面的发展水平,展示了城市对外开放的水平,提升了南京市的国际知名度。

举办会展尤其是大型的国际会展,如奥运会、世界杯足球赛等规模宏大的展会和赛事,对于举办城市的经济实力、环境、交通和服务设施都是一个很大的挑战。举办者在取得了会展的举办权之后,会投入大量资金进行市政建设,这就为城市建设带来了巨大的发展契机。1999 年昆明主办的世界园艺博览会,仅建馆就投资 16 亿元,对 218 公顷的世博会园区及相关设施的总投资超过 216 亿元,相继建成近 20 家星级饭店,新建和扩建城市街道 690 条,建成 20 多座立交桥和 10 座人行天桥,提前 10 到 15 年完成了昆明市城市网络规划。

五、加强交流合作功能

会展是一个信息交流的平台,而且随着时代的发展,它已经越来越成为一个极富特色的“历史讲坛”。它鼓励人类发挥创造性和主动性将种种有助于人类发展的新概念、新技术、新成果奉献于世人。尤其是国际性会展,更能起到促进各国人民团结、和平、进步和发展创新的作用。

以世博会为例,它号召在“地球村”村落中的所有国家与民族,聚集人类的力量和智慧,共同对付人类迫切需要解决的问题:对付大自然对人类生存的影响,对付环境的污染和资源的枯竭,对付一切恐怖组织,对付艾滋病对人类的危害,对付核武器可能带来的劫难,联合起来消除对人类生存的威胁。所有这一切,都满足了全人类需要交流、需要合作、需要友谊、渴望和平的愿望,同时,这也正是世博会的目标与希望。

六、传播新观念功能

从社会效益看,会展的举办对传播新的观念十分有益。例如,1999 年在上海举办的“上海《财富》论坛”,不仅造就了上海国际会议中心,使其成为高层次会议的举办场所,而且也为构筑这个会议中心的外层彩色薄壳玻璃,以及与国际惯例接轨的、现场实时传送各种图文资料的新闻传播通信线路做出了贡献;同时,于会议前夕落成的上海国际会议中心环境绿化装饰工程,也是一个吸收新理念的产物。这一绿化工程,采用“无障碍设计”,将人行隧道地面出入口、采光天窗、地下车库出入口等融进整体绿化环境中,按照“太极”图案演变而成的三块动感极强的草坪成为空间构图的中心,各种乔灌木、地被植物、花草搭配成人工植物群落,在会议场地的设计中也是一种创新。此外,由于众多企业巨头参与这次论坛,会议的规模、档次很高,也为提高上海举办会议的水平,接受和学习新的知识和观念创造了条件。可以说,2001 年 APEC 会议的成功承办,在一定程度上得益于 1999 年“上海《财富》论坛”在传播新的会议服务理念、引入新的思维方式等方面的作用①。

七、普及科学知识功能

会展的科普功能目前已经越来越引起人们的关注,而且也成为一些展会策划者新的选题目标。在实践当中,一些会展开幕时,众多的普通市民男女老少一同参观,虽然他们中的大多数人可能只是出于好奇才来参观,但只要参与,有意无意间总能获得一些商品和技术知识信息。而一些大规模的博览会举办高层论坛,发表学术报告,到会的有政界、企业高层管理人员、高校师生、专家学者和科研人员等,这些论坛通常是以较短时间内普及某个专业技术领域的知识,探讨某热门课题的现状与发展趋势为目的,它们使与会者耳目一新,眼界大开,在较高的层次和较广的范围内获得了科技、经济知识和最新信息。

① 阎蓓,贺学良.会展策划[M].北京:高等教育出版社,2005.

奥运会的功能①

一个城市能够承办规模宏大的奥运会，说明它已经具有相当的国际化水平和组织能力，而一届奥运会的成功举办也会对一个城市的经济发展产生巨大的推动作用。2001 年 7 月 13 日，北京获得了第 29 届奥运会的主办权，将在 2008 年迎来迄今为止中国所举办的最大规模的体育盛事。著名经济学家厉以宁指出，北京举办 2008 年奥运会，对中国的社会和经济发展都有很大的好处。作为主办城市，奥运会将会为北京的城市发展带来极大的机遇。

（一）经济收益

首先是国际奥委会给奥运会组委会的拨款。近年来，由于国际奥委会营销计划的成功实施，分配给奥运会组委会的资金十分可观，一般要占到组委会预算的 60%。这主要来自奥运会电视版权收入和国际奥林匹克营销计划（即著名的 TOP 计划）；其次是奥运会组委会的商业开发，这包括门票、发放奥运标志营销许可证、发行奥林匹克纪念币和纪念邮票的收入。

（二）产业联动

由于奥运会具有国际性、综合性和大型化的特点，尤其需要全社会拉动。奥运会是一个动态的极具号召力的人文旅游品牌，而北京本身是一座历史悠久、文化底蕴深厚的东方古城，又是一座充满生机的国际大都市，在未来的几年将掀起入境游、北京游的高潮，市场空间会一直延续到奥运会闭幕以后。

（三）城市建设

承办奥运会有巨大的工程量。为举办 2008 年奥运会，北京将筹资新建和改造一批符合举办奥运会标准的体育场馆。在交通方面，2002 年底前修建城市快速路 200 公里，改善旧城区 30 条胡同共计 29 公里的通行条件；2007 年底完成地铁 5 号线和八通线，开通颐和园支线和首都机场线轻轨，建设一条城市铁路线等轨道交通工程。同时，从有利于城市长远发展的角度，对机场、火车站、城市道路、电信系统、新闻中心以及奥运村及其辅助设施等大型基础设施进行建设和改造。到 2007 年，北京将陆续投入 120 亿美元用于改善城市的能源结构、产业布局和城市基础设施。届时，北京的城市建设将得到极大的改善，奥运将缩短北京与国际大都市间的距离。

---

① 陈燕.会展经济与城市发展[J].经济大观,2003(3).

（四）增加就业

筹办奥运会一般需7~8年左右的时间来兴建大量的体育设施和配套的城市基础设施，需要投入大量的人力。历届奥运会在带动主办城市就业方面都发挥了重要作用。1984年洛杉矶奥运会创造了2.5万个就业机会，1988年汉城奥运会给3.4万人带来了就业岗位，在1987—1992年巴塞罗那奥运会筹办期内，每年新增就业人数5.9万人。1996年亚特兰大奥运会带动了7.7万人就业，2000年悉尼奥运会创造了10万个就业机会。进入21世纪后，北京仍面临很大的就业压力，承办奥运会将有效地缓解这种压力。由于北京市整体的劳动生产率、资本和技术的密集程度以及劳动力价格都低于发达国家的奥运会主办城市，承办奥运会在带动北京地区就业方面的作用会更大。

（五）改善环境

近年来，对绿色奥运的强调，使举办奥运会成为环境保护的促进因素。悉尼奥运会采用循环用水系统，每年节约用水85亿立方米，就地处理3 400吨污染物；在奥运会期间减少了3万吨温室气体的排放，使用的50%的能源来自太阳能；开辟了830公顷绿地，比亚特兰大奥运会少用了1 600万张纸。北京提出“绿色奥运”的理念，将可持续发展的思路贯穿于奥运会的申办、筹办、举办和赛后场馆利用的全过程，使2008年奥运会成为在环境保护方面贡献最突出的“绿色奥运”盛会。在此期间，北京将大幅度增加绿化面积，2008年全市林木覆盖率将达到50%以上，污水处理率达到90%，市区城市生活垃圾基本实现无害化处理。这将极大改善北京长久以来存在的环境问题，还北京碧水蓝天。

（六）展示科技

奥运会也将成为一次展示新科技、新技术的科技盛会。北京提出了“科技奥运”的口号，届时将采用最先进、最成熟的信息技术。“科技奥运”不仅会带动北京乃至全国高新技术产业的发展，而且通过奥运会，全世界都将目睹并共享我国的最新科研成果。同时，也为我国的技术产品进军国际市场提供了千载难逢的好机会。

（七）文化交流

北京有着悠久的历史，是中华民族传统文化的典型代表。奥运会的举办将使北京千百年流传的中国文化以充满个性和魅力的价值观念、文化观念、思维模式和行为方式向全世界展现，东西方文化在北京得以碰撞和融合。奥运会是一个跨文化、跨民族和跨国度的世界性文化体系，北京“人文奥运”的口号将让更多的外国友人认识和了解北京。

会展活动可以吸引人流、物流、资金流、信息流、知识技术流，带动商贸、交通、旅游等相关行业的繁荣，促进城市和地区经济的发展，推动城市文明建设，改善和塑造新的城市形象。同时,会展业的发展也是衡量一个城市综合实力的标志,体现着一个城市社会资源的综合配套能力。作为中国的首都,北京的综合实力和基础设施在全国首屈一指,2008年奥运会的举办将为北京带来极大的发展机遇。

复习思考题

1. 会展有哪些经济功能?
2. 会展有哪些社会功能?
3. 简述会展对旅游业和商业的影响。
4. 2008年奥运会给北京带来了什么影响?

第四章 会展管理的基本流程

内容提要

本章概述了会展管理的基本流程，可以说是对本书后面几章内容的概括和总结。会展管理一般采用项目管理的方法，从总体上来说，包括启动、计划、实施和结束四个基本过程，这些过程按一定顺序发生，但彼此紧密相连，相互交叠。其中，启动阶段的主要工作是会展策划、可行性分析；计划阶段的主要工作是确定会展目标，制定进度计划和资金预算；实施阶段的主要工作包括营销管理、会展赞助、会展财务、供应商管理、现场管理、风险管理六个部分；结束阶段的主要工作包括会展评估和总结。

会展管理包括启动、计划、实施和结束四个基本过程，这些过程按一定顺序发生，但彼此紧密相连，它们是交叠的，有时界限并不分明。对于不同的会展产品，每个过程的时间长短和投入水平都会有所不同。一般情况下，实施过程消耗的资源和时间最多，其次是计划过程，而启动和结束过程通常最短，所需的资源和时间也最少。当然，由于会展项目的独特性，例外情况总是有的。同时，会展项目的每一个阶段都包含一个或几个“启动—计划—实施—结束”的循环。

第一节　会展管理的启动阶段

在会展活动的起始阶段，会展管理所要做的最主要的工作其实就是会展策划、项目可行性分析以及项目评估，最后上报有关部门以获得批准。

一、会展策划

关于策划并没有一个统一的定义，许多学者从不同的角度对策划做出了不同的定义:①策划是一种创造性的融观念、操作和现实于一体的智力行为,是一种以观念层面上的某种思想,尤其是某种创意为起点和指南,在现实层面上的客观条件和客观规律的约束范围内,为实现某一特定的目标,给操作层面制定一系列具有可操作性、可执行性的策略、计谋、方法、程序、措施、手段、预案的创造性智力行为[①]。②策划就是有谋略的筹划,即根据现实情况和各种信息,判断事物变化的趋势,围绕某一活动的特定目标,全面构思、设计、选择理想的行动方案,从而形成正确的决策提高工作的效率[②]。策划不仅仅是一种方法、技艺,更是一种思想。策划的本质就是管理[③],策划就是对某件事、某种项目有何计划、打算,用什么计谋,采取何种谋略并综合实施运行,使之达到较好的效果[④]。

会展策划是确定会展活动的目标、内容,体现一定的可行性、创造性、时效性和灵活性的策划活动。其中,关于主题的策划是项目启动的前提和必经程序,只有经过主题策划,确定项目是可行的,项目才能被立项和批准,进而启动。

会展项目策划需要遵循很多原则:

第一,可行性原则。会展活动在筹备举办过程中需要一定的活动场所,需要垫付大量的资金,可行性原则要求会展项目的选择或策划必须有一定的物质和财务条件。比如,在上海申办世博会,是否有足够的场地可供各国参展商展览、展示产品,是否具有在一个相对较长的时间内(6个月)为各国参展商提供住宿、餐饮、交通运输等各项服务。再如,在会展活动的黄金季节(大约在春季和秋季),会展项目较多,所选择的会展项目是否能够租用到合适的场馆。

第二,利益性原则。会展项目策划的一个非常重要的目的就是为策划主体或会展活动的主办者创造利益,策划本身就是一项为实现某一特定的经济利益目标而进行的一项活动。

第三,创新性原则。会展主题策划的创新性可以表现为会展主题的创新,也可以表现为具体会展活动过程的创新。

第四,灵活性原则。在会展项目管理过程中,会出现很多意外事故和风险,使会展项目不能按原定计划举行或不能达到预期的效果,需要项目管理小组根据实际发生的客观情况调整方案,灵活应变,以使会展项目能够达到最好效果或将损失降到最低。

第五,信息性原则。信息是会展项目选择和策划的起点,一个好的项目策划,

---

① 冷兆松,刘向前.策划原理与实务[M].北京:经济管理出版社,2003.

② 崔晓西,周建昌.策划训练[M].武汉:武汉大学出版社,2004.

③ 冉涛.策划的本质是管理[J].企业研究,2000(11).

④ 吴灿.策划学[M].北京:中国人民大学出版社,2004.

是从信息的收集、加工、整理、利用开始的,而好的开始就意味着成功的一半,因此,信息性原则是会展项目选择或策划的基础性原则,也是关键性的原则。会展项目的选择和策划是建立在信息的基础之上的,主办者或管理者必须对会展项目所处的各种宏观经济环境、市场环境、竞争环境进行充分调研,以获得是否可以举办会展项目的各类信息。

在会展项目策划中,创造性思维是策划活动创造性的基础,是策划生命力的体现。没有创造性的思维,项目策划活动的创造性就无从谈起,项目策划也就无影无踪。第五届中关村电脑节就很好地体现了创新性原则的具体应用。为了突出中关村的高科技优势,策划人员聘请了10位院士利用指纹触摸电脑显示屏上按键的方式拉开了电脑节的开幕式。中关村之所以享誉海内外,是因为其拥有大批充满创造力和创新思想的优秀科技人才,而院士则是他们中的佼佼者。策划人员又进一步考虑了每个科学家与众不同的特质,正是这种特质让他们走向成功。但这种特质通过什么方式体现呢?在众多提议中,最终选定了每个人都有与众不同的“指纹”这一介质。至此,10位院士输入指纹密码启动开幕式的想法就形成了。也正是这个点子,奠定了开幕式的成功。首届中国-东盟博览会开幕式的精彩创意,也为中国-东盟博览会的成功召开奠定了基础。

知识链接

中国-东盟博览会开幕式的精彩创意

首届中国-东盟博览会由中国商务部和东盟10国经贸主管部门及东盟秘书处共同主办,广西壮族自治区政府承办。2004年11月3日上午,由“开启友谊之门”“绽放繁荣之花”“共注合作之水”“走入发展新时代”等4个环节组成的中国-东盟博览会开幕式简洁而隆重,场面宏大,气势恢宏,突出了“友谊、合作、发展、繁荣”的主题,富有新意,富于科技含量和现代感。首届中国-东盟博览会开幕式的最大亮点在于,打破了以往大型活动开幕式的传统常规,以四大创意征服了观众,其中又以“共注合作之水” 最为精彩。

为精心策划好开幕式,在细节中体现博览会“友谊、合作、发展、繁荣”的主题,博览会秘书处专门派工作小组到东盟10国采集各国的“母亲河”河水,因东盟10国大都具有沿海优势,又采集了代表东盟秘书处的海水,在国内则采集了黄河、长江、邕江的河水。

采水过程充分体现了博览会具有很强的地域文化特征。在采水的设计上,专门请出了身穿当地民族服饰的少女，让她手持当地民族文化风格的容器采水。采水的少女还面对镜头，用本国语言说出了对中国-东盟博览会成功举办的祝福。

在开幕式现场，各方的吉祥之水由各国政要和东盟国家代表注入水晶瓶，再融合到水池中，汇聚一处，形成水柱，托起中国-东盟博览会会徽球。这个环节用各国"合作之水"的汇合过程，表现了中国与东盟10国的合作源远流长，生生不息；寓意着中国-东盟博览会的举办"水到渠成"，中国-东盟自由贸易区的建设如日东升。这个设计与传统的剪彩仪式截然不同，使人耳目一新，可谓独具匠心，气势非凡。

二、会展项目可行性研究

可行性研究是指在会展项目投资决策前，调查研究与项目有关的自然、社会、经济、技术资料，分析、比较可能的方案，预测、评价项目的社会经济效益，并在此基础上，综合论证该项目投资的必要性，财务上的赢利性，经济上的合理性，技术上的先进性和适用性，以及条件上的可能性和可行性，从而为会展项目投资决策提供科学的依据。可行性研究是保证会展项目通过一定的投资耗费取得最佳经济效果的科学手段，主要经过以下几个阶段：

第一，开始阶段。在开始阶段，承办单位要详细讨论可行性研究的范围，明确主办者的目标。

第二，调查研究阶段。调查研究阶段是可行性分析的重要步骤，是会展项目信息的重要来源。调查的对象和范围主要有：①会展项目所处的宏观环境，包括经济环境、政治安全环境、社会各界对会展项目的关注程度；②市场环境，包括市场规模、市场发展前景、市场进入壁垒；③竞争环境；④会展举办地条件分析，包括经济发展水平和产业体系，基础设施和社会服务体系，自然环境和人文环境，会展中心的规模和服务水平；⑤自身环境，包括项目管理团队，财务约束以及以往举办同类会展的情况。

第三，优化和选择方案阶段。将会展项目的各个方面进行组合，设计出各种可供选择的方案，然后对备选方案进行详细讨论、比较。要将定性分析与定量分析相结合，最后推荐一个或几个备选方案，提出各个方案的优缺点，供决策者选择。

第四，详细研究阶段。对选出的最佳方案进行最详细的分析研究工作，明确项目的具体范围，并对项目的经济与财务情况做出评价。同时，进行风险分析，表明不确定因素变化对会展项目经济效果所产生的影响。在这一阶段得到的结果，必须论证出项目在技术上的可行性，条件上的可达到性，资金的可筹措性和会展项目的风险性。

第五，编制可行性研究报告阶段。可行性研究报告的编制内容，国家有一般的规定,如工业项目、技术改造项目、技术引进和设备进口项目、利用外资项目、新技术产品开发项目等都有相关的规定。对于会展项目的可行性研究报告,目前国家并没有统一规定,所以会展项目可行性研究报告应该参照其他类型项目的可行性研究报告的内容和体例,并根据自身的特点来编写。

第六,编制资金筹措计划。会展项目的资金筹措在项目方案选优时,已经做过研究,但随着项目实施情况的变化,也会导致资金使用情况的改变,这都要编制相应的资金筹措计划。

三、会展评估和审批

经过可行性分析之后,要对会展项目进行财务评估,并上报有关部门审批。经批准后,项目进入计划阶段。

第二节　会展计划阶段

计划工作与项目的成功密切相关。为了使项目能够顺利完成,几乎所有的项目都要事先制定正式、详细的计划。计划就是选择企业目标并确立为实现这些目标必需的方针、政策和程序。制订计划的主要目的是建立详细的指导方案,以确切告知项目团队必须做什么,必须何时做以及需要什么资源等,从而成功地完成项目任务或交付项目成果。作为一个会展项目,小到一个小型会议和展览,大到世博会这样的巨型展览,涉及的人力、物力和财力是不同的,而且会展项目有一个共同的特点,就是需要考虑的细节问题众多,这就更需要在会展活动举办之前制定详细的计划,以指导项目团队的工作,保证会展项目顺利完成。

会展项目计划就是根据项目策划所选定的会展项目主题,确定会展项目所要完成的目标,并制定为实现这些目标的进度计划和预算安排。会展项目计划不仅有利于项目团队对目标有更清楚的认识和理解,提高项目管理的运行效率,还可以为项目控制提供依据。另外,从会展项目策划开始到实际举办有一段时间,在此期间会发生很多意外或风险性事件,会展项目计划不仅可以最大限度地减少不确定性,而且还可以事先对风险性事件进行预测,并能够事先制定预防性措施。

总体来看,会展项目计划需要解决以下五个问题:①何事(会展项目目标):会展项目要实现什么样的目标,这是项目经理和项目小组人员在工作过程中必须清楚的;②如何(工作分解结构图):通过工作分解结构图,可以将会展项目目标分解为具体的可实现的任务;③何人(人员使用计划):人员使用计划主要决定何人在何时做何事,并要在工作分解结构图中简单注明人员使用计划;④何时(进度表):决定会展项目的每一项工作在何时实施,需要多长时间,每项工作需要哪些资源;⑤多少(预算):这里主要指会展项目的财务预算,预测这一项目需要多少经费。

制定会展项目计划一般来说要遵循如下程序。

一、确定会展项目目标

项目目标不仅包括最终目标,也包括为达到最终目标而必须实现的阶段性目标。比如,举办一个医学研讨会,最终目标可能是通过会议的举办,促进与会代表的交流和先进医疗技术的推广,但为了达到这个目标,前期的阶段性目标应该包括邀请医学界知名专家,有一定数量的医学界人士与会,租用会议中心,预订客房,与服务商签订合同等。会展项目既需要有定性的目标,又需要有定量的目标。比如,一个展览的定性目标包括提高展会知名度,提高展会的服务水平和管理水平等;定量目标包括增加展会收入(会议注册费、展位收入、门票收入和其他收入等),增加参展商和观众的数量,提高展会成交额等。定量目标可以衡量,可以作为会展项目控制和评估的基础,而定性目标则有助于把握会展项目的长期发展方向。

二、项目工作分解

确定实现项目目标须做的各项工作,通常使用项目工作分解结构(Work Breakdown Structure,WBS)将整个会展项目分解成为便于管理的具体活动(工作)。如一个展览活动的基本工作是前期准备工作,具体实施工作、现场管理工作和展后评估工作。前期准备工作又可分解为制定项目目标,确定参展商和观众的类型和数量,制订营销计划、项目组织计划等。所要做的各项工作中,有些工作必须按照顺序进行,有些则可以同时进行。如制定项目目标应该是项目计划最先做的工作,只有确定了项目目标才能确定参展商和观众,制订营销计划,而确定参展商和制订营销计划二者则可以同时进行。

例如,2000年澳大利亚悉尼奥运会项目的WBS包括以下主要领域:①事件;②比赛地点和设施,包括食宿、交通、媒体设施和协作;③电信;④安全安排;⑤医疗保健;⑥人力资源,包括志愿者;⑦奥林匹克文化公园;⑧奥运会前训练;⑨信息技术项目;⑩开幕式和闭幕式;⑪公共关系;⑫财务;⑬检查运动和事件实验;⑭赞助者管理和营销控制。这些分项中的每一个本身均可以当作一个项目来对待。为了保证这些分项的及时完成,从而保证整个奥运会项目的成功,需要进行精确的协调。

建立逻辑关系。建立逻辑关系是指假设资源独立,确定各项任务之间的相互依赖关系。建立逻辑关系是项目计划安排各项目之间前后关系的前提。

三、为各项任务确定时间

可以根据经验,也可以向每一项工作的负责人员询问,得知完成每一项任务所需的时间,用来编制项目进度计划。进度计划是表达会展项目中各项工作开展的顺序、开始及完成时间及相互衔接关系的计划。进度计划主要是安排具有里程碑意义的事件的执行时间。执行并完成每项里程碑事件所需的时间需要预先估计,最好是和执行该项任务的人员取得沟通,以获知最合适的时间。对于展览计划来说,里程碑事件可能包括展览中心的租用,招展的开始,营销方案的启动,与会展服务商签订合同,展台的搭建,展品的运输等。进度计划有利于对会展项目的进度实行控制。每一个里程碑事件的完成,都应该有一个考核标准,所制定的标准是会展项目能够保质保量运行的关键。

按进度计划所包含的内容不同,可分为总体进度计划、分项进度计划、年度进度计划。总体进度计划是对整个会展项目的工作和资源进行安排,而分项进度计划则是对每一项工作作出具体安排,比如会展营销进度计划、招展进度计划、组展进度计划等。年度进度计划则是在会展项目期间较长时,对每一年的工作作具体安排的计划,比如奥运会就需要有年度计划。

四、分配资源

资源配置所解决的问题就是确定每一项工作需要哪些资源,包括人力、物力和财力资源。会展项目涉及众多主体,组织工作复杂,需要大量的人力、物力和财力,因此在计划中一定要有预算安排,合理配置资源。会展资源配置工作主要包括三个方面:

一是人力资源预算,主要解决人力资源的来源及分配问题。会展项目中的各项工作具有不同的性质,不同性质的工作需要具有不同性格和能力的人,因此,人力资源的合理配置是会展项目成功的关键。

二是物质资源的配置,如会议展览活动需要符合什么标准的会展中心,需要什么设备,需要什么配套服务设施以及需要什么高新技术等。

三是财力的配置,也称为财务预算。财务预算能够预先估计会展项目的收入和支出,最大限度地保证会展项目能够以收抵支并获得盈余。另外,会展项目还要控制项目流程中的现金流量,以保证会展项目在预先垫付资本较大的情况下,不至于因现金流量中断而给会展公司造成财务压力。

资源分配应该充分考虑每项工作的性质,工作量的大小,所需人员应该具备的基本素质，所需的物力和财力的大小。比如，对于会展营销人员，一般要配备性格比较外向，善于处理人际关系，积极主动热情，精力比较旺盛，性格比较坚韧的员工。而选择不同的营销方式，则决定了配备的资源数量，如邮寄营销方式的成本相对较低，分配的财力和物力可以相对较少，如采用在电视台做广告的方式，则需要分配相对较大的预算。

五、制订最初计划

在调研的基础之上，制订出资源分配计划和进度计划。

六、调整计划

召开会议，以听取各方关于会展计划的意见，并对所作计划进行调整。各个子计划汇总之后，可能会出现冲突，这就需要在不同的子计划之间进行协调，并要反复征求各方意见，尽量使计划符合客观实际情况，并能有效、顺利地实现项目目标。

七、最终确定计划

最终计划是建立在调研和反复征求各方意见的基础之上的，最终计划应该形成书面文件，并发给会展企业高层管理者和会展项目小组的成员，使与项目有关的每个人都能十分清楚计划的内容。

第三节　会展实施阶段

会展实施阶段是会展管理最为复杂也最为实际的阶段，所有的计划都要在这个阶段付诸实施。会展实施阶段的管理主要包括展会的营销管理、财务管理、赞助管理、供应商管理、展会现场管理以及伴随着整个会展管理过程的风险管理。

一、营销管理

会展营销管理在会展管理中居于举足轻重的地位，它决定了会展参展商的数量和质量以及专业观众的多少，进而决定了展会的展出效果。会展的宣传应该选择最有效、最适合的宣传方式，做到有针对性，有内容。

营销管理主要应分为几个部分：一是确定宣传对象。组展者应根据展出目标、任务和展览会的性质，限制参展商的范围，不能大面积地宣传，增加不必要的宣传费用。随着会展业的发展，会展的专业性越来越强，而专业性强的展会通常不希望不相关的参展商和观众来参展。组展商应该根据所举办展览的性质，大致确定参展商所处的特定行业，然后再确定具体的宣传对象。组展商应认真研究过去所举办的同类展览中参展商的基本情况，整理出预期可能参展的参展商名单，有针对性地对可能的参展商进行宣传。二是准备宣传内容，也就是准备宣传资料，包括展览会资料、市场资料、组展要求和安排、协议或合同等。资料的形式有新闻资料、情况介绍资料等。三是选择合适的宣传方式。组展者应该根据展览的性质和招展对象的特点，选择合适的宣传方式。现代社会的宣传方式多种多样，适合组展者的宣传方式主要有以下几种：在媒体（尤其是专业媒体）刊登广告，直接发函，新闻报道，公关活动。

从计划举办展览到展览实际举办，整个过程都贯穿着营销管理。营销管理做得越好，展览的效果就会越好。

二、赞助管理

赞助已经成为越来越多的会展活动的收益来源，因而赞助管理已成为会展管理中越来越重要的部分。赞助具有以下几个特点：一是赞助是一种商业交易/投资，而不是无偿的捐款。所以，会展项目管理者在寻找赞助商之前一定要考虑所举办的项目能给赞助人带来什么样的商业回报，如赞助企业通过赞助会展项目可以提高知名度，宣传企业形象，推广企业的产品，扩大自己的影响等；二是赞助的形式可以多种多样，既可以表现为直接的现金支付，还可以是非现金的服务或产品。赞助形式的多样性可以使赞助商根据自身的情况充分发挥其优势并获得最大利益；三是从赞助中获得的回报最终将对企业的利润产生积极而深远的影响。并不是所有的会展项目都能够成功地获取商业赞助，这取决于会展项目是否能给赞助人提供商业回报以及是否有赞助人有能力提供赞助。

赞助管理主要涉及几个环节：一是对是否需要赞助进行调研，主要考虑会展项目是否需要商业赞助，需要多少赞助；支持这项赞助活动的内部和外部条件是否充足；商业赞助是否与活动相关；是否有足够的机构或企业愿意提供赞助。二是采取合适的方式开发赞助商。三是推销赞助建议书。四是与赞助商谈判并确定赞助事宜。五是签订正式的赞助合同。

三、财务管理

财务管理的主要职能是财务决策、财务计划和财务控制。财务决策是有关资金筹集和使用的决策。会展项目财务决策要根据项目类型的不同，选择合适的筹资方式。财务计划工作，是指针对特定期间的财务规划和财务预算。财务规划是一个过程,是为了使项目的资金、可能取得的收益、未来发生的成本费用相互协调,以保证财务目标的实现。财务规划受财务目标、战略、政策、程序和规划等决策的指导和限制,为编制财务预算提供基础。财务规划的主要工具是财务预测和本量利分析。预算是以货币表示的预期结果,是以预测为基础而编制的。它是计划工作的重点,也是控制工作的起点,并把计划和控制联系起来。财务控制和财务计划有密切联系,计划是控制的重要依据,控制是执行计划的手段,它们组成了会展项目的财务管理循环。财务控制主要是对会展项目成本的控制,有关成本控制的内容请参见第九章。

会展财务管理的主要环节包括:①制定财务决策,即针对项目的类型和各种财务问题决定行动方案,也就是要制定整体计划;②制定预算和标准,即针对会展项目期间的各项收入和支出的预测情况,用具体的数字表示已形成的财务预算;③记录实际数据,即对会展项目管理过程中实际收到的收入和实际发生的支出进行记录,这通常是会计的职能;④对比标准和实际,即对标准和实际两项数据进行比较,以确定差额,发现例外情况;⑤差异分析和调查,即对足够大的差异进行具体的调查研究,以发现差异产生的原因;⑥采取行动,即针对产生问题的原因采取行动,纠正偏差,使活动按既定目标发展;⑦评价与考核,即根据差异及其产生原因,对会展项目小组中的执行人的业绩进行评价和考核;⑧激励,即根据评价与考核的结果,对执行人进行奖惩,以激励项目小组成员的工作热情;⑨预测,即在激励和采取行动之后,顺应经济活动发生的变化,根据新的经济活动状况对会展项目进行重新预测,为下一次决策提供依据。

四、供应商管理

会展产业具有很强的产业带动性和产业关联性,一个会展产品是众多相互联系的企业共同提供的,会展组织者的主要作用就是把众多的会展服务提供商组织在一起,给参展商和观众提供一个优质的展览。展览的供应商主要包括食品供应商、视听设备供应商、气球供应商、广告代理商、装饰装潢师、娱乐供应商、急救公司、旗帜供应商、鲜花供应商、集会场所租赁商、酒店、保险经纪人和承销商、邀请函设计师、律师、灯光照明供应商、交通运输公司、印刷商、公关咨询师、烟火设计师、保安公司、特技效果供应商等。

对于供应商的管理主要包括:①判断会展组织过程中的某个环节是否需要聘任供应商,这取决于会展产业的分工水平,同时也取决于展览组织者的需求。一般来说,会展产业分工水平越高,展览组织者就会越倾向于把展览举办过程中的各项服务承包给不同的服务提供商,展览者只负责组织协调。目前我国会展公司在举办展览时,通常都由自己承担全部或大部分服务,这在一定程度上降低了展览服务的效率和效果①。②根据需要和市场上供应商的竞争程度选择供应商。选择供应商要从价格、质量、信誉三个主要方面判断。③与所选择的供应商进行谈判,争取以最低的价格获得一定质量和信誉的服务,或以同样的价格获得更高质量和信誉的服务。④签订合同。⑤与供应商关系的维护。这一点对于一个经常主办展览的主体来说尤其重要。主办商与供应商建立起长期的合作关系,对于展览服务质量的提高有很大帮助。

五、现场管理

组展商所做的所有前期准备工作都要通过现场管理的形式表现出来,组展商的现场管理工作是展会成功的重要保证。现场管理的内容主要有:举行开幕式、现场设备和技术的管理以及突发事件的处理等。

开幕式是展览会的重要仪式,举行开幕式的主要目的是制造气氛、扩大影响,提高展会的知名度,吸引更多的观众来参展。举行开幕式是组展商的重要工作,办好一个盛大的开幕式是组展商办展能力的体现,并起着预示展会成功的作用。

会展现场会用到很多设备,大体包括三大类:一是放映设备,如幻灯机、实物投影仪、银幕、计算器、附属设备;二是音响设备,如麦克风、录音设备;三是特殊视听系统,如多媒体设备、同声传译设备等。设备的使用要有相应的技术支持。现场设备管理和技术管理是展会顺利进行的保证。

现场突发性事件的管理也是会展管理中的重中之重,我们把它作为单独的专题来研究。

六、风险管理

会展业是一个极其敏感的产业,对其运行环境有特定的要求,比如,政治局势要相对稳定,经济快速发展,国内贸易和国际贸易发达,交通、场馆、航空运输等配套设施齐全,服务业比较发达等。但这些只是一种相对理想的状态,在很多情况下,总会出现这样或那样的风险,破坏了整个会展产业的运行环境,并对会展产业造成巨大的影响。这就需要实施有效的风险管理。

风险管理是人们对潜在的意外损失进行规划、识别、估计、评价、应对和监控的过程,它是对项目目标的主动控制。前面我们已经提到,风险管理是会展管理的重

① 更有甚者,我国部分展览集团公司举办的展览甚至强迫参展商使用集团下属的展台搭建公司和展品运输公司,实行捆绑式销售,剥夺了参展商自由选择的权利,损害了消费者的利益。

要组成部分，它贯穿于项目生命周期的始终，了解和掌握项目风险的来源、性质和发生规律，强化风险意识，进行有效的风险管理，对会展的成功举办具有重要意义。

作为现代会展企业，应该时时具备风险意识，建立风险应对机制。应对机制包括制定紧急情况应急预案，成立专门的风险管理机构，建立信息处理系统，设立风险基金等。

第四节　会展后续工作管理

会展后续工作发生在会展实体活动之后，是组展商与参展商、参展商与客户之间在会展期间关系的继续。虽然会展实体活动已经结束，但会展后续工作对整个会展活动效果的影响却极为深远。会展后续工作的主要内容包括会展评估和会展总结。

一、会展评估

会展评估是对展览环境、展览工作及展览效果进行系统、深入的评价。展览结束后，组展商应该对所组织的展会进行评估，以了解展会整体情况。会展项目评估是会展整体运作管理中的一个重要环节。通过评估，可以判断该会展项目的效益如何，存在哪些问题，如何加以改进，或者决定该会展项目以及类似的会展项目今后是否仍有必要继续举行。这无论对该会展项目的主办者与承办者，还是对参展商乃至会展举办地的一般观众都有着重要的意义。

然而，现阶段我国会展业存在许多严重的问题，这尤其表现在市场秩序混乱，会展过多过滥，鱼龙混杂，个别地方甚至出现了会展“泡沫”现象。许多会展缺乏明确定位，既无特色又无实质内容，缺乏良好的组织与服务，且收费混乱，低水平恶性竞争，使参展者的利益无法得到保护；而有些会展参展产品的质量和档次都比较低下，有些会展甚至成为处理滞销商品的场所；会展主办主体复杂，缺乏资质条件的约束，从业人员素质偏低。开展会展评估对于规范我国会展市场，促进会展产业健康发展具有重要意义。

组展商的会展评估主要对展览整体情况、参展商以及观众的整体情况进行评估。

展览的整体情况主要包括组展商的前期准备工作，会展现场管理工作，这些情况可以通过对参展商、展台工作人员以及参观者进行调查获得。比如，可对参展商进行调查，从而了解参展商对展馆环境及组展者的组织管理工作是否满意，展览效果是否达到，展览接待客户情况，参观展台的客户质量，展览期间的成交情况，等等；再如，通过对展台工作人员的调查,也可获得展出者对组织工作的评价,接待新老客户情况,实际成交额,成本效益比等;此外,对参观者进行调查,也可获得其对组织工作的评价情况以及参观者是否在展会上获得了相应的信息并实现了参展的目的等。展览整体情况评价可以说是组展商通过相关主体的反馈来了解自身的工作情况。

对参展商的评估主要是评价参展商在行业中或参展企业中的地位。通过这项评估,可以使组展商了解所举办展会的档次、规模等,以及是否有行业内的知名企业参展,参展商在行业内的影响如何等。对观众的评估主要了解国外的观众比例以及专业观众的比例。对参展商和观众的评估结果是组展商工作效果的间接反映,一般来说,组展商实力越强,展会的品牌效应就越强,也就越能吸引到高质量的参展商和观众。

二、会展总结

会展总结是指通过对工作资料的统计整理,通过对已做工作的评估,形成总结报告,以期为未来工作提供数据、资料、经验和建议。可以说,会展总结包括两方面的内容,一方面是对客观的数据、资料的总结,另一方面是对主观的经验、教训、意见和建议的总结。

客观数据、资料的总结主要包括以下内容:①展览会概况,主要包括展览会名称、日期、地点、规模、性质、内容、参观者数量和质量、展出者数量和质量等;②市场和竞争对手情况,主要包括竞争者数量、展台面积、展示内容、展示活动等;③展台情况,主要包括展馆面积、展馆环境等;④管理工作,主要包括整体组织和管理工作,展品的运输、设计和施工,宣传和广告等。展览主观评价的对象也是上述这几个方面,是通过客观数据和资料所做的主观评价。

复习思考题

1. 会展管理的基本流程是什么?
2. 编制会展计划有哪几个步骤?
3. 会展评估具有什么重要意义?

第五章 会展主题的策划

内容提要

本章重点讲述会展策划中的主题策划，主题策划是展览项目启动过程的重要环节。本章的主要内容包括会展主题策划的方式，会展主题策划的具体原则，主题策划的影响因素，主题策划的市场调研、可行性分析、战略选择，等等。

第一节 会展主题的选择

会展策划是一个很笼统的概念，按照会展活动所包括的内容来看，会展策划可以包括会议策划、展览策划、大型活动和节庆活动策划。由于本书主要以讲述展览为主，因此侧重于展览策划。从展览的整个管理流程来看，会展策划又可分为主题策划、赞助策划、营销策划等，其中主题策划是一个展览项目启动过程的重要环节，是其他策划的前提。本节主要讲主题策划，其主要内容包括主题选择、主题策划的市场调研和主题策划的可行性分析。

一、会展主题策划的方式

（一）策划新的展会

在展览会产品日渐成熟，同时展览会所依托的产业又在不断成熟甚至衰退的过程中，由于展览所依托产业和市场的有限性，展览利润空间在不断缩小。同类展览会的产业界限已经非常清晰，展览企业击败竞争对手变得异常艰难。在这种情况下，与其在已有的展览会产品市场与竞争对手殊死搏斗，还不如开发新的市场空间，开发新的展览会产品，创造新的市场需求，获得高利润增长的机会。展览企业要想在竞争日趋激励的展览产业中立于不败之地，就必须要在保持现有展会竞争地位的基础上，不断开发新的展览会产品。

选择全新主题的含义就是，历史上在世界范围内从未有过的展览会，是一种完全意义上的全新展览会。这种全新主题的展览会一定是和新兴的产业联系在一起的。例如，在有机产品兴起和不断发展的情况下，德国纽伦堡展览公司预测到这个市场的发展前景，率先推出“有机产品展”这样一个办展创意，这才诞生了 Bio Fach 这样一个成功的展览会。

（二）从已有展会中分离新的会展

这种策划会展主题的方式一般指从某个综合展中分离出某个专业展。展览业的发展已有专业展取代综合展的趋势，这种趋势的出现是由展览本身的特性决定的。展览从本质上来说，是一个交易的平台和信息的集散地，参展商和观众（尤其是专业观众）希望用最少的时间、最低的成本见到更多的客户，实现更多的交易额，获得最大的效益。在综合展上展出的展品种类繁多，尤其是在一些组织工作做得不好，展品分区不科学的展会上，参展商和观众要达到特定的目标，所需花费的搜寻成本相对较高，因而越来越多的参展商希望参加本行业的专业展会，从而使参展的成本收益比最低。前面提到的德国 CeBIT 就是 1986 年从汉诺威工业博览会中分离出来的，从那以后，CeBIT 以不可思议的速度增长。与世界上同类博览会的竞争者相比，CeBIT 是唯一一个保持持续增长的博览会。

（三）拷贝已有展会，改变展会举办地点

策划展会还有一个非常便捷的方式就是拷贝已有展会，在其他国家或地区举办。众所周知，会展经济的发展水平是与一个国家和地区的整体经济发展水平和市场成熟程度相适应的，从世界会展活动的布局来看，发达国家的会展经济水平普遍较高，他们掌握了庞大的客户资源、先进的管理经验和技术，而且正在依靠跨国公司的资本扩张，逐渐控制着发展中国家的会展市场和重要资源。而控制发展中国家会展市场的一个重要而快速的渠道，就是把在发达国家已经发展得非常成熟的展会移植到发展中国家，改变展会举办的地点和具体内容。CeBIT 除了在德国成功举办，德国汉诺威展览公司还把 CeBIT 概念移植到其他国家和地区，如俄罗斯、中国等。CeBIT Asia 是指“汉诺威亚洲信息及通信技术展”，从 2003 年开始每年在上海举办。

（四）合并主题

合并主题就是将两个或多个主题相同或有一定联系的展览会合并为一个更大的展览会，或者将两个或多个展览会中彼此相同或有一定联系的主题提炼出来，放到另一个展览会里集中展出。

世界展览业的发展趋势是综合性展览会向专业性展览会发展。综合性展览就是包含多个产业的展览，所覆盖的产业宽泛，展出产品丰富，如农博会、工博会、世博会等；专业化展览则是专注于一个或几个相关产业的展览，所覆盖的产业狭窄，展出产品种类较少，如机械展、化工展等行业展览会。展览的综合性与专业性是相对而言的，也就是说，产业的宽窄是相对而言的。相比来看，专业性展览由于参展商和展出产品的专注性，更受观众尤其是专业观众的欢迎。然而展览会越专业化，相应的参展商和观众数量就越少。倘若能在强化展会专业化的同时，注意研究各专业展览会间的内在联系，将相关主题的展会进行整合，则能更大程度地发挥参展商和观众的相互补充。

同期同地举办各个展会的观众都可交叉，各专业展会的参展商之间也可能会互为观众，若干同类展览会在一起举办，展会观众的数量会大大增加。参展商因增加观众而增强展出效果，就会增加其继续参展的积极性，主办方组展的连续性和扩张性就增多；同时，如果展会能连续举办，并能实现逐渐扩张，展览馆就会更加受益。对于观众来说，可以同期、同地观看更多相关展品，了解更多产品信息并提高观展的质量。可以说，“整合”能使会展业产生更大的效益。

另一方面，会展业在我国尚处于发展初期，产业恶性竞争非常普遍。大量同期、同地举办的众多相同或相关的展会往往使参展商和观众无法选择，而同类主题的展会合并不仅通过资源“整合”产生了最大的经济效益，对防止恶性竞争、促进会展产业健康发展也具有积极作用。

知识链接

历届上海双年展的主题设计

上海双年展始创于1996年，是中国历史最悠久、最具影响力的国际当代艺术双年展，也是亚洲最重要的双年展之一。从第一届以“开放的空间”为主题，经过第二届“融合与拓展”、第三届“海上·上海——一种特殊的现代性”、第四届“都市营造”、第五届“影像生存”、第六届“超设计”、第七届“快城快客”、第八届“巡回排演”、第九届“重新发电”、第十届“社会工厂”，直至第十二届“禹步——面向历史矛盾性的艺术”，上海双年展始终以上海城市为母体，聚合最优秀、最新锐的国际策展人和艺术家资源，探讨都市文化、当代艺术和社会公众的互动关系，成为每两年一次集结于上海的大型国际当代艺术展示与交流平台。表5-1是2012—2018年的主题。

表 5-1　2012—2018 历届上海双年展主题

年份	主题	寓意
2012	“重新发电”	对应原南市发电厂、世博会“城市未来馆”的改造和重启,承载了当代资源变革的使命,表达了对于我们的生存方式的资源性命题的反思
2014	“社会工厂”	探究“社会学的生产”特点和“社会事实”的组成要素
2016	“正辩,反辩,故事”	热烈拥抱各种讨论、争论和叙述,不断地思考、想象
2018	“禹步——面向历史矛盾性的艺术”	探寻全新的思维方式,提升人们对当下政治、文化、经济无常状态的感知力

资料来源:上海双年展官网(http://www.shanghaibiennale.org/cn/top/index.html)。

再比如我们熟悉的世博会,自 1791 年捷克在首都布拉格举办了首次世博会后,至今它已经有 220 多年的历史。按照国际展览局的规定,世界博览会按性质、规模和展期分为两种,一种是注册类(也称综合性)世博会,展期为 6 个月,自 2000 年开始每 5 年举办一次,是全球最高级别的博览会;一种是认可类(也称专业性)世博会,展期通常为 3 个月,在两届注册类世博会之间举办一次。1933 年美国芝加哥世博会确立“一个世纪的进步”这一主题后,历届注册类世博会均有主题(参见表 5-2),2010 年上海世博会的主题是“城市,让生活更美好”。

表 5-2　2000—2015 历届注册类世博会主题

年份	国家	举办地	主题	参观人数(万人)
1958	比利时	布鲁塞尔	科学、文明和人	4 150
1964	美国	纽约	通过理解走向和平	5 167
1967	加拿大	蒙特利尔	人类与世界	5 031
1970	日本	大阪	人类的进步与和平	6 500
1992	西班牙	塞维利亚	发现的时代	4 100
2000	德国	汉诺威	人类	1 850
2005	日本	爱知	自然的睿智	2 200
2010	中国	上海	城市,让生活更美好	7 308
2015	意大利	米兰	滋养地球,生命能源	2 150

资料来源:《中国展览经济发展报告 2017》,中国国际贸易促进委员会。

二、主题策划的具体原则

第四章已经简单介绍了会展策划的原则，如可行性原则、利益性原则、灵活性原则、创新性原则和信息性原则。这些原则非常重要，是会展主题策划应该遵守的。但这些原则属于一般性原则，也就是说，这些原则不仅仅会展策划应该遵守，其他方面的策划也应该遵守；不仅仅主题策划应该遵守，其他环节的策划（如赞助策划、影响策划）也应该遵守。在这些基本原则的基础上，下面再介绍一下会展主题策划应该遵循的具体原则。

（一）会展主题的可持续性

在展览主题的选择上，一定要注意展览主题的可持续性。一般来说，对于一个商业性展览，在展览举办初期的一两年内很少能获得利润。要使展览为主办者带来利润，必须使展览能够持续不断地举办下去，也就是说展览主题应该具有可持续性。一个会展主题只有办的次数多了，在国内的影响力大了，展览才有可能办成精品展、名牌展，才会为未来发展打下坚实的基础。而要保证展览主题的可持续性，就要在策划展览主题时充分考虑到影响展览主题选择的各种因素，如时代因素、产业因素、市场因素、区位因素等。

（二）定位准确

会展主题定位准确，主要指的是可以通过展览主题来确定展览的参展商和参展产品的范围，并且可以根据参展商和参展产品来确定观众（包括专业观众和普通观众）的范围。当然这里并不是指完全从展览名称或会展主题名称上就能够对参展商、参展产品和观众一目了然，但作为展览的组织者或策划者，必须要通过会展主题来表示展览的内容。如前面提到的“超设计”上海双年展，组织者和策划者应该十分清楚“超设计”所代表的展览内容。

再比如1992年中国美术学院发起的《当代青年雕塑家邀请展》，对雕塑展命题，当时主办者进行了认真反复的讨论，有人建议展题为《中国雕塑作品展》，《西湖雕塑艺术双年展》，《当代雕塑作品展》和《浙江青年雕塑家作品展》。从这些展览主题中能清楚地感到，当时有两种意见，一种意见是要把雕塑办成全国性的，另一种是主张范围不宜过大。但主办者考虑到当时雕塑的现状与问题，最终选择了前者，并定下了几个原则：其一，这是一次全国性的雕塑展览，它纯属于雕塑艺术的大活动，有别于官方展览；其二，参展者限于青年雕塑家；其三，参加人以自愿报名形式参加，不收任何参展费用、不审查、不评奖。最后，经过协商，组织者达成共识，把雕塑展命题为《当代青年雕塑家邀请展》。

（三）会展主题的可参与性

会展活动从本质上来说是一种群众性活动，展览主题的策划一定要注意可参与性，这样才能使更多的参展商和观众来参展，使展览具有较高的人气，创造更大的经济价值和社会价值。

三、主题策划的影响因素

（一）时代因素

时代因素在这里指的是一个会展项目所处的宏观环境，既包括政治、经济的，也包括社会的、文化的。一个时代的会展活动总与它所处的那个时代相关，带有明显的时代烙印。时代因素不仅在一些宣传教育类展览或公益类展览上表现得比较明显，在一些商业性展会上也表现得十分明显。如拉斯维加斯的 Comdex 展，世界各国的计算机厂商都前往参展，是世界 IT 界的知名盛会，而 IT 技术是当今社会和经济发展的热点主题，世界各国都非常重视 IT 技术的发展，具有非常明显的经济时代性。

前面提到的第六届上海双年展的“超设计”主题也是这个时代的产物，设计这一最贴近日常生活的创造形式可以将我们引向生活美学、技术美学和社会美学的思考。设计在不断地超越自我，“超设计”既是这个时代的产物，也是这个时代的推动者。“超设计”反映了时代共同的美学目标。

（二）产业因素

会展项目与所展览展示的产品所在的产业密切相关，主办者或管理者在选择或策划会展项目时，一定要考虑相关的产业因素：首先，与所选择的会展项目相关的产业应该是处于变化或转型期，市场空间较大，产业发展迅速；其次，与所选择的会展项目相关的产业应该能代表未来产业的发展方向，具有良好的市场发展前景；再次，与所举办的展会相关的产业必须是主办者或管理者非常熟悉的，主办者或管理者要对相关产业的市场状况、市场结构、竞争情况有相当的了解。

从世界各国会展产业的地区布局可以看出，产业因素对会展主题选择的影响很大。如巴黎的服装产业造就了闻名于世的巴黎服装展；北京是高科技产业中心，又是跨国公司云集的城市，所以科博会如火如荼；义乌是我国重要的小商品集散地，当地每年举办的小商品交易会客商云集，展览效果与效益都非常好。广东省的产业因素对会展主题选择的影响更为明显，如果举办地相关产业发达，举办该产业的展会成功概率就比较大，图 5-1 表示广东省一些产业对展览会的促进作用。

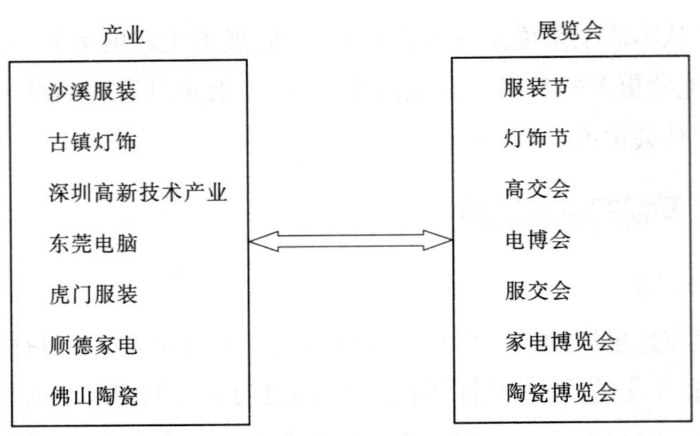

图 5-1　广东省产业和会展主题的关系

（三）市场因素

选择或策划的会展项目必须要有市场需求。市场因素主要是从观众的角度来说的，包括专业观众和普通观众。市场因素是决定会展项目能否成功的关键因素，而市场因素又是建立在对会展项目举办地的产业发展水平、经济发展水平、人均收入水平的基础之上的。

知识链接

中国（青岛）国际美容美发化妆用品博览会的成功要素

产业和市场是中国（青岛）国际美容美发化妆用品博览会成功的两大基本要素。中国（青岛）国际美容美发化妆用品博览会一年举办两届，至 2018 年 4 月成功举办了 33 届，已发展成为中国东部沿海地区规模最大、最具影响力的 B2B 美容美发化妆用品博览会。

产业作为会展业发展的基础，是展览成功的首要因素。在进行展览策划时，要考虑产业的发展前景、产业的生命周期和技术的更新换代周期。"中国（青岛）国际美容美发化妆用品博览会"的成功，与其准确定位、选择美妆行业是密不可分的。随着社会的发展进步，人们的生活水平不断提高，人均可支配收入也进一步提高，越来越多的人开始追求时尚追求美，从而带动了美妆市场规模的持续增长。目前，国内获得化妆品生产许可证的企业已经有 4 000 多家，国产化妆品种类接近 50 万种，新产品层出不穷，生产规模稳居世界前列。根据国家统计局最新发布的数据显示,2010—2017 年中国规模以上美妆企业零售总额呈增长趋势,2017 年增长速度为 13.5%,超过全年社会消费品零售总额的增速,美妆市场整体规模为 3 616 亿元。2017 年 12 月 1 日起进口美妆用品关税调整,由 6.5%~10%调为 2%~5%,下调幅度超 50%,不少欧美或日韩小众美妆品牌将大量进入中国,为中国美妆市场再添助力。

第 34 届中国(青岛)国际美容美发化妆用品博览会于 2018 年 10 月 18 日至 20 日在青岛国际会展中心隆重举办,展会分为专业美容,日化,美容整形,中国台湾/香港、韩国展团和专业美甲美睫纹绣五大板块,展览面积将近 40 000 平方米。博览会汇聚近 1 200 家国际国内参展商,千余种品牌,届时将吸引数万来自山东及周边地区的行业买家预计 50 000 家到场参观采购。

资料来源:中国(青岛)国际美容美发化妆用品博览会官网(http://www.sdmbgj.com)。

（四）区位因素

除了产业和市场因素,区位因素也是影响展览项目选择的重要因素。区位因素是更加综合的因素,是一个地区经济、社会、地理因素的综合反映。如北京“科博会”、深圳“高交会”不仅仅是因为北京、深圳的高科技产业特别发达,更重要的是北京、深圳是我国技术应用转化很快、区位条件优越的区域。目前,世界上有影响力的展览城市,如汉诺威、巴黎、新加坡等都具有很强的区位优势,我国的香港、北京、上海、广州等城市也具有较强的区位优势。

（五）自身因素

会展项目的举办需要投入大量的人力、物力和财力,选择会展项目一定要结合项目主办者自身的条件进行分析。自身因素应该包括以下几个方面:①管理因素,即主办者或承办者是否具备所选择会展项目的管理经验和水平;②人员因素,即项目管理小组成员的素质是否能达到会展项目的要求;③财力因素,即主办者是否有充足的资金支持所举办的会展项目。

展览工作是一个既简单又复杂的系统工程,它并不需要特别高深的知识和尖端的技术,面对的是大量的组织工作。但展览是一个系统工程,一个大型国际展览不仅时间跨度长,而且涉及主题设计,组织实施,效果评估和会后服务等诸多环节。对于展览这样一个环环相扣的系统工程,其工作必须由专业化的公司按市场规律来运作。如广州国际照明展览会的组展公司广州光亚展览贸易有限公司有一批技术全面、团结、诚实肯干的稳定队伍,其员工技术操作意识强,对展览的每个环节的服务流程都非常仔细、到位,针对性强,如客户信息的收集,资料库的建立,展览推广,新闻制作发布中心,价格定位,大型国际展览的整体包装,展馆布局等。经过

9年的积累，广州光亚展览贸易有限公司建立的资料库系统已有中国专业买家及专业观众32万家，海外近百个国家与地区的买家12万家，堪称世界照明建筑行业最完善、全面且针对性极强的资料库系统。

第二节　主题策划的调研资料

展览主题的选择，要考虑一定的影响因素，遵循一定的主题策划原则，利用一定的策划方式。在一定的时间、空间以及其他条件下，策划人员可能会选择出很多展览主题，但展览主题是否可行，还要对影响展览主题的各种因素进行详细的调查分析（见表5-3）。

表5-3　主题策划的调研资料

项目	调查内容	调查目的
宏观环境	经济环境：包括社会经济结构、经济发展水平、经济体制和经济政策	了解地区或全国经济增长情况，判断经济发展走势，从宏观把握项目的区域经济发展背景和投资环境，同时要了解政治安全环境，以及政府和社会各界对会展的关注程度
	政治安全环境	
	政府和社会各界对会展的关注程度	
相关产业	产业规模 产业增长趋势	了解所举办的展览是否有产业支撑和市场需求，即是否有足够的参展商和观众，是否有增长潜力
项目举办地的条件	基础设施 配套产业 会展中心的规模和服务水平	了解展览举办地是否具有举办展览的条件和基础
展览产业	展会生命周期 展览业竞争环境 市场的进入壁垒	了解展览市场的垄断和竞争环境
项目自身情况	项目管理团队 项目的财务约束 以往举办同类型项目的情况	了解展览本身的人力、财力、物力资源，评估其开发能力

会展项目的可行性研究，正是在大量详细科学的调查分析的基础上，对项目实施成功概率的研究，经过实地调查、技术分析、方案比较和选择等环节，最终形成可行性研究报告。

一、宏观环境

宏观环境是指展览所处的大的外部环境，是所有会展项目生存与发展所凭借的基本相同的宏观条件和影响因素。会展业是一个涉及面广，综合性强的行业，它对于社会稳定性、经济繁荣程度、目标市场的消费能力以及诸如饭店、交通、环境、商品零售业等行业的依赖性都较强。对于任何会展项目，在进行可行性研究时，都应该根据会展项目的特点和主承办单位自身的条件，深入研究并分析、判断宏观环境变化对会展项目的影响。宏观环境因素主要包括经济环境、政治安全环境以及政府和社会各界对会展的关注程度等因素。

（一）经济环境

经济环境是指会展项目生存和发展的社会经济状况及国家经济政策，具体来说，是由社会经济结构、经济发展水平、经济体制和经济政策四个要素构成。对于会展项目所处的宏观环境分析，首先应该考虑的就是经济环境因素。

社会经济结构包括产业结构、分配结构、交换结构、消费结构和技术结构，其中最重要的是产业结构。产业结构是指资源在各个产业之间的分配，目前，我国正在积极调整产业结构，大力发展第三产业，这为会展业的发展提供了良好的契机。

经济发展水平是指一个国家经济发展的规模、速度和已经达到的水准，主要指标为国民（内）生产总值及其人均水平，经济增长速度等。我国连续多年保持经济快速增长，是目前世界上最富经济活力的国家之一，快速的经济增长是我国会展产业迅速发展的关键因素。

国家产业政策是一个国家调控宏观经济的重要手段。如果一国鼓励某一产业的发展，那么和这个产业密切相关的会议和展览活动就能得到很好的发展。

（二）政治安全环境

政治环境是指制约和影响会展项目的各种政治要素及其运行所形成的环境系统。政治环境对会展项目的影响具有直接性、不可预测性和不可抗拒性等特点。如果政局动荡、战争频起，人们连基本的生存、安全需要都无法满足，就根本谈不上举办会展活动或参加会展活动了。总的来看，和平与发展是当今世界的两大主题，但局部战争时有发生，如“9·11”恐怖袭击事件、美伊战争等都极大地影响了人们正常的生活和当地企业的正常生产活动。目前我国政治稳定，正在由计划经济向市场经济转变；政府职能也顺应深化改革和加入世界贸易组织的要求，从微观的经营管理向宏观经济调控转变；企业逐步实现了政企分开，政府努力为企业发展创造完善的市场竞争环境。这种稳定的政治局面，为我国会展业的发展提供了良好的政治安全环境。

（三）政府和社会各界对会展的关注程度

在会展项目中，有很多项目并不以赢利为目的，如艺术展、教育展、宣传展以及奥运会等一些大型活动等，这些展会和大型活动虽然不以赢利为目的，但此类项目有经济目标之外的目标，即扩大举办会展活动城市的影响，促进文化交流和体育事业进步，加强各民族之间的联系等。如果政府和社会各界对会展项目普遍关注，那么此类目标就较容易实现。

二、与会展主题相关的产业发展

市场环境主要是指所举办的会展活动的市场需求情况。如果经济高速发展，科学技术进步较快，则对科技研讨会、技术交流会、学术会议等会议项目以及大部分以展示科技成果为主旨的会展有较大的需求。如果举办地居民人均收入水平较高，则对消费类展会有很大需求。市场环境包括市场规模、市场发展前景、进入壁垒等多个方面。在制定会展项目计划时，要充分考虑企业所处的市场条件，因为这些市场条件决定了会展的最终效果和会展项目的目标。

（一）产业和市场规模

产业规模是指产品供给总量，可以反映某一类产品的生产能力。产业体系越完备，市场竞争越激烈，以会展作为营销手段的企业就越多。从历史发展的角度看，会展产业正是随着经济的发展、产业体系的不断完备才逐渐发展起来的；从目前会展产业的地区布局来看，越是经济发达、产业体系完备的国家或地区，会展产业就越发达。广东省电子及信息制造业产值连续 9 年居全国第一，因而广州有华南地区最大的计算机、网络及通信设备展；广东省化妆品产销量占全国 1/3，广州美容美发博览会也成为全国最大的美容美发化妆品展；广东省家具业产值占全国 1/3，出口占 2/3，因此广州家具展也是国内知名展览。

市场规模也就是市场容量或者市场需求量，在一定程度上可以决定市场的竞争程度和获利空间。市场规模越大，项目获利空间越大，项目目标越容易实现。

（二）产业增长趋势

调查产业的情况不仅要了解产业的现有规模，更要注重产业的发展潜力和增长速度。只有产业规模不断扩大、产品不断创新，才会有更多种类的产品需要通过展览这种方式来展示自己。

三、会展项目举办地的条件分析

（一）基础设施

会展项目的举办需要较好的基础设施，如交通、住宿、城市建设等。

（二）配套产业

展览不仅需要与会展主题相关的产业快速发展，同时还需要与会展的运营过程密切相关的其他产业的支撑，如咨询业、旅游业、通信业、零售业、策划业、物流业、餐饮业、礼仪业等的服务。

（三）会展中心的规模和服务水平

会展中心是会展项目的物质载体，会展中心的规模和服务水平决定了会展项目的规模和服务水平。会展中心是参展商展览展示产品的舞台，参展商所需要的各种服务，如展台搭建、清洁、保安等各种服务都需要会展中心提供。因此，在会展项目前期的可行性分析中一定要考虑会展中心的规模和服务水平。

四、展览产业

（一）展览生命周期

任何产品都有生命周期。一般来说，展会的生命周期可分为四个阶段：萌芽期、成长期、成熟期（饱和期）和衰退期（见图 5-2）。

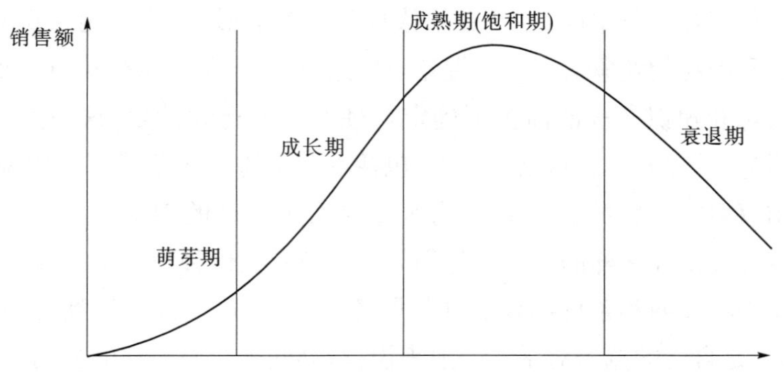

图 5-2　展会的生命周期

萌芽期是展会品牌的创立初期，是展会开拓市场，逐步被接受的时期。在展会生命周期的早期，如果参展商再次预订展位的比率比较高，观众的数量稳定，就标志着展览进入快速增长期。一个管理好的展览会能够在市场上保持数年的稳定状态。如果一个展会连续几年展位与观众的数量增加较小或没有增长，就标志着展会进入了成熟期,这是展览主办者能够获得稳定利益的时期。当一个展会不能给组织者带来经济利益时,就说明这个展会已经进入了衰退期。

在展会生命周期的不同阶段,主办或承办单位所获得的经济利益是不同的。一般来说,主办单位应该在展会的萌芽期或成长期进入市场,这样可获得长久收益;在展会的成熟期,市场已被其他主办单位瓜分,市场进入壁垒很高,不宜盲目进入。确定展会所处的生命周期,要考虑经济状况、竞争对手、产业发展变化、国际展览业发展趋势等一些因素。

(二)会展业的竞争环境

在会展产业中,每个会展项目都存在着许多竞争对手和潜在的竞争者。如果每一类会展项目都只由一家公司来举办,那么就没有和它竞争的对手,该公司就处于垄断地位。但实际上,每一类展会都有多个公司在举办,为了能够成功举办会展活动,在竞争中脱颖而出,必须深入研究会展项目所处的竞争环境。

美国哈佛大学教授迈克尔·波特在其经典巨著《竞争战略》中提出了一个分析产业竞争环境的经典模型。波特认为,一个产业竞争的强度以及产业利润率是由五种竞争作用力共同决定的,包括进入威胁、替代威胁、买方砍价能力、供方砍价能力、现有竞争对手的竞争。这五种力量共同决定产业竞争的强弱和企业所面临的市场竞争环境。

这个模型所反映的事实是,产业的竞争已超越了现有参与者的范围。顾客、供应商、替代品、潜在的进入者均是该产业的"竞争对手",市场竞争的激烈程度由此可见一斑。要想在竞争中取胜,就必须认真分析竞争形势,绝不能忽视竞争对手,包括现有的和潜在的竞争对手。掌握竞争信息,针对竞争信息分析竞争形势,并在遵守法律法规和知识产权的前提下确定合理有效的行动计划,这一点尤为重要。分析竞争形势,首先要了解自己的实力,包括本公司的信誉度,拥有的软硬件配置,如会展场馆、科技手段、员工素质、服务质量和会展活动的创意等。本公司能够为展商和参观者提供什么样的产品?他们如何获益及在何种程度上获益?参展商及参观者将享受哪些便利条件和什么样的服务?等等,这些都要做到心中有数。然后,要知道谁是自己的竞争对手。一般来说,举办同类会展活动的公司或其他实体都可以成为自己的竞争对手,尤其是已经或有意在你的计划覆盖范围内举办同类会展活动的公司或实体。同样,对对手的了解也要细致全面,通过各种渠道,包括对竞争对手的情况进行实地考察和近距离观察,了解对手的办展历史和规模特点,对方的宣传途径、效果,吸引客户的兴趣点等。

(三)市场的进入壁垒

市场的进入壁垒是指新厂商进入市场的难易程度。进入壁垒可以分为规模经济进入壁垒，产品差别化进入壁垒和制度性进入壁垒。规模经济是经济学中一个非常重要的概念，指的是在企业规模达到一定程度时成本降到最低点。由于规模经济的作用，单位生产的平均成本随着产量的增加而下降。新进入企业由于在进入产业之后不能快速获得一定的市场份额，不能充分享受规模经济所带来的经济性，相对于产业内部的在位企业，是在较高的成本基础上经营的，这就使得进入企业是在一种不利的地位上经营。

如果市场中同类型展会已举办多次，参展商对已有展会已经相当熟悉，参展商的参展习惯已基本稳定，那么同类型新的展会项目的进入就相对困难，这就造成了产品差别化壁垒。制度性进入壁垒是指除了经济技术之外的人为制定的一些政策和管理办法所造成的制度方面的壁垒。在中国会展业，制度性壁垒主要包括两个方面：一是会展产业的审批制管理办法；二是政府作为会展活动的主办主体，对其他会展企业的进入构成了障碍。

五、展览项目

展览项目本身的因素是会展项目所有者或管理者所具备的影响会展项目成败的因素，主要包括以下几个方面。

（一）项目管理团队

由于会展产业是一门新兴产业，关于会展管理方面的理论和经验都未能形成完整的体系。许多成功的会展项目都是依靠项目管理者多年来举办会展项目的经验，而这种经验还没有被很好地总结并上升为理论，所以也就未能被普遍地推广。因此，项目经理和其他项目小组成员是否有丰富的会展项目管理经验，是决定会展项目目标能否实现的关键因素。另外，会展项目管理团队各成员之间的合作也非常重要，这是因为，项目小组一般是临时组建的，成员之间没有稳定的联系，成员之间合作融洽从而发挥协同作用，是实现会展项目目标的关键因素。

（二）项目的财务约束

会展项目目标的实现要受资金的制约。一般来说，财务约束越松，会展目标越容易实现；反之，财务约束越紧，财务目标的实现就会受到诸多限制。

（三）以往举办同类型项目的情况

以往举办同类型项目的情况对于可行性分析非常重要。如果以前曾举办过此类会展项目，那么再次举办此项目就更可能获得成功。

第三节　主题策划的可行性分析

可行性分析是指在项目投资决策前,调查研究与项目有关的自然、社会、经济、技术资料,分析、比较可能的投资方案,预测、评价项目的社会经济效益,并在此基础上,综合论证项目投资的必要性,财务的赢利性,经济上的合理性,技术上的先进性和适用性,以及项目举办条件的可能性和可行性,从而为投资决策提供科学的依据。前面已经详细地讲解了需要调查的资料,本节主要根据所调查的资料对所策划的会展主题进行"SWOT 分析",以明确会展项目的优势、劣势、机会和威胁,从而为制定战略决策服务,同时对会展主题的财务状况进行评估,以明确所策划的会展主题在财务上是否可行。

一、主题策划的"SWOT 分析"

(一)什么是"SWOT 分析"

"SWOT 分析"意指分析企业的优势(Strength)、劣势(Weakness)、机会(Opportunity)和威胁(Threats)。"SWOT 分析"实际上是对企业内外部条件的各方面内容进行归纳和概括,进而分析组织的优劣势、面临的机会和威胁的一种方法。其中,优劣势的分析主要着眼于企业自身的实力及其与竞争对手的比较,而机会和威胁分析将注意力放在外部环境变化对企业的可能影响方面。企业在维持竞争优势的过程中,必须认识自身的资源和能力,采取适当的措施,做好"SWOT 分析"。

展览具有典型的项目特征,会展主题策划的 SWOT 分析一般不针对会展企业,而是针对特定的展览项目,其核心思想是通过对会展项目的外部环境和内部条件的分析,明确会展项目可资利用的机会和可能面临的风险,并将这些机会和风险与项目的优势和劣势结合起来,形成会展项目管理的不同战略措施。会展项目同时受内部因素和外部环境的影响,通常来说,内部因素在一定时期内相对稳定,而外部环境却处于经常的变化之中。外部因素对会展项目的影响难以控制,需要会展项目根据环境的变化采取一系列适应性措施。清楚地确定展览项目的资源优势和缺陷,了解展览所面临的机会和挑战,对于制定发展战略有着至关重要的意义。

(二)会展"SWOT 分析"的基本步骤

"SWOT 分析"的基本步骤是:

第一,分析项目的内部优势和劣势,重点找出对会展项目具有关键性影响的优势和劣势。

第二,分析项目面临的外部机会和威胁。会展项目所处的外部环境不断变化,管理者应该抓住机会,回避风险。

第三,将外部的机会和威胁与项目内部的优势和劣势进行匹配,形成可行的备选战略。"SWOT 分析"有四种不同类型的组合:优势-机会(SO)组合、弱点-机会(WO)组合、优势-威胁(ST)组合和弱点-威胁(WT)组合(见表 5-4)。

表 5-4 会展项目的 SWOT 分析矩阵

	机会(O)	威胁(T)
优势(S)	最大成功的可能性 短期内能够实现	需要防范的活动
劣势(W)	大力加紧弥补缺陷	最小成功的可能性 长期才能实现

对于会展项目来说,当会展组织者具备类似活动经验,具有可利用空间和人力资源,会展主题新颖,没有竞争者,地区行业支持展览会时,该项目面临的是优势-机会(SO)组合。

当会展项目管理者没有类似活动的管理经验,项目实施没有足够的场所和人力资源,管理人员没有就此活动接受充分培训,但会展主题新颖,没有竞争者,地区行业支持展览会时,该项目面临的则是弱势-机会(WO)组合。

当会展项目具备类似活动经验、可利用空间和人力资源,会展主题新颖,存在竞争者,行为受到法律限制时,该项目面临的是优势-威胁(ST)组合。

当会展项目没有类似活动经验,项目实施没有足够的场所和人力资源,管理人员没有就此活动接受充分培训,会展主题新颖,存在竞争者,行为受到法律制约时,该项目面临的则是弱点-威胁(WT)组合。

第四,对 SO、ST、WO、WT 策略进行甄别和选择,确定企业目前应该采取的具体战略与策略(表 5-5)。

表 5-5 会展项目的 SWOT 战略矩阵

	机会(O)	威胁(T)
优势(S)	SO 战略(增长性战略)	ST 战略(多种经营战略)
劣势(W)	WO 战略(扭转型战略)	WT 战略(防御型战略)

优势-机会(SO)组合战略,是一种发挥会展项目内部优势与外部机会利用的战略。当企业内部具有特定方面的优势,而外部环境又为发挥这种优势提供有利

的机会时,可以采取该战略。这种战略着重考虑优势因素和机会因素,目的是使这两种因素趋于最大。

劣势-机会(WO)组合战略,是利用外部机会来弥补内部弱点,使会展项目改变劣势而获得优势的战略。当外部存在一些机会,而项目目前的状况又限制它利用这些机会时,可以采取此战略,利用外部机会克服内部弱点。这种战略着重考虑劣势因素和机会因素,目的是使劣势趋于最小,使机会趋于最大。

优势-威胁(ST)组合战略,是利用项目的优势回避或减轻外部威胁的影响。威胁可能来自外部环境的变化,也可能来自竞争对手。这种战略着重考虑优势因素和威胁因素,目的是使优势因素趋于最大,使威胁因素趋于最小。

劣势-威胁(WT)组合战略,是一种旨在减少内部弱点的同时,回避外部环境威胁的防御性技术,即考虑劣势因素和威胁因素,目的是使这些因素都趋于最小。

(三)会展项目可能面对的优势、劣势、机会和威胁

1. 竞争优势(S)。竞争优势(S)是指一个企业(项目)超越其竞争对手的能力,或者指公司(项目)所特有的能提高其竞争力的东西。例如,当两个展览(如都是汽车展)处在同一市场或者说它们都有能力向参展商和观众提供展览服务时,如果其中一个展览有更高的赢利率或赢利潜力,那么,我们就认为这个展览比另外一个展览更具有竞争优势。

竞争优势可以是以下几个方面:①技术技能优势:独特的生产技术,低成本生产方法,领先的革新能力,雄厚的技术实力,完善的质量控制体系,丰富的营销经验,上乘的客户服务,卓越的采购技能;②有形资产优势:吸引人的不动产地点,充足的资金,完备的信息资料;③无形资产优势:优秀的品牌形象,良好的商业信用,积极进取的公司文化;④人力资源优势:关键领域拥有专长的职员,积极上进的职员,很强的组织学习能力,丰富的经验;⑤组织体系优势:高质量的控制体系,完善的信息管理系统,忠诚的客户群,强大的融资能力;⑥竞争能力优势:强大的经销商网络,与供应商良好的伙伴关系,对市场环境变化的灵敏反应。

2. 竞争劣势(W)。竞争劣势(W)是指某种展览项目缺少或做得不好的东西,或指某种会使展览处于劣势的条件。

可能导致内部弱势的因素有:①缺乏具有竞争意义的技能技术;②缺乏有竞争力的有形资产、无形资产、人力资源、组织资产;③关键领域里的竞争能力正在丧失。

3. 展览面临的潜在机会(O)。市场机会是影响展览的重大因素。展览组织者应当确认每一次机会,评价每一次机会的成长和利润前景,选取那些可与组织者财务和组织资源相匹配,使展览获得竞争优势的潜力最大的最佳机会。

潜在的发展机会可能是：①客户群的扩大趋势或产品细分市场；②前向或后向整合；③市场进入壁垒降低；④获得并购竞争对手的能力；⑤市场需求增长强劲，可快速扩张。

4. 危及展览的外部威胁（T）。在展览的外部环境中，总是存在某些对展览的赢利能力和市场地位构成威胁的因素。展览组织者应当及时确认危及展览未来利益的威胁，做出评价并采取相应的战略行动，来抵消或减轻它们所产生的影响。

展览的外部威胁可能是：①出现将进入市场的强大的新竞争对手；②替代性展览的出现；③汇率和外贸政策的不利变动；④人口特征、社会消费方式的不利变动；⑤客户或供应商的谈判能力提高；⑥市场需求减少；⑦容易受到经济萧条和业务周期的冲击。

知识链接

中国（青岛）国际美容美发化妆用品博览会的 SWOT 分析

中国（青岛）国际美容美发化妆用品博览会（以下简称“青岛国际美博会”）一年举办两届，至 2018 年 4 月成功举办了 33 届，已发展成为中国东部沿海地区规模最大、最具影响力的 B2B 美容美发化妆用品博览会。

（一）青岛国际美博会的竞争优势分析

1.区位优势明显。从国际区位来看，青岛位于太平洋西岸亚洲繁荣经济带，是东北亚经济圈的重要一环，是中日韩自由贸易区建设的中心城市；从国内区位来看，青岛位于环渤海经济带上，是整个沿黄流域最具吸引力的城市和中国北方重要的出海口之一。

2.产业支持强大。随着社会的发展进步，人们的生活水平不断提高，人均可支配收入进一步提高，越来越多的人开始追求时尚追求美，从而带动了美妆市场规模的持续增长，2017 年中国美妆市场整体规模为 3 616 亿元。而自举办首届青岛国际啤酒节以来，青岛的会展产业经历了 20 多年的发展，相关基础配套设施完备，行业影响力和权威性逐步提高，为青岛国际美博会的落地提供了强有力的支持。

3.政策推动积极。青岛市委市政府一直非常重视青岛会展业的发展，先后出台了《关于进一步促进会展业发展的实施意见》和《青岛市扶持会展业发展专项资金管理办法》等文件，积极培育会展市场。而已成功举办了 33 届且率先在中国美妆类展览中通过 UFI 认证的青岛国际美博会更是受到了省市区各级领导高度重视，在展会的举办中能最大限度地获得政府的相关支持。

（二）青岛国际美博会的竞争劣势分析

1.核心竞争优势模糊。除青岛国际美博会外，目前国内知名的专业美妆博览会有广州国际美博会、上海国际美博会、北京国际美博会、郑州国际美博会、哈尔滨国际美博会、成都国际美博会和武汉国际美博会等。虽然青岛国际美博会在2017年9月率先在中国美妆类展览中通过UFI认证，但其展会的核心竞争优势不够突出，参展商和专业观众的规模以及质量、展览会的场景体验、展览会的综合服务等与广州国际美博会和上海国际美博会仍存在一定的差距。

2.会展专业人才缺乏。会展涉及面较广、专业化程度较高，需要一大批专业复合型人才，但当前青岛市会展从业人员总体素质偏低，很多一线员工没有经过专业培训和相关课程的学习，正规高校毕业的会展类专业人才严重不足，了解国际惯例、熟悉国际业务、富有国际展会操作经验的会展经营管理类人才更是短缺。青岛国际美博会的主办企业山东美博国际文化传播有限公司也是如此，专业人才的缺乏成为影响青岛国际美博会打造核心竞争优势的主要瓶颈。

（三）青岛国际美博会的潜在机会分析

自2017年12月1日起进口美妆用品关税调整，由6.5%~10%调为2%~5%，下调幅度超50%，不少欧美或日韩小众美妆品牌大量进入中国，作为中日韩自由贸易区建设中心城市的青岛将迎来更多的海外美妆品牌，可为青岛国际美博会的举办再添助力。

2018年6月青岛举办了上合峰会，上合组织有关国家在青岛累计投资项目226个，合同外资4.75亿元，与上合组织国家中的俄罗斯、哈萨克斯坦、吉尔吉斯斯坦、印度、巴基斯坦、柬埔寨、尼泊尔7个国家的12个城市建立了经济合作伙伴关系，为青岛国际美博会的国际化发展添砖加瓦。同时，上合峰会筹备过程中青岛市市政基础设施进行了再度更新和完善，可为青岛国际美博会的举办更好地保驾护航。

（四）青岛国际美博会的外部威胁分析

已成功举办了50届的中国（广州）国际美博会是青岛国际美博会的强大外部威胁之一。第五十届广州国际美博会于2018年9月在中国进出口商品交易会A、B、C区举办，第34届青岛国际美博会于2018年10月在青岛国际会展中心举办，二者举办时间十分相近。而相比青岛国际美博会，广州国际美博会涵盖日化线、专业线、供应线等全产业链，展会期间配备特色活动，吸引广大专业观众和普通观众到场看展，历届广州国际美博会展览面积近30万平方米，参展品牌企业3 800余家，观展人次91余万，体量是青岛国际美博会的3倍。青岛国际博览会要想在美妆类展览会激烈的市场竞争中站稳脚跟，就要抢抓机遇，超前规划，发挥自身的优势和特色。

资料来源:中国(青岛)国际美容美发化妆用品博览会官网(http://www.sdmbgj.com)、中国(广州)国际美博会官网(http://www.chinainternationalbeauty.com)。

二、展览的财务评估

财务评估是从企业的角度出发,依据现行价格和现行财税制度等有关法规,研究和预测投资项目完成后能给企业带来的经济效益,并根据经济效益的大小,决定拟实施的项目或不同技术方案的取舍。进行项目财务评估,首先要估算或计算出项目的投资、成本、收入、各项税金和利润等基础数据,然后据此编制财务报表,计算相应的技术经济指标,并与有关标准进行对比,判断项目是否可行,或从中选择最佳方案。

项目的财务评估按是否考虑时间价值因素,可分为静态分析法和动态分析法。静态分析法是指在进行财务评估时,不考虑时间因素,即不考虑货币时间价值的方法,而动态分析法则是指在进行财务评估时考虑资金时间价值的方法。时间价值是指资金在使用过程中产生的价值增值。

(一)财务评估的静态分析法

1. 投资回收期法。投资回收期是用投资项目所得的净现金流计算回收项目初始投资所需的年限。一般用 T_p 表示。投资回收期是考察项目方案在财务上投资回收能力的重要指标。这里,标准回收期是根据同类项目的历史数据和投资者意愿确定的基准投资回收期。

判断准则:投资回收期小于标准回收期,接受项目;投资回收期大于标准回收期,拒绝项目。

投资回收期法的优点是:①概念清晰,反映问题直观,计算方法简单;②这种方法不仅在一定程度上反映了项目的经济性,而且反映了项目的风险大小。

投资回收期法的缺点是:①没有考虑资金的时间价值;②没有考虑回收期后的现金流,回收期的长短与项目现金流分布有直接关系,它只能反映回收期以前的现金流情况,不能反映项目整个生命周期内现金流量的大小;③标准回收期的确定具有主观性。

2. 投资收益率法。投资收益率法是将项目在典型年度的收益额与项目的总投资额进行比较,求得投资收益率并与项目行业基准投资收益率对比,以评价投资财务效益的一种分析方法。计算公式为:

$$投资收益率=年收益额÷项目总投资×100\%$$

式中,项目总投资包括固定资产投资、无形资产投资、流动资金投资及项目期间借款利息。年收益额一般是指正常年度下获得的收益额,即项目所获取的年净利润总额。对投资者来说,这个指标的数值越大越好。如某项目的投资总额为 6 000 万元,年度净利润为 600 万元,则其投资收益率为:

投资收益率 = 600÷6 000×100% = 10%

用投资收益率法判断项目的投资财务效益,计算简便、易于理解。但是对于那些年度收益额在各个年度变动幅度较大的项目进行计算时,比较难以把握其年净利润额。尤其对会展项目来说,很多项目都是在一年之内完成,很难准确核算其投资收益率。即使是对一些持续时间较长的大型活动,由于现金流量的不确定性,也很难确定其年投资收益率,而只能在项目结束之后计算项目总的投资收益率。

(二)财务评估的动态分析法

1. 净现值法。这种方法使用净现值作为评价方案优劣的指标。所谓净现值是指特定方案未来现金流入的现值与未来现金流出的现值之间的差额。按照这种方法,所有未来现金流入和流出都要按预定贴现率折算为它们的现值,然后再计算它们的差额。如净现值为正数,即贴现后现金流入大于贴现后现金流出,则该投资项目的报酬率大于预定的贴现率。如净现值为零,即贴现后现金流入等于贴现后现金流出,该投资项目的报酬率相当于预定的贴现率。如净现值为负数,即贴现后现金流入小于贴现后现金流出,则该投资项目的报酬率小于预定的贴现率。

2. 现值指数法。这种方法使用现值指数作为评价方案的指标。所谓现值指数,是未来现金流入与现金流出现值的比率。现值指数大于 1,说明投资报酬率超过预定的贴现率;现值指数小于 1,说明投资报酬率没有达到预定的贴现率。

3. 净现值与获利能力指数的比较。用净现值与获利能力指数进行互斥项目的决策时,会出现矛盾。原因在于净现值表示的是价值的绝对值,获利能力指数表示的是价值的相对比率,是单位投资的效益。因此在比较规模不同的两个互斥项目时,两种方法会产生矛盾。

在这种情况下,由于股东权益的增长是通过一个项目的净现值的大小来体现,而对一个公司来讲,所看中的正是股东财富的增加。所以当两者产生矛盾时,以净现值作为资本预算决策的判断标准符合公司价值最大化的原则;而以获利能力指数作为资本预算决策的判断准则,往往倾向选择规模小的项目。

经过"SWOT 分析"和财务评估,一般可以基本确定所策划的展会是否可行。

复习思考题

1. 除了一些策划的基本原则之外,会展主题策划还应该遵循哪些具体原则?
2. 影响展览项目选择的因素有哪些?

3. 策划一个展览需要调查哪些资料？

4. 什么是“SWOT 分析”？一个展览项目一般会有哪些优势、劣势？会面临哪些机会和威胁？

5. 自己策划一个展览主题。

第六章 会展计划

内容提要

本章在对计划的一般性知识进行讲解的基础上，引出对会展计划的介绍，旨在让读者了解会展计划的概念、构成要素、作用，会展计划内容编制的程序方法等。本章的重点是进度计划的编制。

第一节 计划和会展计划

一、计划

“凡事预则立，不预则废”。“预”指的就是计划。无论是多么复杂的计划工作，我们都可以将其内容概括为6个方面，即我们通常所说的做什么（What）、为什么做（Why）、何时做（When）、何地做（Where）、谁去做（Who）、如何做（How），这6个方面简称为5W1H，具体含义如下：

- 做什么。即明确计划工作的具体任务和要求，并确定每一个阶段的中心任务和工作重点。
- 为什么做。即明确计划工作的宗旨、目标和可行性。毋庸置疑，工作人员对其所从事工作的宗旨、目标了解得越清楚，认识得越深刻，就越有助于整个活动参与者主动性的发挥，所谓有的放矢才能收到事半功倍之效。
- 何时做。即具体规定计划中所涉及的各项工作的进度，以便于从整体上对活动进行有效的控制并对有限的资源进行平衡。
- 何地做。即根据计划实施所需要的环境条件和限制，具体规定计划的实施地点或场所，以便合理安排计划实施的空间组织和布局。
- 谁去做。即确定各计划项目的具体实施部门与实施者。

• 如何做。这一环节包括制定实现计划的措施以及相应的政策和规划，对资源进行合理分配和集中使用，对各种投入的生产要素进行平衡，对各种派生计划进行综合平衡等。

虽然每项活动的计划看起来都不尽相同，但是促成活动成功实施的科学计划的编制步骤却具有普遍性。具体到会展活动来说，组织管理者在编制各类计划时，都可遵循图 6-1 所示的步骤。

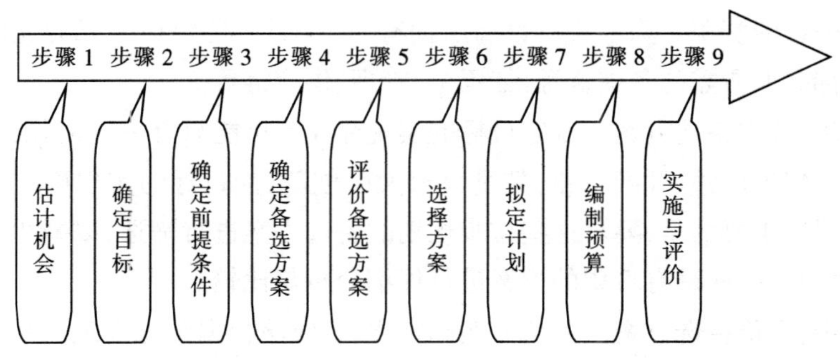

图 6-1　计划流程图

第一步：估计机会。首先，会展组织者应对会展环境中的机会有一个总体估计，确定能够取得成功的可能性。在这一过程中，组织者应该考虑的内容有：本次会展所希望达到的结果，可能存在的问题，有利的机会，把握这些机会所需的资源和能力，自己的优劣势和所处的地位。比如，某家会展公司获悉某行业协会将举办一个大型会展，该会展公司通过分析，认为自己在管理方面的领先优势等可能促成会展的成功，经过争取，最终成为该大型会展活动的承办方。

第二步：确定目标。目标即本次活动希望达到的最终结果，它所涉及的主要内容包括：制定战略、政策、规则、程序、规划和预算，指出工作重点。会展公司各部门熟悉了这个总体目标的框架之后，还要据此制定本部门的子目标。另外，根据每次会展的不同情况，组织者还要决定是否将总目标分成阶段性目标，这样更便于对各阶段工作进行监督与调控。

在目标确定的过程中，应注意三个问题：首先，确定的目标应与企业的价值取向相一致；其次，依据内容确定优先目标；最后，为目标制定明确的衡量指标，并尽可能将其量化，以便度量和控制。

第三步：确定前提条件。前提条件事关一项会展活动的成功与否，所以组织者应根据每次会展活动的不同情况，就以下与计划工作关系最为密切的因素给予高度重视：

• 举办地的社会经济环境。包括总体环境以及与计划内容密切相关的那部分环境因素。

• 政府政策。包括税收、价格管制、信贷、进出口、教育等与计划的内容密切相关的政策。

• 面临的市场。包括市场环境的变化,本次会展可能会牵涉的上下游厂商及消费者的变化。

• 本公司的竞争者。包括新老竞争对手、国内外的竞争者等。

• 本公司的资源。除本公司目前所拥有的资源外,还包括未来为完成计划目标而向外部获取所需的各项资源,如资金、管理、供应链等。

第四步:确定备选方案。既定目标的实现往往不可能只有一种途径,因此下一步工作就是集思广益、开阔思路,鼓励大家大胆创新,为目标的实现确定几种备选方案。但同样重要的是,要对这些初步规划的备选方案进行筛选,以减少方案的数量,便于集中对一些最有希望的方案进行仔细分析与比较。

第五步:评价备选方案。备选方案确定之后,应该根据预先设定的目标和前提条件,通过考察和分析,对各种备选方案进行认真的评价。一般来说,对备选方案的评价取决于评价标准的相对重要性,即其权数。

第六步:选择方案。这一步是整个计划流程中非常关键的一步,因为它是做出决策的重要环节。它的完成需要建立在前几步工作的基础之上。为了灵活、机动地应对各种突发事件对活动的影响,在这一过程中,选择的结果往往是两个甚至两个以上,即除了主方案之外,还要有后备方案,而且对于后备方案也要进行细化和完善。

第七步:拟订部门计划。选定方案并不意味着计划工作已经结束。此后,与计划相关的各个部门还必须制订支持总计划的部门计划。例如会展组织中的物流计划、营销计划、采购计划、谈判计划等。这些部门计划是总计划的支持和保证,因此,同样应该给予足够的重视。

第八步:编制预算。计划是为了实现目标而制订的具体行动方案,这一方案的实施究竟需要多少资金投入,需要一份详细的预算,使计划数字化。

第九步:计划的实施与评价。再完美的计划都难免会遭遇现实情况的变化,这就是所谓的计划赶不上变化,因此,在计划的实施过程中,要适时对计划进行修订。计划完成后,还应对计划的执行效果进行评估,总结经验和教训。

二、会展计划

会展计划就是根据项目策划所选定的会展项目主题,确定会展项目所要完成的目标，并制订为实现这些目标的进度计划和预算。会展项目计划不仅有利于提高项目管理的运行效率，还可以为项目控制提供依据。另外，从会展策划开始到实际实施之间还有一段时间，在此期间会发生很多意外或风险事件，而会展计划则可以最大限度地减少这些不确定性，并可事先对风险性事件进行预测，制定预防性措施。

(一)会展计划的分类

会展计划的种类可分成很多种，如按内容区分，可分为综合会展计划和专项(单项)会展计划；按性质划分，可分为展览计划、展销计划、会议计划等；按范围划分，有国家会展计划、地区会展计划、部门会展计划、单位会展计划等；按计划花费时间的长短，会展计划可分为战略计划、战术计划或作业计划。下面对按时间划分的会展计划进行说明。

1.战略计划。战略计划所需的时间一般为 5 年或更长时间，一些大型事件(Mega Event)的计划期往往很长，比较典型的如奥运会、世界杯足球赛等。

2.战术计划。战术计划的时间周期一般为 1~5 年，比如一些周期较长的协会会议，需要较长的时间做前期准备。展览业内也普遍认为准备时间在 18 个月以上的展览所取得的效果最好。

3.作业计划。作业计划是指时间周期在 6 个月到 1 年之内的计划，一般的会展项目计划都是属于作业计划，一般的协会年会、公司会议以及具有一定规模的展览计划都属于作业式计划，如广州鞋展，北京国际汽车展等的计划时间都在 1 年以内。

(二)会展计划的目的

1.提供总体指导。之所以要制订计划，目的就是建立详细的指导方案，以确切告知具体行动小组必须做什么，必须何时做以及需要些什么资源等，从而成功地完成项目任务或交付项目成果。

2.明确细节。“细节决定成败”已经成为管理界常常提到的至理名言，对于一个会展项目来说也是如此。小到一个小型会议和展览，大到世博会这样的巨型展览和奥运会这样的超大型活动，所涉及的人力、物力和财力是不同的，而且会展项目有一个共同的特点，就是需要考虑的细节问题众多，这就更需要在会展活动举办之前揣摩详细的计划，以指导项目团队的工作，保证会展项目顺利完成。

3.提高效率。会展活动的每一步进展都需要按照计划来实施，从而确定会展项目所要完成的目标，并揣摩为实现这些目标的进度计划和预算安排。会展项目计划不仅有利于项目团队对目标有更清楚的认识和理解，提高项目管理的执行效率，还可以为项目控制提供依据。

4.降低风险。会展活动从策划到真正实施，中间会间隔很长一段时间，在此期间可能发生一些变故或风险，会展项目计划可以最大限度地减少不确定性，并能够事先采取预防性措施。

（三）会展计划的构成要素

一般来说，一个简单的会展计划应该包括以下几个方面的要素：

1.明确会展项目目标。这是制订项目计划的第一步。会展项目的实施是一种追求某种目标的过程，这一目标不仅要组展方与客户方之间达成一致，而且目标必须明确、具体、切实可行。

一个明确合理的会展目标应该具有以下特征：一是体系性，即目标不是单一的，而是一个满足会展企业、参展商以及观众需要的三重目标体系；二是优先性，即对会展企业而言，在项目成本、时间和技术技能三个基本目标构成的目标体系中，需要确立一个优先性目标，以便在目标发生冲突时进行权衡；三是层次性，即会展目标是一个多层次的目标体系，在纵向上存在着一个总体目标（这个总体目标随着组织层级一起被一层层地分解，直至被分解为一个个具体的作业目标），在横向上存在着一个核心目标，围绕着这个目标又有一系列支持性目标，核心目标的实现取决于支持性目标的实现状况；四是可考核性，即会展项目的目标应该是可以量化考核的。

会展的意图多种多样，因而会展的目标也是各不相同的。一般而言，会展的基本目标主要有：一是建立或维护企业的形象。有研究表明，产品本身的差异不是造成消费者偏爱的最主要原因，而由产品、宣传、消费心理等多方面的因素所造就的企业或者产品形象才是造成消费倾向差异的最主要原因。而参展对任何一家企业树立形象来说都是既省时又省力的方法。二是增加对市场的了解。尤其是参加专业的展览，展商很容易了解到其他企业的发展、产品特点，甚至是科技机密。另外，在与观众的交流中可以了解市场的需要和潜力。这种市场调研的方法直观、准确而有效。三是探测市场。会展活动的参会者大都是业内人士，他们往往都会以专家的眼光对新产品、新技术、新工艺加以评价或提出建议，而且会展活动具有时间短、信息量大的特点，因此更是一种有效的探测市场的途径。四是建立关系，即建立新客户关系、巩固老顾客关系是企业参展的重要目标之一。五是宣传产品。这种宣传方式具有许多独特的优势，比如可以展示实物、可以展示几乎所有的产品、可以进行双向交流等。六是销售与成交。虽然会展活动的时间可能比较短，但却便于客户直接与商家进行交流，大多数参展者都希望在展览会上达成一些贸易协议或意向，可以说这是参展者在展览会上的最大收获之一。

2.明确会展项目范围。根据项目目标，会展企业应在项目计划中明确达成目标的项目范围或工作任务。一般来说,确定会展项目范围包括以下内容:其一,参展商规模的确定,即确定会展项目的招展范围,参展商类型、层次、数量等,以形成与项目目标相适应的参展规模,满足观展商的需求;其二,观展商范围的确定,即确定观展人员的类别、购买力水平、数量等,以确保会展交易额达到一定的水平,满足参展商的需求;其三,会展企业服务范围的确定,即确定会展企业为满足客户需求、实现自身目标,应该向参展商和观展商分别提供哪些服务。

3.制订会展进度计划。为了确保会展项目以合理的进度推进,从而使会展企业和客户在有限的成本约束下发挥最大的时间效率,会展组织者需要科学估计承办此次会展项目可能需要的时间,这是会展计划中不可或缺的内容。对会展时间的估计主要包括两方面的内容:一是估计每项活动或工作元素从开始到完成所需要的时间,如展前筹备工作所需的时间、会展活动持续时间、展后项目评估所需要的时间等,这种估计是基于项目团队成员平均工作能力之上的,同时也与会展举办的具体时间有关;二是估计会展项目的总体进度,但这项工作并不是每项活动所需时间的简单加总,而是要考虑各项目之间的时间衔接、时间重叠等因素和意外事件发生的可能。

在此过程中,可以运用称之为“T(Time)-P(Person)-O(Object)-W(Work)”的服务规范和考核体系对会展活动的进程进行监控。以组织一个展览会为例,按T-P-O-W 进行的分析如下[①]:

时间(T):譬如,“开展调研的时间是 T_1”,“申请立项的时间是T_2”,…“进行布展的时间是 T_n”,…

人员(P):譬如,“公司总裁的位置是 P_1”,“项目经理的位置是 P_2”,“业务人员的位置是 P_3”,…

对象(O):譬如,“审批部门作为对象是 O_1”,“监管部门作为对象是 O_2”,…“专业观众作为对象是 O_n”,…

工作(W):譬如,“工作内容是 W_1”,“质量要求是 W_2”,“考核标准是 W_3”,…

在分解上述诸元素和诸环节时,必须考虑到实际情况,不能将环节分得过于琐碎,而且还要做到 T,P,O,W 所属各元素和环节之间相互对应。在上述分解的基础上,我们还可进一步明确:在某一时间(譬如“申请立项 T_2”),某一人员(譬如“项目经理 P_2”)对某一对象(譬如“审批部门 O_1”)的具体、详细的“工作内容 W_1”、“质量要求 W_2”和“考核标准 W_3”,即确立出“T_2-P_2-O_1-W_1”条款,“T_2-P_2-O_1-W_2”条款……依此类推,就得出了贯穿展览会全时间段、全人员数、全对象群和

① 陈泽炎.由 ESE 到 T-P-O-W[J].中国会展,2005(9).

全部工作量的展览会项目服务规范与考核体系"T-P-O-W"。有了这一体系,展览会的组织者就可以对一个展览项目的工作进度进行全员、全时的计划与考核,并建立起相关的评定标准。

4.编制会展项目预算。项目预算是项目执行的尺度,同时也是对成本进行控制的有效手段。一次会展活动所涉及的主体众多,组织工作复杂,需要协调大量的人力、物力和财力才能完成,因此,会展活动组织者应根据每次会展项目的不同情况,在计划中有所预算,合理配置人、财、物等各项资源,并进行合理的总体与分项预算。

会展项目预算主要包括三方面的内容:

一是人力资源预算,这一工作主要解决三个问题,即完成整个会展项目需要哪些人才以及各类人才的需求数量,这些专业人员从何而来,如何合理配置这些人员以形成高效的会展项目团队。会展活动中的各种工作具有不同的性质,不同性质的工作需要具有不同性格和能力的人,因此人力资源的合理配置是会展活动成功的关键。

二是物力资源预算,这一工作主要解决三个问题,即完成该会展项目需要什么样的专业展览设施,什么样的配套服务设施以及何种高新技术等。

三是资金成本估算或财务预算,即对由人力资源成本和物力资源构成的直接项目成本进行财务预算。这一工作能够预先估计会展项目的收入和支出,最大限度地保证会展活动能够以收抵支并获得盈余。另外,会展项目财务预算还能控制项目流程中的现金流量,以保证会展项目在预先垫付资本较大的情况下,不至于造成现金流的中断而给会展企业造成财务压力。

5.评估总结。评估总结虽然是整个会展活动的收尾工作,但它却是会展项目流程中一个非常重要的步骤。此项工作衡量的是会展项目是否达到了预期的目标,是否完成了任务等,所以在制订会展计划时一定要明确评估的方法。一般说来,会展评估应该涉及评估所依据资料的收集和保存、评估指标、评估人员等内容。

6.预测潜在问题。会展业是个敏感性行业,外界环境和突发事件对其影响很大,2003 年突发的"非典"对会展业造成的影响就是一个很好的例证。另外,战争、政治风波、自然灾害等一些外部不可控制的因素以及会展管理过程中发生的一些突发事件或危机事件(如总服务承包商或分包商违约等)都会造成会展停办或延期举办,从而给会展组织者带来巨大的经济损失。虽然某些危机事件,如火灾等可以通过加强管理尽量避免,但在每个会展项目中,这些事件发生的概率都是正值。因此,会展的组织者在制订计划时,应当充分考虑到可能会有哪些危机事件发生,并在活动早期就制订出应对这些危机事件的策略。

（四）制订会展项目计划的程序

一个完善的会展项目计划一般来说要遵循如下程序：

1.明确会展项目目标。此处的目标不但应包括最终目标，还应列明为达到最终目标所应实现的阶段性目标。项目不分大小，都不可能一步完成。比如，举办一个英语教学研讨会，最终目标可能是通过与会各方的研讨，促进教学方法的改进和先进教学方法的推广，但为了达到这一目标，前期的阶段性准备工作应该包括邀请各界知名专家、英语教学界关心这一话题的人士、租用会议中心、预订客房等。

2.项目工作分解。项目工作分解结构（Work Breakdown Structure，WBS）是最常用的对项目目标进行分解的工具。一个展览活动的基本工作可分为前期准备工作、具体实施工作、现场管理工作、展后评估工作。而前期准备工作又可分解为制订项目目标、确定参展商数量、确定观众类型和数量、制订营销计划、确定项目组织计划，等等。所要做的各项工作中有些工作必须按照顺序进行，有些则可以同步开展。一般情况下，制订项目目标应该是项目计划最先做的工作，只有确定了项目目标才能确定参展商和观众、制订营销计划，而确定参展商和制订营销计划二者则可以同步开展。

3.确定各项任务的实施时间。确定实施时间可以使用倒排流程表的方式来实现，并将时间表送达每个子项目负责人手中。

4.资源分配。这项工作是指为每项工作分配人力、物力和财力。分配资源应该充分考虑每项工作的性质、工作量的大小、所需人员应具备的基本素质、所需的物力和财力的大小。比如，会展营销人员一般应具备性格外向、善于人际交往、积极主动、热情大方、精力比较旺盛等特点。而策划不同的营销方式则决定了配备的资源数量。如邮寄营销方式的成本相对较低，相应分配的财力和物力可以相对较少，如采用网络营销、电视媒体营销的方式，则需有大笔的预算经费。

5.制订最初计划。在调研的基础之上制订出资源分配计划和进度。

6.完善计划。召开会议以听取各有关方面关于会展计划的意见，并根据意见对所作计划进行调整。各个子计划汇总后可能会在某些环节出现冲突，这就需要在不同的子计划之间进行协调，并要反复征求各方意见，尽量使计划符合客观实际情况，并能有效地实现项目目标。

7.最终确定计划。最终计划是建立在调研和反复征求各方意见的基础之上的，最终计划应该制成书面文件，并发给会展企业高层管理者和会展项目小组的成员，使和项目有关的每个人都能十分清楚计划的内容。

三、制订会展计划的必要性

会展作为一项涉及多行业的综合性大型活动,不管是策划、筹备、营销还是开幕,无不要求会展组织者进行缜密的计划安排。不管会展活动的哪个组织环节出现混乱,这个会展整体的组织、筹备进度必定会受到极大影响。因此,办展机构一定要对会展活动的各个环节制订有效的计划方案。会展计划的必要性体现在以下方面。

(一)适应会展市场激烈竞争的需要

总体来说,会展业市场是一个竞争相当激烈的市场,各种会展的规模都在不断扩大,品质在不断提升,会展企业只有积极应对,做出周密计划,才能快速反应,快速把握市场先机,在激烈的竞争中立于不败之地。反之,如果缺乏事前规划,那结果只能是对竞争局面反应迟钝,眼睁睁地看着竞争对手从会展计划中获得竞争优势而束手无策。

(二)应对变化的需要

随着会展业营销环境的变化,会展市场和客户需求也在发生极大的变化。在这种情况下,各个会展都在不断进行自我调整,使办展业务流程更加适应市场的变化。满足客户对会展功能、服务等的期望,就成为争取市场主动的必然选择。具体到行动上,首先就是要制定相应的应对计划,以此来把握机遇,牢牢抓住客户。

(三)保证会展顺利筹备的需要

大型会展的筹备工作千头万绪,极其复杂,各项工作往往交叉并进,互相影响又互相制约,会展组织者只有对各项工作做出合理的计划,才能保证会展按照预定的日程安排圆满完成。

(四)保证会展各项工作相互协调的需要

在会展的筹备过程中,招展、招商、宣传推广、会展服务、开幕、撤展等各项工作在时间上必须协调,如果计划不周,市场和销售部门基于快速反应而创造出来的时间价值优势就会被后勤和服务部门的滞后反应所抵消;同样的道理,后者基于反应所创造出来的时间价值优势也可能被前者的滞后反应所消耗。为解决这一难题,会展组织者就必须制订一份统筹全局的计划,使各部门建立起统一的时间观念,并在统一的管理体制下协调一致地工作。

(五)完善会展管理工作的需要

目前,对于会展的招展、招商、营销和现场工作的管理已经基本成熟,但对于会展的时间管理却还比较欠缺,从而使会展的管理工作面临很大的不足,展会运行也因此而问题多多,会展计划对于展会的举办非常重要,它是会展管理必不可少的重要组成部分。没有它,会展的各项组织和筹备工作就可能“撞车”,在流程上出现混乱。

四、会展计划的作用

会展计划在整个会展管理过程中主要起着以下几个方面的作用:

第一,通过制订有针对性的会展计划,可以清晰地表述本次会展活动的总体目标和各个阶段性目标,并以完整计划的形式下达到每个执行成员手中,从而达到责任到人的目的,促使每位参与人员都能齐心协力地为完成会展目标而协同工作。

第二,会展计划可以确定完成会展项目目标所需的各项任务,每项任务都应明确规定开始时间、所需时间和结束时间,以控制任务的时间进度。会展项目的举办时间不可更改,时间维度对于会展项目管理来说十分重要,会展项目计划必须以会展活动举办的时间为基点,倒推每一项任务的完成时间,并让项目小组成员严格遵守,以确保项目管理的顺利进行和项目目标的顺利实现。

第三,会展计划可以大致确定各项任务所需的资源(这些资源包括人力、物力和财力资源),制定各项资源的预算,并使人员、物资和资金的分配工作达到最优结果。

第四,会展计划可以确立会展筹备小组各成员工作的责任范围、地位以及相应的职权,以便各成员按计划工作,从而最大限度地降低风险。

第五,会展计划中所确定的各项工作任务和阶段性目标,为会展项目的控制提供了前提和基础。

五、会展计划的基本原则

会展计划是以时间管理为主线,对会展筹备及正式举办过程中的各项工作的进度及其整体协调进行规划,并以此来保证会展成功举办。在制订会展计划的过程中,应遵循以下几个基本的原则。

(一)时间性原则

会展业的一大显著特点就是时间的逆推,即以一个事先确定的会展开幕日期为准,对会展正式开幕的流程和开幕后的各项工作进行策划和安排。然后,在开幕日到来之前,按预定的计划逐渐有序地完成会展的筹备工作;在会展正式开幕及举办过程中,按计划如期执行。会展业的这一大特点,赋予了会展的筹备和举办工作以极大的时间性,一旦这一最后期限和相应的流程确定下来,以后的工作就必须严格按照时间表执行。因此,制订会展计划时,首先应该充分重视时间因素在会展项

目中所起的作用。为此,应注意以下几个方面的问题:

第一,要在各项工作开展之前,确定最后完工的具体期限,并为整个会展筹备工作配备总协调人,为各项具体工作配备明确的负责人和联系人。

第二,会展的开幕时间、筹展时间、闭幕时间和撤展时间要安排合理,使它们既符合该展览主题所在行业的特性,又适合参展商参展和观众参观的需要。

第三,事先确定会展筹备工作进度,使各项筹备工作按照会展整体的进度要求,有条不紊地进行,既不能出现进度上相互"撞车"的现象,也不能出现因一项工作的滞后而拖另一项工作后腿的现象。

第四,对会展筹备工作的各个子项目也要在时间上进行合理规划,力争抓住工作开展的最佳时机。比如,招展工作如果安排在参展商年度营销计划制定之前进行,效果就会更加理想。

第五,事先制订应急方案,并定期进行检查。各项工作的期限不能安排太紧,要留出调整和补救的时间或余地。

(二)系统性原则

现代展览是由相互联系的要素构成的一个有机系统,涉及面相当广,不仅会展筹备本身,而且会展筹备的外围配套工作如交通、住宿和会展旅游等,都聚合在会展这个大系统之中,从而使会展筹备和正式举办的各项工作具有以下几个特点:

第一,聚合性。会展所包含的整个工作体系可以划分为若干个子系统,如招展、招商、宣传推广、会展服务、寻求赞助商等。虽然所有这些子系统各成体系,但又都共同服从于会展这个总的系统。

第二,时序性。如前所述,会展的筹备及正式举办会涉及许多工作项目,但这些工作并不是同时展开的。一般情况下,招展工作是会展筹备期最先涉足的工作,招商工作其次,会展宣传推广和服务紧随其后,而会展筹备的外围配套工作则更加靠后。

第三,关联性。从表面上看,会展的各项筹备工作是相互独立的几个子系统,但实际上它们是相互配合、彼此影响、相互关联的。比如,招展工作进展的好坏会直接影响到招商工作的进程,招商工作的成交又直接牵涉招展工作的成绩,会展宣传推广和会展服务对招展和招商工作都有影响,等等。会展工作的这些特点使得会展筹备工作成为一个紧密联系的系统。

从以上对会展工作特点的分析,我们可以得出这样一个结论,即要从系统性出发,对会展工作进行计划。

第一,要具有整体性思维。会展筹备的各项工作要统一服从于会展筹备的整体需要,有些对局部有利的事情对会展筹备总体而言可能并不一定有利,在会展筹备过程中绝不能出现轻全局重局部的倾向，不能出现各工作之间的不协调，更不能出现因互相扯皮而拖延进度的现象。

第二，要具有动态眼光。通常来说，一个会展的筹备过程是一个极其复杂而漫长的过程，其稳定性只是相对的，面对随时可能出现的新情况，会展的各项筹备工作不能停滞不前，不能错失良机，而应以动态的眼光审时度势。比如，面对“非典”疫情，有些会展组织者一筹莫展，只能被动取消会展，而另一些会展组织者却能很快转变思维，利用网络组织网上会展等，从而将损失降到了最低限度。

第三，要有综合性策略。为了满足众多客户不断变化的需求，现代大型会展一般都具有多重功能，往往集贸易、信息、展示和发布等功能于一体，会展组织者要在时间上对这些功能的实现条件加以管理，并且，为实现这些功能，还要准备多套可供选择的备用方案，以临时处理不同的事件，并对此进行系统的管理。

第四，要与环境相适应。会展组织者要通过计划管理，不断适应变化着的市场环境，适应办展地点的周边环境。同时，还要采取措施，努力改善自身的办展环境，使会展与社会大环境和办展机构内部的小环境相适应。

（三）人本原则

会展业是现代服务业的重要组成部分，提供和从事服务的人对该产业的发展起着至关重要的作用。因此，制订会展计划时，应充分调动人的积极性，重视人的能动作用，实行人本管理。

第一，责任到人。制订会展计划时，应明确规定各部门和个人在既定时间内需要完成的工作任务，实行工作任务项目责任制，避免因相互扯皮而造成效率低下。

第二，制定规范的办展业务流程，为服务人员开展工作提供便利。

第三，制定相应的监督和控制办法，一旦某部门或个人不能按时完成既定任务，就应该启动相应的补救措施，使已经滞后的工作不至于影响其他部门工作的正常进行。

第四，合理制定奖惩办法，使责任与利益挂钩，最大限度地调动工作人员的积极性。

（四）效率性原则

本章第一节提到会展计划按筹备时间长短可分为战略式计划、战术式计划与作业式计划。虽然完成不同计划所需的时间不同，但所有的项目都应在限定的时间内圆满完成。也就是说，筹备工作要讲究效率。

第二节 会展计划的内容

会展计划应包括以下几部分内容:范围计划、进度计划和资源计划。

一、范围计划

制定会展范围计划就是综合平衡各方面的情况和数据,最终编制出一个书面的范围计划文件,并以此作为项目未来各个阶段的决策基础和依据。在项目范围计划中,应该包括用来衡量项目或项目阶段是否成功的主要标准和要求。项目范围计划是项目实施组织/项目团队与项目业主/客户之间达成协议或合同的基础。项目范围计划的主要内容包括对于项目目标、项目产出物和项目工作范围等内容的全面说明和描述以及计划安排等。

(一)项目范围综述

项目范围综述是一份保证项目所有的相关利益者对于项目范围有一个共同理解的说明性文件,它全面说明和描述所定义和确认的项目范围。项目范围综述是未来项目决策的主要依据之一,是未来开展项目工期、项目成本和项目资源等方面管理的基础文件之一。会展项目范围综述一般包括以下内容:

1.举办理由。这一部分是对一个会展活动举办理由的全面描述,即对此次会展所能够满足的各种需求所做的全面说明。

2.活动目标。这一部分应该包括完成此次会展所必须达到的标准和指标,因此,它必须包括本次会展的成本、工期和质量等方面的具体要求。说明会展目标时,应注意以下几点:

- 具体。对会展目标的描述应当是具体的。
- 可度量。以可以量化的形式表述出来。
- 意见一致。会展总负责人和各项目负责人需要对此目标达成一致意见。
- 现实。此会展目标必须是人力、财力和物质资源可以达到的。
- 时间确切。要规定在一个特定的时间之前达到。

下面所列举的是制订会展计划时要达成的几个目标的主要内容:

(1)经济目标:①投资回报率或所获得的全部毛利或净收入;②吸引的赞助总额;③筹款活动引起的收入上升的比例;④市场份额的增长率。

(2)出席人数或参加人数:①全体出席人数、以具体组别分类的出席人数(即从外地赶来的人、公司机构的成员);②按照租用展位者、参展者、表演者、出席者数量计划该会展的规模;③参与此次会展的社会团体数量。

(3)质量:①出席者、参展者、租用展位者、赞助者、志愿者的满意程度;②享有国际声誉的参会者(单位)数量;③出席者、参展者、租用展位者、志愿者的投诉次数。

3.会展工作分解结构。会展工作分解结构是对会展工作的范围全面而详细地进行说明和描述,在会展范围计划中非常重要。

(二)项目范围综述的相关支持细节

这里所涉及的相关支持细节是指有关会展活动范围综述的各种支持细节文件,它们多数以范围综述文件的附件形式出现。主要包括已界定和确认的项目范围可能面对的项目假设前提条件和必须面对的项目限制条件,也包括在确定和编制项目范围综述中所使用的各种信息和数据构成的细节文件。

(三)项目范围管理计划

项目范围管理计划文件主要用来描述如何管理和控制项目的范围以及如何对项目范围的变更进行管理的一种计划文件。项目范围管理计划还应包括对项目范围变更的预期和评估以及相应的各种项目范围变更的应对措施等。

二、进度计划

进度计划是指会展筹备及举办过程中各项工作的开展顺序、开始及完成的时间及相互衔接关系的计划。会展管理过程中,尤其是在前期筹备过程中有大量细致的工作,而且每项工作又相互交叉,一环扣一环,因此必须对每项工作开始的时间、需要的时间以及完成的时间做出详细的规定。会展的举办时间是事先严格规定好的,而且不可更改,所以会展计划要以举办时间为基点,以倒推的方法制定进度计划,以控制各项工作的进度。

进度计划是整个会展计划中的核心内容,本节将重点讲述这部分内容。一般情况下,编制一个会展计划主要应包括以下几个方面。

(一)总体情况描述

对会展的总体情况进行描述时,可以用表格形式列出本次会展的目标、涉及的范围、如何执行以及完成计划等内容。它的依据及来源是项目的立项规划书,已经通过的初步设计方案和批准后的可行性报告。同时,它还是制作项目计划和绘制工作分解图的依据。

(二)会展工作分解

会展目标确定之后,就要对会展筹备及举办过程中所涉及的工作进行分解,即把整个会展活动分成若干个便于执行的具体工作。工作分解得越细,就越便于准确、恰当地确定各项任务所需要的时间、所需要的人员数量和类型以及所需要的财物资源数量。项目分解是编制进度计划,实施进度控制的基础。图 6-2 就是一个简单的展览工作项目分解结构图。

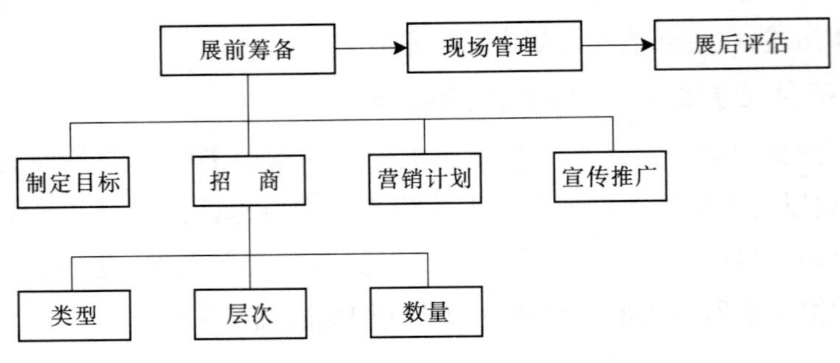

图 6-2　展览工作项目分解结构图

对会展工作进行分解,只是把整体工作分成了若干个具有可操作性的任务,并没有表现出这些任务的前后顺序以及具体的时间安排,但却要显示出各项任务之间的逻辑关系和层次关系。因此在进行工作分解的过程中,应注意以下几个问题:

1.分解出的各项任务应该相互独立并便于管理,同时,这些任务还必须用定量的目标为依据,检查是否已经完成。

2.对工作进行分解时,应注意各项子任务之间的联系,即同级任务之间的联系与上下级之间的包含关系。如会展现场管理包括观众登记、接待工作、现场保卫工作等。

3.设法表示前后顺序关系。对会展工作的分解只能确定出各个具体的任务,但对于各项子任务之间的前后顺序却无法反映出来。其排序工作需要在分解工作的基础上专门进行。因为举办会展所涉及的工作既细致又复杂,而且有些任务在完成的时间上还存在着交叉现象,这就更需要对各项任务的前后顺序关系进行深入的探讨,以保证整个会展筹备及举办过程顺利完成。

(三)工作描述

在对整个会展筹备及正式举办过程中所包含的所有工作进行分解的基础上,为了能够更加明确该会展所包含的各项工作的具体内容和要求,就需要对工作进行描述。有了这一描述,各工作小组的成员便能够加深对每项工作的了解。工作描述的依据是对项目工作进行分解所得出的结果。

对工作进行描述的结果可以用表格的形式表现出来,这种形式可以表示出所有工作的基本流程。这种表现形式应该能够清晰地表明每项任务的最终输出结果，表明此项工作为下一步骤的工作创造了什么样的条件以及此项任务开始之前必须具备哪些条件。如此一来，各任务小组的成员就可以清楚每项任务之间的前后联系及先后顺序，从而为进度安排做好充分的准备。

（四）绘制工作责任分配表

工作责任分配表就是将分解后的工作落实到有关部门或个人，并明确表示出有关部门（或个人）对各项工作的关系、责任和地位。比如：展览营销工作的主要负责人是营销人员，但还需要展览策划人员的辅助；财务人员不仅要制定财务预算，还要对所有工作实施监督和控制。工作责任分配表可以明确每个部门及每个项目成员在项目中的职责，还可以表明项目组织内部各部门之间、人与人之间的相互关系。

（五）确定工作的先后顺序

展览是一个环环相扣的工作，因此，其执行必须有一定的前提条件，每一项工作的完成都有赖于其他工作的完成。当然，在会展筹备及举办过程中，也有很多工作是同时进行的，具有一定的交叉关系，因此，对会展项目中的各项任务进行排序就显得尤为重要。确定工作的先后顺序是制定进度计划的前提，会展管理人员必须了解每项工作的选择顺序，再结合完成每项工作所需要的时间，才能制定具体的进度计划。一般说来，无论会展规模有多大，其基本的流程或工作分解结构都大体相同，各项任务的先后顺序也基本一致。

（六）估计工作时间

会展工作时间估计是对已确定的展览工作时间进行估算。某项工作时间是指在一定条件下，直接完成该工作所需时间与必要间歇时间之和。工作时间的估计是会展计划中的非常重要的基础工作，直接关系到各项任务起止时间以及整个项目完成时间的确定。对于会展活动来说，时间是非常重要的资源，也是优先考虑的因素。如果给某项工作分配的时间过短，则可能使项目成员不能保质保量地完成任务，而分配时间过长，则有可能影响整个会展项目的顺利举行。

经验在会展项目管理中非常重要，一般来说，会展项目工作时间的估计都是由会展负责人或经验丰富的会展组织者来进行。当然，也可以通过计算机项目管理信息系统给出估算，再由会展专家审查，以确认这种估算的可靠性。

（七）进度安排

在把会展项目分为各个子任务，并确定各项工作和活动的先后顺序以及每一项任务的工作时间之后，就可以安排项目的时间进度。项目进度安排是对会展工作进行管理的重要依据，它是以会展工作分解结构、工作先后顺序、项目工作时间为依据，详细安排每项工作起始和终止时间的一种有效的管理方法。制定会展进度计划是会展活动管理者的重要职责，各子任务的负责人都应该参加会展进度计划的制订工作。

编制会展进度计划的主要目的是对会展活动的进度实施控制。编制会展进度计划的方法主要有以下几种：①甘特图；②里程碑计划；③网络计划；④项目计划表。

三、会展资源计划

举办一个会展需要许多资源，比如人力、设备、材料、能源及各种设施等。对会展资源进行计划，指的是决定什么样的资源以及多少资源将用于会展的每一项工作的执行过程之中。

（一）会展资源计划所依赖的数据

1.工作进度计划。工作进度计划是会展计划中最主要的一个环节，是制订其他各项计划（资源计划、费用计划）的基础。因为资源计划是服务于进度计划的，所以，什么时候需要何种资源是围绕工作进度计划的需要而制订的。

2.既往信息。既往信息可以为本次会展计划提供所使用资源的情况。它是本次资源计划的重要数据来源，但组织者却不能简单地依据此信息进行计划，因为条件总在变化，以往的情况与现在的办展环境并不一定一致。

3.资源安排情况。会展组织者在制定资源计划之前，应该明确资源的落实情况，即哪些资源已经获得，哪些资源还未落实到位，哪些资源无法得到等。特别是对这些资源进行量化的结果，更是会展资源计划尤其需要的。

（二）制订资源计划的方法

1.专家判断法。专家判断法是指专家根据经验和知识确定和编制会展资源计划的方法。这种方法特别适合于编制会展资源计划。因为会展类别多种多样，很难用统一的标准定额来判断每次会展所需要的资源数量，而专家判断法不仅有利于新的会展活动所需资源的判断，而且对于已经举办过多届的会展也有很强的指导作用。

2.头脑风暴法。头脑风暴法是团队的全体成员自发地提出主张和想法的一种决策方法。这种方法可以调动全体参与人员的积极性，产生极富创造性的方案和意见。这种方法在解决制定资源计划中遇到的难题时非常有效，但在说明方案和意见时，应注意所有的人只需要说出自己的主张即可，其他人不要对此进行讨论和评判，这一点非常重要。

3.资源计划的内容。制订资源计划无疑是要说明资源的需求情况，即对各种资源的需求及需求计划加以描述，但其内容不能太笼统，应该包括以下几个方面的内容：①资源的需求计划；②对各种资源的需求及需求计划进行描述；③具体工作的资源需求安排。

知识链接

如何计划展会时间表①

（一）12个月前

1.从展览的规模、时间、地点、专业程度、目标市场等各方面，综合专家意见，选定全年展览计划；

2.与展览主办单位或代理公司进行联系，取得初步资料；

3.选定场地（一般而言，首次参加国际大展较难取得最佳位置）；

4.了解付款形式，考虑汇率波动，决定财务计划。

（二）9个月前

1.设计展览结构；

2.取得展览管理公司的设计批准；

3.选择并准备参展产品；

4.与国外潜在客户及目前顾客联络；

5.制作展览宣传册。

（三）6个月前

1.以广告或邮件等进行推广活动；

2.确定旅行计划；

3.支付展览场地及其他服务需预先支付的费用；

4.复查公司的参展说明书、传单、新闻稿等，并准备必要的翻译；

5.安排展览期间的翻译员；

6.向服务承包商及展览组织单位定购广告促销。

（四）3个月前

1.继续追踪产品推广活动；

2.最后确定参展样品，并准备大量代表本公司产品品质及特色的样品，贴上公司标签，赠送索取样品的客商；

---

① 资料来源：www.qsy.eastday.com。

3.将展位结构设计做最后的决定;

4.计划访客回应处理程序;

5.训练参展员工;

6.排定展览期间的约谈;

7.安排展览现场或场外的招待会;

8.购买外汇。

(五)4天前

1.将运货文件、展览说明书及传单等额外影印本放入公事包;

2.搭乘飞机至目的地。

(六)3天前

1.抵达,饭店登记;

2.视察展览厅及场地;

3.咨询运输商,确定所有运送物品的抵达;

4.指示运输承包商将物品运送至会场;

5.联络所有现场服务承包商,确定一般准备就绪;

6.与展览组织代表联络,告知通信方法;

7.访问当地顾客。

(七)两天前

1.确定所有物品运送完成;

2.查看所订设备及所有用品的可得性及功能;

3.布置展位;

4.将所有活动节目做最后的决定。

(八)一天前

1.将摊位架构、设备及用品做最后的检查;

2.将促销用品发送直接分配中心;

3.与公司参展员工、翻译员等进行展览前最后的沟通。

(九)展览期间

1.尽早到会场;

2.于展览第一天即将新闻稿送到会场的记者通讯厅;

3.实地观察后尽早预约明年场地;

4.详细记录每一个到访客户的情况及要求,不要凭事后记忆;

5.对于没有把握的产品需求,不要当场允诺,及时回报总部做出合理答复,一旦应承,必须按质按期完成,以取得客户的合作信心;

6.每日与员工进行沟通;

7.每天将潜在商机及顾客资料送回公司,以便即时处理及回应。

(十)展览结束

1.监督摊位拆除;

2.对相关商机加以处理;

3.寄出感谢卡。

复习思考题

1.什么是会展计划?会展计划在会展管理工作中所起的作用是什么?

2.制订会展计划时应遵循哪些原则?

3.某一会展公司已经承揽了一个国际服装展,请为这次会展编制范围计划、进度计划和资源计划。

4.学完本章后你是否可以为一次会展活动拟定计划书?请用自己的方式拟定一份会展计划书。

第七章 会展营销

内容提要

本章简要介绍会展营销的研究对象,并重点阐述展览会产品的具体构成、展览会产品的促销策略以及展览会产品的定价方法。通过本章的学习,读者能够比较系统地了解展览会产品"是什么",营销人员在"卖什么",展览会产品"卖给谁",展览会如何定价,展览会产品通过哪些途径进行推广等基本问题。

第一节 会展营销的研究对象

会展营销是指会展项目主办者寻找目标市场、制定营销策略、销售会展产品、制定营销价格、选择营销渠道以及保持良好客户关系等一系列销售活动的总和。会展营销是以参展商与观众的需求为中心的服务营销活动,其目的是实现会展活动的市场价值,促进会展项目的供需结合。

营销工作是成功举办一个会展项目的核心环节。再好的会展项目,如果不能有效地找到目标顾客,都无法实现会展企业自身的收益。但是,会展企业如何进行营销管理呢?这主要涉及两方面的工作:一是具体会展项目的营销内容、营销方法和营销策略等;二是会展企业的营销管理,包括如何制定营销战略,如何控制营销效果,如何培养营销人员等。以下分别从这两个角度出发,简要阐述会展营销的研究对象。

一、以营销策略为中心的会展营销研究对象

以营销策略为中心的会展营销是指为完成某个具体会展项目销售工作而涉及的销售理念、方法和策略等。具体来说,主要包含以下内容。

（一）会展营销理念

理念决定行为。会展营销人员正确的营销手段和策略来源于正确的营销理念。研究会展营销理念，主要通过介绍会展发展过程中不同营销理念的发展变化及其带来的营销结果，帮助营销人员树立科学的营销理念。

（二）会展产品购买者决策行为

研究展览会目标客户的决策行为是研究会展营销的起点，也是提高营销针对性的重要手段。“知己知彼，百战不殆”，会展营销人员只有清楚地把握目标顾客的购买决策行为，才能保证在营销过程中有的放矢。

研究会展产品购买者的决策行为，一方面需要探讨会展的目标顾客究竟是谁，另一方面需要具体探讨这些目标顾客的决策流程和影响他们决策的主要因素。

（三）会展产品

研究会展产品的主要目的是让会展营销人员清楚：他们向自己的目标顾客“在销售什么”？他们所销售的产品与一般的实物产品有哪些不同？会展组织者主要通过哪些途径向顾客收费并获取收益？这些问题看起来虽然比较简单，但是对某些从业人员尤其是刚刚涉足会展业的人来说，对这些问题的认识通常未必清楚。

（四）会展营销工具

会展营销工具主要是指会展项目信息从组织者传达到目标顾客（参展商和观众）的过程中所使用的手段和载体。研究会展营销工具的主要目的，是让读者了解会展项目营销过程中最常用的工具主要有哪些，并使他们了解使用这些媒介工具的注意事项。

（五）会展项目营销渠道

会展项目营销渠道是指会展项目从组织者销售到目标顾客（参展商和观众）的过程中所经历的环节和通道。

（六）会展项目价格策略

会展项目价格策略主要研究会展项目的价格形成机制和会展企业常用的定价技巧。

（七）会展项目客户关系维持策略

会展活动作为一种为参展商和专业观众搭建交易平台的特殊经济活动，客户是其中的核心资源，能否培育忠诚而庞大的客户群体，是决定会展项目能否成功的关键因素之一。所以，如何处理客户关系可以说是会展行业营销人员的基本功。

二、以营销管理为中心的会展营销研究对象

会展营销管理主要从会展企业的视角，研究如何制定营销管理战略，如何

制订营销计划，如何协调不同项目之间的关系，如何控制会展项目的营销成本，如何培训会展营销人员以及如何进行会展营销活动绩效测评等管理层面的问题。

以营销策略为中心的营销研究，主要目的是帮助一线会展项目营销人员掌握会展的具体营销技巧，提高营销人员的业务水平；而以营销管理为中心的营销研究，主要目的是帮助会展企业管理人员从“宏观”角度对营销计划、营销组合、营销人员以及营销绩效进行有效的管理和控制，以提高企业在会展营销过程中的管理和控制水平。

限于本书的定位和研究深度，本章专门针对会展营销涉及的会展产品构成、会展项目推广计划以及会展产品定价策略三个核心问题进一步展开分析。

第二节　会展产品和顾客

任何一个营销工作人员在踏上营销岗位时，必须首先明确的一个关键问题是：“我在销售什么”。显然，对那些销售实物商品的人员来说，这一问题并不难回答。例如：在商场销售数码相机的人员会很熟练地向顾客介绍相机的品牌、性能、售后服务等信息，当顾客感到满意后，货款交到销售人员手中，顾客则取走了相机。在这一过程中，交易双方都很清楚交易的对象是相机，当然既包含了相机这一实体产品，也包含了与相机融为一体的品牌和售后服务等无形价值。但是，作为一名会展营销人员，他向顾客销售的是什么呢？

一、展览会的产品构成

展览会是一种“服务产品”，只有在展览会举办期间来到展览会现场，才能“完整地消费”展览会。展览会与一般性的实体商品最大的不同有两点：一是人们无法事前拿到展览会的样品，二是即使到了展览会现场，也很难具体描述展览会是什么。这是因为，展览会作为一种贸易服务平台，不是一件看得见摸得着的实体物品，而是由一系列要素构成的综合性的“服务包”。这些要素包括三个层面（参见图 7-1）。

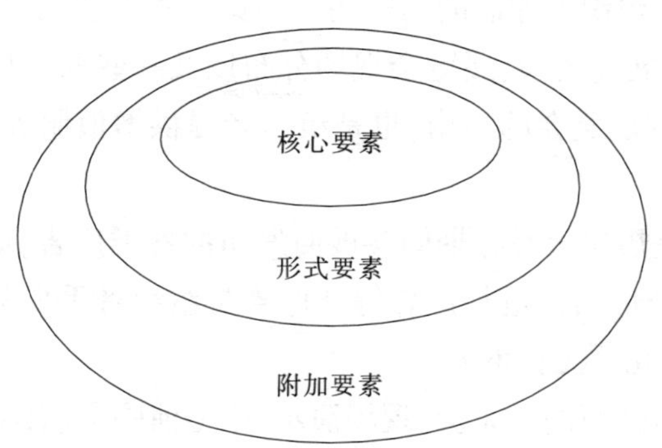

图 7-1 展览会产品内涵剖析图

（一）核心要素

核心要素是指构成展览会的核心内容，缺少了其中任何一个要素，展览会都无法举办。展览会的核心要素由三个部分构成：

1.参展商。参展商是指为了促销商品或者展示形象等目的，向组织者租赁场地、搭建展台的企业或其他机构。

2.观众。观众是指为获取商业机会或者其他相关信息而前往展览会现场参观展览会的机构和个人。观众分为两类，一类是专业观众，这些观众从事的职业一般与展览会展出的主题密切相关，他们绝大多数是出于贸易的目的参观展览会；另一类是普通观众，他们主要是出于增长见识、开阔视野等目的而参观展览会。

3.展台。展台是参展商集中展示商品、技术和形象的载体。展台分为两类：一是标准展台；二是特装展台。参展商究竟是购买标准展位还是在租赁场地搭建特装展台，通常要根据展出内容以及参展商形象展示的需要而定。

（二）形式要素

形式要素是指展览会的核心功能通过哪些具体形式表现出来并传达给目标顾客。一般来说，主要包括如下内容：

1.展览会基本信息。包括组织机构、时间、地点等。

2.开幕式。开幕式是指组织者出于扩大展览会影响、积聚人气、制造氛围等目的而举行的开幕仪式。开幕式通常需要邀请有关领导、行业内的权威人士以及重要的参展商和专业观众代表讲话，有些展览会的开幕式还要举行文体表演等。

3.研讨会。研讨会是指展览会举办期间，为给参展商和专业观众提供超值服务而举办的专业会议，一般邀请业界专家就参展商和专业观众共同关心的专业问题展开研讨。

4.会刊。会刊是组织者印制的用以刊登展览会基本情况的印刷品。会刊通常包括展览会日程、参展商名录、展览会现场分布以及一些商业广告等栏目,会刊既是参展商和观众参加展览会的指南,也是组织者提供增值服务和获取更多商业利益的载体。

5.广告。广告是展览会举办期间参展商发布的各类广告,如空中气球广告、展览中心墙体广告、会刊广告、电梯广告等。广告是组织者重要的收入来源之一,在现代展览会中,广告几乎无孔不入。

6.特殊活动。包括新闻发布会、现场演示、小型演唱会、有奖促销等。

7.品牌和标志。为了让目标顾客更好地了解一个展览项目,会展企业通常为不同项目制定不同品牌和标志。品牌和标志是展览会最重要的无形资产之一。

(三)附加要素

附加要素是指组织者为了给参展商和专业观众提供更好的服务而提供的附加产品。附加要素通常包括:

1.展览会期间的旅行服务。由于很多参展商都是来自异地参加展览会,因而在安排住宿、机票等旅行服务方面通常需要组织者提供相关服务。虽然旅行不是展览会的核心内容,但是如果组织者在参展商和观众旅行安排方面如果组织得比较好,不仅能够从中获取一定收益,而且有助于吸引更多的参展商。

2.网上展示。网络已经成为信息时代重要的交流工具之一。尤其在商务人士之间,网络的利用率更高。为了让参展商更好地宣传自己的产品和形象,目前在展览会领域,很多组织者已经开始为参展商提供网上展示服务,这些服务有的是收费的,有的是免费的。

3.展览会调查。很多有经验的组织者在展览会举办期间对参展商和专业观众进行满意度和成交效果等方面的调查,这些调查一方面有助于组织者了解参展商和观众对展览会的感受,另一方面,部分调查结果可以作为下一次展览会的宣传素材。

4.展览会跟踪服务。为了维护与参展商和专业观众的良好合作关系,展览会结束后,组织者还应当为他们提供相应的后续跟踪服务,如帮助他们邮寄展览会现场的资料,让他们了解展览会期间的调查结果等。

虽然我们很难用简练的语言解释展览会的明确含义,但是把展览会界定为上述三类要素的“综合体”,相信不会有太多分歧。当然,展览展示的行业、产品以及组展企业的实力、风格等方面的差异,可能导致不同展览会在上述三个要素方面会有很大不同。

一般情况下,核心要素是每一个展览会都必须提供的,对于形式要素,不同类型的展览会差异较大,服装展、汽车展等既面对经销商又面对普通观众的展览会,通常情况下形式多样，时装表演等特殊活动多，现场氛围活跃；而专门面向专业观众开放的生产资料展览会，通常情况下研讨会和技术讲座等形式要素要多一些，而旨在活跃气氛的特殊活动可能并不多。至于附加要素，通常与组织者的综合实力与管理水平有关。一般来说，大公司和一些比较著名的展览会组织者，都会对客户提供相关的旅行接待服务，并对参展商、专业观众的满意度以及展览会的成交效果等进行调查，并把相关结果反馈给参展商和关键的专业观众。

二、展览会的产品推介方法

虽然会展项目组织者的收入主要来源于展位租赁、广告和商业赞助等形式，但是作为展览会的营销人员在向目标顾客推介展览会的时候，不应将这些方面的内容作为推介的重点，因为这些主要的收入来源仅仅是展览会的销售载体，不是展览会的产品本身。

那么，营销人员怎样推介展览会这种综合性产品呢？显然，营销人员需要向目标客户系统阐述他们推出的“综合性”产品，而不是简单的展位租赁价格、广告报价和赞助方案等。通常情况下，展览会营销人员通过电话、传真、电子邮件、信函等方式向参展商和专业观众推介的展览会产品是一个关于展览会总体状况的“招展说明书”，而不是展览会中某些单个的要素。这意味着，展览会的招展说明书就相当于一般实物商品的产品说明书。招展说明书是对展览会产品三种要素的系统说明。

招展说明书通常包括如下四部分内容。

（一）展览会的基本信息

1.组织机构。包括主办单位、承办单位、协办单位、支持单位、合作媒体等。

2.展出时间。通常是指对参展商和专业观众开放的时间，而不包含展台搭建的时间。

3.展出地点。具体地点以及地铁、公交等交通工具抵达展览现场的方式。

4.联系方式。包括组织者的电话、传真、电子邮件、展览会网址等。

（二）简明扼要的行业信息

通常情况下，招展说明书上关于行业背景的介绍要简练，注重用数字说话，主要内容包括所展览展示行业的当前发展状况以及未来发展前景等。

（三）展示的商品类别

展示的商品类别是指展览会期间展示的主要产品种类。下面以 2019 年上海国际汽车工业展览会（创办于 1995 年，是中国最早的专业国际汽车展览会，逢单数年举办，现已成为中国最权威、国际上最具影响力的汽车大展之一）的招展说明书为例加以说明。

图 7–2 是 2019 年上海国际汽车工业展览会的招展说明书中关于商品类别的说明。展示的商品类别是参展商决定是否参展的重要参考依据，也是展览会专业化程度的重要体现。科学界定展览展示的类别，是决定展览会是否具有吸引力的重要因素。

各类乘用车、商用车、新能源汽车、特种车等

部件及组件，包括：驱动部分、底盘部分、车身部分、标准件、汽车内饰、充电用附件等

电子及系统：电机电器、车辆照明、电子系统、舒适性电子产品等

汽车油漆、润滑油、添加剂等

汽车测量、检测、诊断设备

汽车相关制造设备、技术和工具等

汽车安全及防盗系统

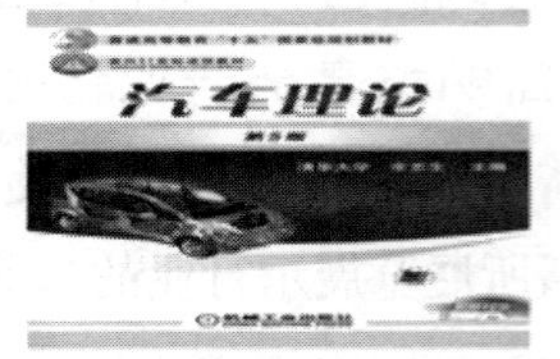

汽车相关书籍、报刊及其他相关服务

图 7–2　商品类别说明

资料来源：《2019 上海车展招展书》（节选）。

（四）参展费用基本报价

通常情况下，招展说明书上只是简单说明展位租赁的基本价格，具体的成交价格将根据参展商租赁的具体位置不同，参展商购买的展位面积不同，参展商与组织者客户关系不同等做进一步的调整。当然，也有不少企业的招展说明书上只是介绍展览会产品，不提供报价服务，目标客户如果想要得到关于参展费用的相关报价，需要与组织者进一步联系。

（五）展览会的历史状况

展览会的历史数据有利于证明展览会的信誉，因而在招展说明书中，组织者总是尽最大努力向目标顾客展示以往各届展览会取得的成就。对展览会历史状况的介绍主要包括以下五个方面的内容：

1.历届规模。主要包括参展商的数量和观众的数量，国际性展览会还需要介绍国内展商和国外展商的状况。

2.主要参展商和专业观众。具有行业领袖地位的企业是否参展，通常是证明一个展览会是否有影响力的重要指标。因而，会展企业在编制招展说明书时，总是把以往参加展览会的具有重要行业影响的参展商印在说明书上，以证明自己的影响力。

3.参展商满意度调查结果。如前所述，很多有经验的组织者在展览会举办期间总是要进行相关的参展商和观众调查，并把调查结果印在招展说明书上，以反映以往的参展商和观众对展览会的评价。

4.展览会期间的主要活动。研讨会、新闻发布会等特殊活动通常是展览会的亮点，所以很多会展企业在编制招展说明书时，通常习惯于把以往活动的照片尤其是在行业中有影响力的人士出席的情况印制在招展说明书上。

三、展览会的顾客

如果说上述内容主要是为会展营销人员解决“我在卖什么”这一问题的话，那么下面的叙述就是要告诉会展营销人员“你应该把产品推介给谁”。

在会展销售过程中，并非所有的人都能够清楚他们该把展览会推介给谁。因为按照传统的思维，他们会习惯性地认为谁付款谁就是顾客，从而可能把自己的顾客说成是参展商。但是，事实并非如此。因为展览会是一种旨在构筑贸易平台的特殊商品，而贸易是参展商和专业观众的互动行为，不是其中任何一方单方面能够完成的，所以，作为展览会的营销人员，不但要把展览会推介给参展商，还要把展览会推介给观众尤其是专业观众。由此看来，展览会的顾客主要包括两个部分：参展商和专业观众。当然，由于参展商和专业观众在展览会中扮演的角色不同，展览会营销人员向他们推介的重点和最终目的也有明显的区别。

在现实中，由于参展商是组织者最重要的"利润"来源，所以很多组织者只把招商工作放在参展商一方，而忽视了对专业观众的组织。出现这种状况的原因，主要是因为组织者没有深刻理解展览会的本质功能，忘记了展览会是参展商和观众尤其是专业观众的互动行为。事实上，观众虽然不直接给组织者带来效益①，但这并不意味着观众不是组织者的顾客。从某种意义上讲，没有观众尤其是没有专业买家，就不会有企业参展。所以，很多著名跨国展览企业在举办展览会的时候，专业买家的组织工作常常成为他们营销工作中的重中之重。下面可以通过一个实际案例来看一下励展博览集团组织的中国(北京)国际商务及会奖旅游展览会(CBITM)中的买家邀请计划。

知识链接

中国(广东)国际印刷技术展览会的整合营销计划

(一)什么是整合营销?

目前整合营销是国际上针对专业观众通用的展览会宣传推广途径。整合营销的传播理念倡导根据营销对象、营销内容及营销渠道等进行全方位组合，这种理念适合展览会专业观众的组织工作。运用整合营销概念，专业观众组织的主要途径一般由电话营销、新媒体营销、数据库营销和事件营销等组合而成。

(二)PRINT CHINA 2015 整合营销计划

第一，为了更好地为专业观众提供快捷、全面的信息服务，PRINT CHINA 2015 组委会正式开通了展会官方微信。通过微信平台，一则可以看到展会的最新进展和展商的最新产品；二则可进行预先登记，简化参观手续。第二，调动中国印刷及设备器材工业协会所属的 10 个专业分会、7 个工作委员会、47 个团体会员以及全国各省市自治区兄弟协会力量搭建数据库，有针对性地进行点对点营销，同时与参展商合作以有效获取其他专业观众信息。第三，为了进一步加大对专业观众的宣传力度，PRINT CHINA 2015 于 2014 年 12 月 9 日—11 日在东莞会展国际大酒店中心会议厅举办了 PRINT CHINA 国际媒体周活动，以展商介绍为主线，以组织专业观众为目的，邀请了五大洲的国际印刷、包装、出版媒体以及港澳台印刷媒体、国内印刷媒体、大众媒体等共同参与。

---

① 当然，有些展览会(如汽车展)专门针对观众出售的入场券通常也是组织者可获得的一笔不菲的收入。

在整合营销的助力下，PRINT CHINA 2015 的专业买家达到创纪录的 206 154 人次，来自世界上 146 个国家和地区。其中，我国各省市、各地区及港澳台等地区的专业协会及各类媒体共组织国内买家团 68 个，各国印刷包装商协会、贸促会机构及各大印刷企业共组织世界买家团 80 个，专业买家总数比上届增长 20.38%。

资料来源：PRINT CHINA 2015 组委会.PRINT CHINA 2015 持续升温，展会服务全面升级[J].中国包装，2014(11).

第三节　会展项目的宣传推广

会展项目的宣传推广是会展营销过程中的重要环节，在招徕参展商、普通观众、专业观众以及树立会展形象等方面能够发挥举足轻重的作用。会展的宣传推广需要调动多方面的积极性，以便选择正确的宣传推广对象和经济有效的宣传方式，真正做到有的放矢，讲求实效。

一、选择宣传推广目标对象

从根本上讲，会展项目的宣传对象就是与会展主题紧密相关的参展商和观众。一般情况下，组展商应该根据展览会的性质以及具体的展出目标和任务，确定参展商和观众的范围，然后进行有针对性的促销、推广。不区分目标顾客进行大面积宣传推广，不仅会增加不必要的宣传费用，而且也无法达到宣传促销的目的。每个展览会都有不同的性质。从展览目的看，可分为形象展和商业展；从行业设置看，可分为行业展和综合展；从观众的构成看，可分为公众展和专业展，等等。随着会展业的发展，会展的专业性越来越强，而专业性强的展览会通常不希望与展览会主题不相关的参展商和观众参加。比如对于一个纺织机械方面的展览会，就应该把参展商主要限制在纺织行业中，观众也应该是与纺织行业有关的人士。只有把参展商和观众限制在特定的行业内，才能在更大程度上实现展出目标。

确定参展商和观众所处的特定行业之后，就可以确定具体的宣传对象了。组展商应认真研究过去所举办的同类展览中参展商和观众的基本情况，如参展商和观众所处的地区，对哪类产品感兴趣，是否有购买决定权，是否参加其他展览会等，并根据这些基本情况整理出预期可能参展的名单，有针对性地对他们进行宣传。除此之外，确定宣传对象时，还要掌握宣传对象的大体数量。一般来说，参展的厂商数量应该与会展的计划规模相适应，但这个数量往往难以把握。通常情况下，知名度越高的会展，愿意参展的厂商就会越多；宣传推广的力度越大，可能参展的厂商就会越多。但展出规模与组展商的人力、物力、财力以及所确定的展出目标有关,同时也受展览场地的限制。因此,组展者切不可只为了招揽参展商,不顾财务预算的限制,盲目扩大宣传范围和力度。为了使参展商和观众(尤其是专业观众)的质量和数量都能在一定程度上得到保证,组展商最好在会展宣传之前,就参展厂商和准备邀请的专业观众的选择标准进行明确界定。

总之,会展项目宣传推广不仅要针对潜在的参展商,还要针对潜在的观众尤其是专业观众。展览会的宣传推广工作是为整个展览会的销售和形象推广而做的,并不是专门为某一参展商进行公关宣传。展览会推广的目的是将参观者吸引到展览会上,而不是将观众吸引到某一展台上。与此同时,在展览会上各参展商之间是竞争者,参展商为了在展览会上吸引更多观众的"眼球",他们通常还需要安排自己的宣传,不过参展商为了自己的营销目的而进行的宣传和促销活动不是本书分析的重点,在此不再赘述。

二、准备宣传资料

宣传工作的第二项任务是准备宣传资料,包括展览会的行业背景,组织者的历史业绩,展览会的历史数据,以往参展商和观众对展览会的评价,本届展览会的特色等基本资料。这些资料可以根据具体需要,分别整理成新闻稿、网站宣传资料、广告素材以及宣传册资料等。

上述宣传资料通常可以划分为两大类:一类是简要的新闻资料,另一类是详细的展览会情况介绍资料。新闻资料主要用于宣传,其目的是让参展商和观众了解展出项目。新闻资料应包括展览会的基本情况,如时间、地点、内容、性质、特点、潜力以及组织者联系地址、参展手续、申请截止日期等。情况介绍资料的基本范围与新闻资料相同,不过内容更为详尽,包括参展申请表和参展的基本要求和手续等具体内容,能够使潜在的参展商更为详细地了解展览会的基本情况,以便做出是否参展的决定。

三、选择合适的宣传手段

组展商应该根据展览会的性质和招展对象的特点,选择合适的宣传方式。虽然一般实物商品的宣传方式多种多样,但是适合展览会领域的宣传手段主要有以下几种:

(一)广告宣传

广告宣传是一种单向的信息传递,是展览会组织者单方面向潜在目标客户传达展览信息的过程。广告的优势是传播迅速而且受众广泛。广告宣传的主要方式包括媒体广告和户外广告,除此之外,还可以通过新闻发布会、行业研讨会等形式制造新闻题材,或者对具有市场影响力的参展商代表进行新闻专访等,从侧面传播展览会信息。媒体广告是指利用电视、广播、报纸、杂志、特定印刷品以及网络等媒介工具进行的推广活动;户外广告是利用人流量较大的公共场所,如机场、车站、码头、商业街道和广场等地点,以海报、灯箱、广告牌、宣传条幅、彩旗等形式进行的宣传推广。展览会主办者应围绕展览会不同的卖点和亮点来进行宣传,其目的是营造展览会的声势,形成广告宣传攻势。现代会展运作过程中越来越重视宣传广告的投入力度和宣传质量,广告宣传已经成为打造展览会品牌的有效方法。

(二)人员推广

人员推广是指展览会主办单位的营销人员与潜在目标客户之间的双向交流和沟通。人员推广的优势是能够清楚地了解参展商和专业观众的购买意向以及影响他们参加展览会的主要因素,掌握关于目标顾客信息的第一手资料。人员推广要以优秀的专业服务为卖点,既要着眼于买家(观众),又要着眼于卖家(参展商)。

(三)直邮

直邮就是将各种资料直接邮寄给潜在的参展商和观众,邀请他们参加展览会。直接发函简单易行,是会展业使用最广泛的宣传方式,是成本较低而效果比较理想的一种会展宣传方式。对那些经营多年的展览会来说,组织者通常都有自己比较稳定的参展商和目标观众数据库,可根据所举办会展的性质、特点确定目标客户群体,这样便于提高直邮工作的针对性。除此之外,在邀请观众的时候,还应该注意一些小的技巧,以吸引更多的观众来参观。比如,在发函的同时寄发小礼品、贵宾卡或可以在展览会现场领取奖品的奖券。这些方式成本不高,却可以产生较好的促销效果。比如,接到贵宾卡的顾客就有一种被重视的心理满足感,从而更愿意来展览会参观。

(四)新闻报道

新闻报道是通过在报刊、杂志上刊登新闻资料的形式来达到宣传目的。新闻资料主要包括新闻稿、专稿、特写、新闻图片、参观邀请等。新闻报道的费用一般较低,可信度高,效果有时比直接做广告要好。因此,制造新闻素材,加强新闻报道通常是展览会组织者宣传展览会的重要方式,新闻宣传工作贯穿整个会展的始终。

(五)公关活动

组展商为扩大会展的影响,除了利用前面提及的广告、直邮、人员推广等手段进行宣传外,通常还采用诸如会议、表演、评奖等公关活动进行宣传。一般来说,会议能够吸引到真正对展出产品感兴趣的人,而且这些人大多都是有决策能力的企业高层管理人员,所以会议作为一种公关手段,对展览宣传具有很大的促进作用。评奖一般由组展商组织,参展商参加,可以对展品评比,也可以对展台设计评比,通过媒体公布评比结果能够起到很好的宣传效果。

(六)路演

路演源于英文“Road Show”,在展览行业是指展览会组织者为了招徕更多的参展商和观众参加展览会,在目标顾客密集的地区和城市通过邀请潜在参展商和专业观众参加关于展览会的专业会议、新闻发布、专家讲座等形式,加强组织者与潜在参展商和专业观众的交流与沟通,以期得到潜在参展商和专业观众支持并参加展览会的专业性宣传促销活动。为了让读者更加清楚地了解展览会的路演活动,这里以2005慕尼黑上海电子展为例加以说明。为了吸引参展商和专业观众积极参与2005年慕尼黑上海电子展,主办方于2004年12月分别在新加坡、深圳、北京、上海和苏州五个电子行业非常发达的城市进行了集中性的路演活动,这次活动以专家演讲和推介为主要形式,邀请了许多重要参展商和很有影响力的媒体参加,使得慕尼黑上海电子展在电子元器件、组件、光电技术及生产技术领域会展中的领先地位得到了巩固。根据2005慕尼黑上海子展官方网站的报道,路演活动取得的成果包括:①使参与者之间的关系更加密切;②使 Electronica & Productronica China 的品牌和理念更加深入人心;③吸引了新的参展商;④使主办方的数据库更加完善与全面;⑤获得了更积极的反馈和更全面的讨论。

四、展览会的联合促销与推广

虽然展览会的主办方在展览会的促销与宣传中居于中心地位,但是为了达到更加理想的推广效果,展览会组织者要注意联合包括政府、协会以及使领馆等多方面的力量联合促销。通常情况下,可以发挥会展宣传推广作用的相关组织一般包括以下四种类型:

第一,政府有关部门。展览会主办者应该善于利用政府渠道的信息资源,扩大展览会的推广效果。例如,通过政府有关部门,不仅获取国际专业买家信息,甚至可以将国际重要买家组织到展览会上来,与此同时,还可以依靠政府的协助,在不同的国家或地区寻找销售代理商等。对国内展览公司来说,经常打交道的政府部门有外经贸系统,各级贸易促进委员会,旅游局等。

第二,行业协会、学会等海外组织。它们主要包括两类:一类是国际性或区域性的专业协会,如国际大会和会议协会(ICCA)、国际博览联盟(UFI)、国际展览管理协会(IAEM)等。能够得到这些权威性组织的指导和推荐,无疑会有效提高国内会展企业的美誉度,增强展览会的吸引力。另一类是某一个行业的协会,如世界旅游组织(WTO)、中国纺织行业协会、中国汽车工业联合会、中国模具协会等,若能得到这些机构的认可,会展主办单位除了享受技术支持和行业资源优势外,还能够迅速增加展览会的可信度。

第三,驻外使领馆、各种友好组织的国外联络处以及其他政府机构在国外设立的办事处等。例如,在举办国际旅游交易会时,承办单位(一般是各省、市文化旅游部门)就应该与国家文化旅游部门的驻外办事处合作,充分利用其熟悉当地社会经济情况的优势,选择适当的招展、招商渠道及手段。

第四,专业化商业中介组织。对会展企业尤其是会议或展览会的主办单位而言,这里的专业化商业中介组织主要包括实力雄厚的管理咨询公司、公关公司、市场调查公司和营销咨询公司等。这些组织大都具备很强的获取市场信息的能力,并掌握一批特定的客户资源,从而为展览会营销甚至是整个城市的宣传推广提供强有力的支持。

第四节　会展产品定价方法与技巧

定价是会展营销工作的重要环节,会展项目只有通过一定的价格表示出来并销售出去,才能真正转化为组织者的经济收益,实现展览会的价值。展览会的收入主要有四个部分:①展位租赁收入;②广告收入;③赞助收入;④入场券收入。在这四种收入中,最基本的是展位租赁收入。如何用最好的价钱最大限度地出售展位,是展览会营销工作的重心。因而,展览会的定价方法主要是指展位的定价方法。

一、影响展览会展位价格的因素分析

图 7-3 是影响展览会展位价格因素的示意图,具体可以从两个方面加以叙述。

(一)内部因素

影响展览会展位价格的内部因素主要包括四个方面:

1.组展企业运行成本。很多会展企业运行数个展览项目,这些项目成本水平、赢利能力等方面通常有较大差异,有的赢利能力高,有的赢利能力低。会展企业对具体项目定价时,除了要考虑项目本身的运作成本,通常还要从整个企业的全局经营状况考虑并决定具体项目价格的高低,用赢利项目的收益支持新导入的项目,并弥补个别项目的亏损。

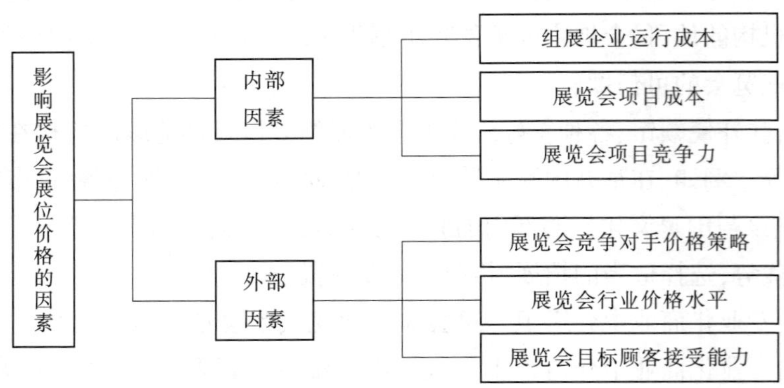

图 7-3　影响展览会展位价格的因素

2.展览会项目成本。展览会项目成本是指具体项目运作过程中投入的成本，包括固定资产的购置、会展项目的促销以及人力费用的支出等多个方面。绝大多数会展企业展览会的价格都是以项目成本为基础测算出来的。

3.展览会项目竞争力。由于展览会项目的寿命周期、运作年限、品牌知名度等因素的差异，导致展览会的市场竞争力有较大不同。一般情况下，会展项目会随着知名度的提高以及市场的成熟而不断调整定价策略。在会展项目的导入期，市场信誉低，组织者会采取较低的价格策略；随着运作年限的延长以及展览会知名度和信誉度的提高，展览会的价格也会有所提高。

（二）外部因素

影响展览会展位价格的外部因素主要包括三个方面：

1.展览会行业价格水平。制定会展项目价格不仅要考虑自身的成本，而且要考虑相同和类似展览会的定价状况。因为参展商是基于整个市场的性价比而选择究竟参加哪家展览会，会展企业绝对不能因为自己的成本高而制定较高的参展价格，因为这样只能被市场淘汰。

2.展览会竞争对手的价格策略。会展项目价格的形成，除了考虑自身成本和同行业的价格水平外，直接和间接竞争对手的价格策略通常也会影响到某个具体会展项目的价格形成。例如，当竞争对手实施低价促销策略时，如果本企业不能及时调整价格，很可能就会丢掉市场份额。

3.展览会目标顾客的价格接受能力。在有些情况下，展览会组织者是根据目标客户的价格接受能力来制定展览会价格的。由于不同客户通常有不同需求，有的宁愿接受较低的服务也不愿支付较高的价格；而有的客户则恰好相反，他们对价格不敏感，只要组织者的服务好、参展效果好，展位的价格高一些也乐于接受。

二、展览会的展位定价方法

如上所述，由于展位价格的高低受到诸如展览会运作成本、展览市场竞争态势、展览企业目标战略等多种因素的影响，而不同企业对这些因素的重视程度不同，这就决定了不同组织者在确定展览会的展位价格时，会采取不同的方法。一般情况下，这些方法可以划分为如下四种（如图7-4所示）。

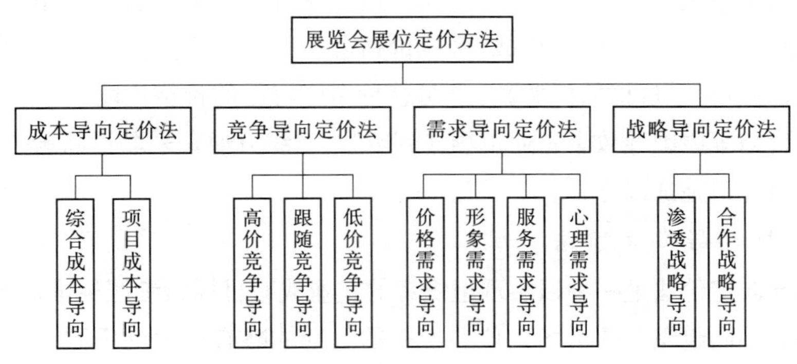

图 7-4　展览会展位定价方法

（一）成本导向定价法

成本导向定价法是一种按照会展项目所花费成本的高低来决定展位价格的方法。展览会的成本包括两种测算方法：一是以展览会项目为中心的成本测算方法；二是考虑到综合企业成本后的展览会成本测算方法。与此相对应，会展项目的成本定价法通常划分为两种：

1.展览会项目成本导向定价法。利用这种方法定价所参照的成本概念是指“具体的某个展览会项目”的运作成本，具体包括组织者从会展中心租赁场地的费用，会展项目营销费用，会展项目人员费用以及税收等。

2.展览会综合成本导向定价法。利用这种方法定价所参照的成本概念是指“具体的某个展览会项目运作成本加展览公司运作的分摊成本”。即运作多个展览项目的会展企业要把企业的办公场所租赁费、办公经费、企业管理人员工资等成本分摊到具体的展览会项目中。

（二）需求导向定价法

如前所述，由于不同参展商的市场地位、参展目的等因素的差异，导致了参展商对价格的敏感程度明显不同。有的参展商宁可支付较高的价格也愿意租赁位置比较优越的展位，只要能够得到优质的服务，价格即使高一些他们也不在乎。与此相反,有的参展商对价格特别敏感,低价和优惠对他们是最大的诱惑。所以,组织者在制定展位价格时,要充分考虑到顾客需求的这些差异,要根据不同的顾客需求,制定不同的价格策略。

(三)竞争导向定价法

竞争导向定价法是一种以与组织者形成竞争关系的同类或相似展览会的展位价格为参照标准制定展位价格的方法。通常有三种表现形式:一是市场领先定价,即公司的价格总是领先于市场,其他公司的定价基本是跟随本公司调整的;二是跟随定价,即自己一般不挑起价格战,会展价格总是跟随龙头企业调整;三是独立定价,即不管竞争对手价格如何调整,公司总是实施自己的价格策略,如果因为竞争对手降低价格等原因导致本企业市场受到威胁,组织方通常采取提高服务质量、增加服务项目等措施加以弥补。

(四)战略导向定价法

战略导向定价法是一种以实现组织者的企业战略目标为参照标准制定展位价格的方法。不同组织者的市场定位和奉行的远期战略有很大的不同。例如,有的会展企业期望通过低价竞争迅速占领市场,这些企业的会展项目通常会以较低的价格切入市场,某些实力强大的企业甚至可能采取暂时性的亏损策略抢占市场,待市场份额较大时,再采取高价策略收回成本;也有的会展企业期望通过高价战略迅速回收投资,然后再转向其他会展项目。

总之,以上四种方法从总体上描述了展览会组织者在确定展位价格时应该考虑的主要因素。但是,现实中,展览会组织者在具体制定展位价格时,上述四种方法并不是"非此即彼"的关系。具体地说,在采用成本导向定价时,不能不考虑市场的需求、同行的竞争以及企业的战略;相反,在采用企业战略导向定价时,也不能不考虑企业的成本承受能力。所以,展位价格的最终形成,通常是综合考虑多种因素的结果,只不过对不同企业来说,上述不同因素在价格决定过程中的权重有所不同而已。

三、会展项目的定价技巧

会展组织者在制定会展项目价格时,除了要学会上述四种主要的定价方法外,还需要注意一些常用的定价技巧。在此主要介绍折扣定价技巧和差别定价技巧(如图 7-5 所示)。

(一)折扣定价技巧

折扣定价技巧是指组织者为了鼓励参展商尽可能多地订购展位而采取的

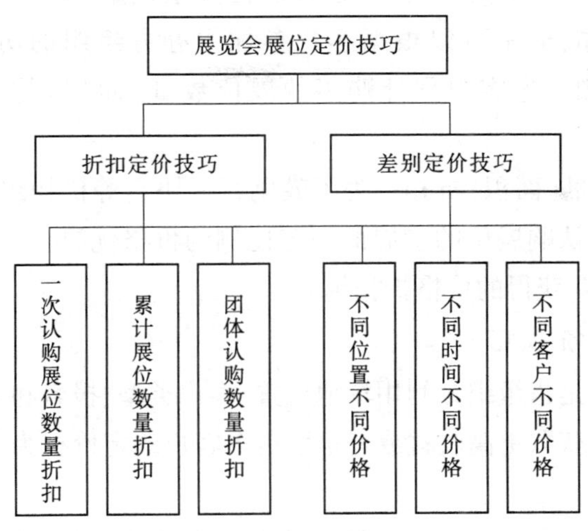

图 7-5 展览会展位定价技巧

“订购面积越大，支付价格越优惠”的策略。关于订购面积的计算，通常有三类方法：

1.一次认购展位数量折扣。一次认购展位数量折扣是指在某一次具体的展览会上，只要参展商认购的展位面积达到一定数额，就可以享受一定比例的优惠。2018 年第 24 届中国义乌国际小商品博览会的组织者采取了批量折扣的定价策略。这个价格折扣方案规定，参展商订购的展位数量越多或面积越大，获得的价格优惠越大，具体优惠措施详见表 7-1。

知识链接

2018 年中国义乌国际小商品博览会价格折扣方案

为切实做好 2018 年中国义乌国际小商品博览会（以下简称“义博会”）的招展工作，义博会组委会特制以下价格折扣方案（表 7-1）：

表 7-1 2018 年中国义乌国际小商品博览会价格折扣方案

折扣额度	折扣条件
10%	申请 6 个展位及以上的特装企业
15%	申请 10 个展位及以上的特装企业
20%	申请 16 个展位及以上的特装企业

资料来源：中国义乌国际小商品博览会官网（http://www.yiwufair.com）。

2.累计展位数量(面积)折扣。累计展位数量(面积)折扣是组展企业给予老客户的特别折扣,通常可以根据客户参加主办方组织的历届展览会的累计面积给予相应折扣。老客户累计购买的展位数量(面积)越多,获得的折扣比例越高。

3.团体认购数量(面积)折扣。为了鼓励行业协会等机构组团参展,展览会组织方通常给予团体认购展位的参展商一定比例的价格优惠。一般来说,团体认购的数量(面积)越多,获得的价格折扣越大。

(二)差别定价技巧

差别定价技巧是指组织方利用场地位置、客户类型、报名和支付时间等方面的差异而采取的旨在获取更高收益或者争取更多客户的定价行为。常用的差别定价技巧有三种:

1.不同位置不同价格。不同位置不同价格是指组展商根据展位的不同位置,给展位制定不同的价格。通常情况下,靠近门口、通道等有利于观众参观的特殊位置,组织者会以较高的价格出售,而对那些“曝光率”低的角落,展位的价格相对要低一些。2015 中国国际瓦楞展的展位报价方案就是一个不同位置不同价格定价策略的实际案例,它根据展览场地中的不同位置,划分了品牌馆展区、标展馆展区和角位展区三种类型,三种类型的价格具有较大的差异。

知识链接

2015 中国国际瓦楞展展位报价方案

中国国际瓦楞展是全球领先专业瓦楞设备、耗材及技术展,在 67 000 平方米的展示面积中汇聚 600 余家行业领军品牌,集中呈现 1 400 余台高端和高性价比设备以及千余种耗材,协助纸箱厂做出高效采购决策,为其提供获知前沿产品、创新技术和市场动态的渠道,搭建与供应商进行极富价值的沟通交流的独特平台。作为全球领先的瓦楞包装制造展,伴随众多新品的发布、市场发展趋势的预测以及业界精英的积极参与,中国国际瓦楞展将引领行业快速发展。2015 年其展位报价方案如下(见表 7-2):

表 7-2　2015 年中国国际瓦楞展展位报价方案

区　域	光地(每平方米)	标准展位(个)	
品牌馆	RMB 3 600	A 类(3 000 毫米×3 000 毫米)	RMB 36 000
		B 类(3 000 毫米×4 000 毫米)	RMB 48 000

续表

区　域	光地(每平方米)	标准展位(个)	
品牌馆	RMB 3 600	A类(3 000 毫米×3 000 毫米)	RMB 36 000
		B类(3 000 毫米×4 000 毫米)	RMB 48 000
标准馆	RMB 1 800	A类(3 000 毫米×3 000 毫米)	RMB 18 000
		B类(3 000 毫米×4 000 毫米)	RMB 24 000
	RMB 2 300	特殊区域展位,该价格不享受折扣	
角位费	RMB800/两面开,RMB1 600/三面开,RMB2 400/四面开		

注:

(1)光地最小租用面积:品牌馆为 24 平方米,标准馆为 36 平方米。

(2)标准展位的面积为 9 平方米(3 000 毫米×3 000 毫米)或者 12 平方米(3 000 毫米×4 000 毫米)。

(3)标准展位基本配备:围板,满铺地毯,两只射灯,两把折椅,一张问讯桌,一个 10 安培/220 伏电源插座和标有中英文公司名称的眉板一块。

(4)以上价格不含 6%的增值税。

资料来源:2015 中国国际瓦楞展官网(www.sino-corrugated.com)。

2.不同时间不同价格。不同时间不同价格是指组织者根据参展商报名参展和支付费用时间的不同,给予不同的价格优惠。这种策略的目的是鼓励参展商尽早注册,尽早付费。第 41 届广东国际美博会的价格方案就是一个关于不同时间不同价格的实际案例。可以看出,参展商决定参展的时间越提前,获得的价格折扣越高;相反,越临近会展召开日期,获得的价格折扣越低。

3.不同客户不同价格。为了鼓励目标顾客持续参展并培育顾客的忠诚度,许多组织者通常根据不同客户类型制定不同价格,对于经常参加组织者举办的展览会的老客户,主办方会给予一定幅度的价格优惠。

知识链接

第 41 届广东国际美博会参展价格优惠方案

广东国际美博会由广东省美容美发化妆品行业协会主办,由全国工商联美容化妆品业商会协办,展览规模雄居亚洲第一、世界第二的位置,设有 13 大专业展馆,全面涵盖美容行业各范畴。展会共吸引了来自中国大部分省份以及亚洲、欧洲、美洲、大洋洲等国家和地区的企业参展,目前已成为国内外美容行业中的一个名牌国际大展。

2014 年 9 月 17 日—19 日在广州琶洲会展中心举行的第 41 届广东国际美博会对提前预订者推出了以下优惠政策:

1. 凡参加过第 40 届广东国际美博会的参展商于 2014 年 7 月 15 日前报名参展可获得 5%展位费的旧展商优惠折扣;

2. 参展商于 2014 年 3 月 5 日前支付 40%摊位定金,可享受 5%优先预订优惠折扣;

3. 参展商于 2014 年 3 月 5 日前支付全额摊位费,可享受 10%优先预订优惠折扣;

4. 参展商于 2014 年 3 月 8 日—4 月 6 日前支付全额摊位费,可享受 5%优先预订优惠折扣。

资料来源:138 中国美容人才网(www.138job.com)。

复习思考题

1.展览会营销人员向顾客销售什么?

2.为什么展览会组织者向参展商和专业观众推介的是一本招展说明书,而不是具体的展位价格、广告价格和商业赞助方案等信息?

3.展览会常用的促销工具有哪些?

4.展览会通常采取哪些定价技巧?

5.在某个知名展览会的网站上下载一份正式的招展说明书,看一看在这份说明书上包含了哪些关于展览会的"产品要素"。

第八章 会展赞助

内容提要

一般的会展项目都有赞助收入。本章从认识赞助开始讨论，分别论述了赞助的特点、影响因素、赞助程序、适合会展的赞助企业、如何创造赞助机会、赞助回报、赞助等级、赞助计划等。

第一节 赞　助

一、赞助和赞助的特点

会展项目的主要收入来源一般情况下包括主办机构的拨款收入、销售和提供服务收入以及赞助收入。其中，拨款收入属于主办机构根据所要举办的会展活动自愿拨付的款项，销售和提供服务收入属于会展项目正常的经营收入，而赞助收入则属于会展项目为获得更多的收入来源，通过市场渠道而筹集的资金。从历史发展的进程来看，现代赞助最早起源于职业化的体育活动。这些活动的参与者地缘范围最广阔，因此成为赞助活动最理想的对象。赞助是美国的一项独特发明，而导致这项发明产生的是广告商进入某些市场的需要以及活动组织者寻找资金补充的需要，这些补充资金能够冲抵票房正常收入渠道无法填补的亏损。

赞助活动兴起后，赞助资金呈现出了从体育活动向多元化活动方式（如艺术活动、会展等）转移的明显动向。形成这种趋势的原因是这些活动的受众目标群体正在日益扩大，因此为这些群体举办的活动才会成为赞助商最为青睐的对象。

赞助主体可以是政府、行业协会，但主要的还是企业。政府和行业协会的赞助大多是为了扶持展会的发展，而企业的赞助则多是为了提高自身的知名度或显示自身在行业中的实力。因此，作为组展商来说，一方面要积极寻求政府和行业协会的支持,更重要的是,能够通过营销战略来获得更多企业的支持和赞助。

赞助是众多机构宣传组合(广告、人员推销、促销、公共关系)中的一部分。关于赞助的定义虽然也没有一个固定的说法,但它们的核心内容都极其相似。以下三段例文都是关于赞助的定义:

- 赞助是指对可获取商业回报的体育、社会或政府活动、艺术、某种事业、个人或广播所进行的投资。
- 为某一所有权(比如某一活动)所支付现金和/或实物酬金作为对此所有权相关的可开发的商业潜力的回报。
- 从相关的某个参赛者、某次活动或某种组织购得的潜在的可开发的利益和权利,这些利益与权利通常是无形的,而最终会以有形的利益回报给赞助公司(形象或利润的提高)。

以上三个定义从不同的方面对赞助进行了说明,它是会展项目重要的资金来源。会展项目管理者越来越重视赞助商的研究、赞助建议案的制订以及接洽赞助商等事务,很多会展项目如果没有赞助收入是根本无法运营下去的。

一般来说,赞助具有以下一些特点:

首先,赞助是一种商业交易行为,或者说是一种商业投资。这一点与无偿捐款是不一样的。有不少人都把赞助与捐赠混为一谈,这是错误的认识。捐赠人提供捐赠但却不以此求得任何形式的商业回报,这种行为是一种善举。而赞助却是一种商业行为,在此过程中,赞助人和接受赞助者要在明确各自权利和义务的基础上签订协议。活动组织者要以市场营销服务作为获取赞助商资金或类似性质贡献的交换条件。因此,活动组织者在寻找赞助商之前,一定要考虑所举办的活动能给赞助人带来什么样的商业回报,如赞助企业通过赞助此项活动可以提高知名度,宣传企业形象,推广企业产品,扩大自己的影响等。

其次,赞助的形式可以是多种多样的,赞助标的物既可以表现为直接支付的现金,还可以是非现金形式的服务或产品。赞助形式的这种多样性,可以使赞助商根据自身情况,充分发挥其优势,并从中获得最大的利益。

最后,企业从赞助中获得的回报最终将对企业的利润产生积极而深远的影响。许多大型公司已经从把赞助主要看成是一种博得社会好感的公关手段,转变为把赞助视为综合营销战略的一部分。成功的大型展览已经成为众多企业竞相赞助的目标,因为赞助大型展览通常能够提高企业的品牌知名度,并推动销售额的提升。而为了吸引赞助,会展组织者必定会向赞助商提供一定的有形或无形的回报。像可口可乐和 Telsrta 这样的公司,每周都会接到数百份赞助申请,只有那些切实合乎公司目的,可以显示出能带来收益的活动才会纳入企业考虑的范围。

赞助活动中提供赞助方与接受赞助方之间的互惠关系如图 8-1 所示。

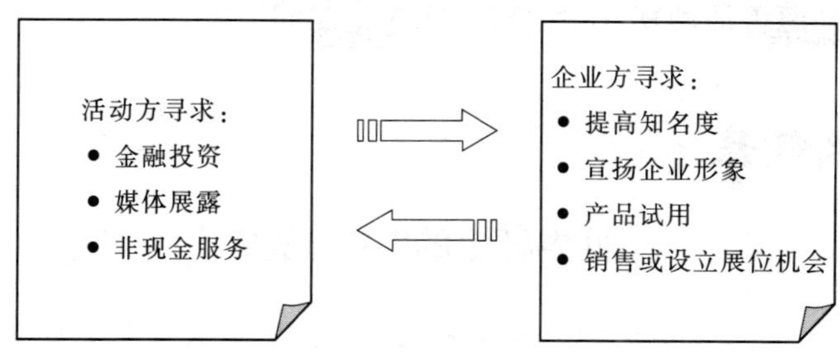

图 8-1 活动赞助中的交换关系

以上的分析告诉我们，赞助是一种非常有效的宣传手段，赞助商可以从中获得一些潜在的收益。赞助商通过其他宣传方式或许也能取得这些收益，但其效果却可能不如赞助方式来得迅速与直接。正如 Johnny Allen在《大型活动项目管理》一书中所总结的那样，赞助的特殊作用可以表现在以下几个方面：

第一，有助于赞助商迅速进入特定目标市场。比如，在当今印刷市场竞争激烈的情况下，每一印刷商都想获得大量的终端客户，在此情况下，若他们能为一次大型图书展览会提供赞助的话，这将是他们赢得大量潜在购买者的一个大好时机。

第二，树立或提高企业或品牌的形象。这一点是毋庸置疑的，赞助人在提供赞助之前肯定会考虑此项活动能给自己带来什么样的商业回报，而树立或提高企业或品牌形象是他们首先要考虑的一点。

第三，从特定生活方式角度理解产品的特性。比如，新型包装生产商可能更倾向于赞助为年轻人举办的活动，如流行音乐节等，因为生产厂商希望借此使产品与年轻、追求快乐并喜欢体验新鲜事物的人群建立相关联系。

第四，与分销商建立良好关系。生产厂商都希望与购买或分销自己产品的公司建立更为牢固的关系。为此，厂商可以考虑对某一活动进行赞助，前提是：作为赞助一揽子利益的一部分，厂商可以得到赠券，可以在活动会场搭建自己产品的宣传台，获邀参加特殊庆典等。这些有利条件反过来也可以作用于与分销商们建立牢固的合作关系。

第五，获得销售机会。比如，某家饮料或食品生产厂商为某大型展览会提供赞助，那么它所获得的有利条件可能就是拥有在会展中独家销售其产品的权利。

第六，展示产品特性。会展是一个非常特殊的活动，它能为买卖双方提供直接见面的机会，这样，卖方就可通过在这一平台，充分展示自己产品的特性。

第七，员工奖励与表扬体系的构成。产品生产厂商可以考虑通过赞助体育比赛，为员工安排集体包厢或入场券，以此对员工进行奖励或激励。

第八,保持对某机构的活动表示支持的风范。企业在财力允许的情况下,可以通过赞助一系列慈善活动在社会上树立优秀企业的形象。

知识链接

世界杯上的"中国队"

作为世界第一运动,足球背后涌动着无法估量的巨大商机。相比奥运会,世界杯的广告效应更强,商业价值更高。德勤会计师事务所此前发布的报告显示,足球运动全球年产值超过 5 000 亿美元,是"世界第 17 大经济体"。正因为如此,世界杯成了全球各个行业领导品牌的"高端俱乐部"。

鉴于足球背后的巨大商机,国际足球联合会(FIFA)对世界杯赞助商设立了严格的标准。目前,FIFA 对世界杯赞助商的开发主要分为三级赞助体系,每一个层次有不同的赞助门槛和权限。第一级别是 FIFA 合作伙伴,可以在任何时间任何地点使用 FIFA 及其所有赛事活动商标,且数量极其有限,是全球各大企业的"必争之地";第二级别是 FIFA 世界杯赞助商;第三级别是区域级别赞助商。

2018 年俄罗斯世界杯开赛,在这届与中国时差相对适合的世界杯中,中国企业在世界杯赞助商体系中也迎来"最强阵容",包括万达、蒙牛、海信、VIVO、雅迪、VR 科技公司指点艺境、帝牌共 7 家中国企业现身本届世界杯赞助商队伍,并涵盖从合作伙伴到区域赞助的三级赞助级别,在世界杯赞助体系创数量和赞助金额的新高。

万达此次跻身 FIFA 全球合作伙伴,业内预计其花费或在 1 亿美元以上。万达体育控股相关负责人接受《中国经济周刊》采访时介绍:"万达和 FIFA 的合作时长,签到了 2030 年,这意味着万达将参与未来 4 届世界杯。万达希望借助赞助的机会,把世界杯带到中国来。"万达集团认为,成为 FIFA 顶级合作伙伴,标志着万达拥有了世界体育产业上游顶级的资源,是万达体育产业发展的重大突破。同时,万达国际品牌形象将得到极大提升,加快实现从中国著名品牌到世界著名品牌的跨越。此外,万达认为可借此机会在足球世界杯等重大足球国际赛事的申办中发挥更大作用,提高中国足球在国际足球体系中的话语权。

资料来源:张燕,侯隽,银昕,贾国强. 世界杯上的"中国队"[J]. 中国经济周刊,2018(23).

二、赞助活动的影响因素

目前,赞助已经被越来越多的市场营销人员所认可,与其他更加传统的宣传方法(比如广告、促销)相比,它也越来越多地被用于以达到特定的组织目标为目的的宣传活动中。形成这样一种发展趋势即影响赞助发展的部分原因可以归结为商业环境的发展与变化,包括以下几个方面。

(一)赞助商的赞助愿望

赞助活动只是众多宣传方法中的一种,与广告、促销相比,它的确有一些特殊的作用与效果,但企业在提供赞助时会综合考虑各种因素(如自身的经济实力,是否已赞助了其他活动等),所以赞助商的赞助愿望是影响赞助活动最为重要的因素之一。

(二)赞助活动的知名度与品牌效应

赞助活动是一种商业交易行为,赞助方之所以愿意提供赞助,就是想从赞助活动中得到收益,所以,活动的知名度越高、品牌效应越强,赞助商所获得的收益也就越大。

(三)媒体经营者的数目日益增多

目前,包括付费电视频道、广播电台、专业杂志和网络在内的媒体迅速发展,使企业宣传方式的选择更加多元化,但同时,企业的宣传信息也更难从海量的信息中脱颖而出。鉴于会展的特殊作用,许多企业愿意选择赞助这一方式。

(四)活动经营方式日益商业化

以往人们在组织某些活动时,大多选择独立投资或合伙投资的方式,资金来源有限。随着经营方式的日益商业化,活动组织者越来越体会到赞助方式的魅力,从而推动了赞助活动的发展。

赞助作为一种能够为赞助商提供大量潜在利益的宣传手段,已经在这些有益的环境中获得了迅猛的发展。

三、获取商业赞助的程序

(一)前期调研

虽然大多数活动都可以从赞助中获得收益,但并不是所有的活动都能够成功地获取商业赞助。因此,活动组织者在决定是否需要商业赞助之前,还应考虑以下几个方面的问题:①此次活动是否需要商业赞助,需要多少赞助;②支持这项赞助活动的内部和外部条件是否充足;③商业赞助是否与活动相关;④是否有足够的机构或企业愿意提供赞助。

(二)赞助商的开发

赞助商的开发一般有两种方式,即社会公开方式和内部定向方式。

1.社会公开方式。社会公开方式是指会展组织者以公开的形式向社会各类企业、机构或个人招标,从而获取商业赞助的形式。若采用这种方式,那么会展组织者就应该事先制定出本次活动对各级赞助人(既可以是法人,也可以是自然人)的要求,包括资质标准、赞助金额或实物的多少、获得的商业回报①等。社会公开方式获取赞助具有以下几个显著特点:

(1)支出成本较大。因为会展组织者需要以刊登广告或其他销售方式推销自己的赞助计划,因此资金投入较大。

(2)收益的不确定性很高。这种方式所获得的赞助多少取决于会展活动本身的影响力及其能给赞助人带来的商业回报,因此在一般情况下,只有影响力大、知名度高、信誉良好的会展活动才倾向于以社会公开方式获取赞助。

(3)准备时间较长。以这种方式获取赞助需要制订销售计划并按进展情况安排销售进度,所以它需要的准备时间相对来说会比较长。因此,是否采取这种方式还要取决于会展活动前期准备时间的长短。

2.内部定向方式。内部定向方式是指会展项目有针对性地选择赞助人,通过商业谈判形式获得赞助并给予赞助人一定商业回报的形式。与社会公开方式相比,这种方式具有以下几个特点:

(1)目标的针对性强。采取内部定向方式的会展活动一般是与某个特定行业相关,因此会展组织者可以有针对性地选择行业内部的企业进行商业谈判以获取赞助。赞助商一般为行业内部的龙头企业或有一定资金实力的企业。而作为活动项目主办单位,一般对行业内部的企业都比较了解,可以有效地确定赞助企业的范围并进行有针对性的赞助销售。

(2)投入资金较少。由于这种方式可以有针对性地选择赞助人,因此搜寻成本与交易成本都较低。

(3)准备时间较短。它所针对的目标较明确,无须太多的搜寻时间,因此前期筹备时间较短的会展项目更倾向于采用内部定向的方式。

(4)失败风险较大。这一特点也是由目标的针对性强衍生出来的,因为如果所选定的赞助人不愿意对此次活动提供赞助,而行业内的其他企业又没有实力提供赞助,那么此次活动的赞助计划就可能会失败,也就是说,单纯采用内部定向方式获取赞助可能存在一定的风险。

在实际的会展活动组织过程中,会展组织者可能采取其中的一种方式,也可能采取两种方式的组合来获取商业赞助,但必定是以其中的一种方式为主。至于选

① 赞助人等级不同,赞助的金额、实物和所获得的商业回报自然也会有所不同。

择哪种方式或以哪种方式为主，这要与所举办的会展项目的类型，会展项目的影响力，会展项目的主办机构与社会各界和行业内企业之间的关系，会展活动前期准备时间的长短、成本预算等各种因素都有关系。

（三）编写赞助建议书

赞助建议书是会展组织者编写的一份有关活动具体情况和赞助具体事项的书面材料。活动组织者要利用这份建议书打动赞助商，因此在编写过程中应注意科学性。虽然每次活动需要赞助的情况各有不同，但在赞助建议书中都应详细列明各项支付条款，而且为了避免今后就赞助事宜产生误解，还应要求赞助商在这些支付之外列明需要补充的所有条款。下面所列各项是编制赞助建议书的主要元素：

1.活动的历史说明。一般情况下，历史越久、举办次数越多、知名度越高、信誉越好的活动越容易得到高层次的赞助。

2.赞助商可以得到的收益和此次赞助的特点。这一点是赞助商最为关心的问题，他们之所以愿意提供赞助，看重的就是他们能从展会中得到哪些收益。因此，活动组织者在编写这部分内容时应当尽量详细，并体现出自己的特点以保证对赞助商具有足够的吸引力。

3.赞助商必须接受的财务责任条款。

4.赞助商必须接受的附加责任条款。

5.赞助行为记载的方式。

6.赞助建议书接受的时间和日期。

7.赞助的展期条款。

8.仲裁条款。这一条款是必不可少的，在双方因某些赞助事宜意见不同而发生争执的情况下会用得到。

（四）就赞助事宜与赞助商进行谈判

在确定具体赞助事宜之前赞助双方要就很多问题进行谈判，因此活动组织者应事先做好准备以应对赞助商的要求。

1.深入了解赞助商希望从赞助中获得的收益。

2.若赞助商提出什么要求的话，组织者还能提供哪些额外的要素作为应对措施。

3.列举出那些无法做出让步和妥协的项目以及那些在做出决定前需要最高管理层或其他人批准的事项。

明确了上述事宜，活动组织者就能够做到有备而来，谈判时才会既不失诚意，又不会在原则问题上做出让步。

第二节　会展赞助

一般的会展活动都有赞助收入。因为承办会展活动的单位首先遇到的就是资金问题。那么如何解决承办经费呢？随着会展组织的日益商业化，会展组织者首先考虑的一点就是充分挖掘展会的无形资产，将展会的各项资源加以开发利用，如利用“冠名权”“环境广告”“指定产品”“会中会”“展中展”等吸引赞助商投入资金，但在资源开发、资产利用的过程中一定要注意充分考虑赞助商的利益，合理展现赞助商的品牌形象，开展指导消费的营销活动，以期达到赞助商与接受赞助方双赢的目的。

虽然对会展提供赞助的主体可以是政府、行业协会，但主要的还应当是企业。政府和行业协会的赞助大多是为了扶持会展的发展，而企业的赞助则多是为了提高自身的知名度或显示自身在行业中的实力。因此，作为组展商来说，一方面要积极寻求政府和行业协会的支持，但更为重要的是，要通过营销战略来获得更多企业的支持和赞助。

一、商业赞助的原则与赞助商等级

在寻求赞助的过程中，作为会展组织者，应当对商业赞助的原则以及赞助商的等级做到心中有数，这样在寻求赞助的过程才能做到有的放矢，增强自己与赞助商的谈判能力。

（一）商业赞助的原则

1.品牌对等原则。一般情况下，会展活动与其赞助商在品牌知名度方面都是对等的，知名展会一般都会选择那些大型企业作为自己的赞助商，而小型的展会在选择赞助商时关注的目标与前者就完全不同，比如世博会与某一国内汽车展两者赞助商的类型就完全不同，展会与赞助商要相互借助对方的实力与知名度，达到彰显自身品牌的目标。鉴于此，会展组织者在选择赞助商时一定要正确估计自身实力，选择对等的企业作为自己的赞助商，这样既可以节约精力与财力，而且谈判的成功率也较高。

2.收益不对等原则。等价原则是市场交换行为所应遵循的最一般的原则，但赞助行为却不同，赞助人所赞助的金额与会展活动本身的成本没有必然的关系，而是依靠赞助商对所赞助活动的主观评价以及自己对赞助收益的预期而定的。也许某次会展活动的实际成本支出只有 100 万元，但其品牌效应与无形资产却是巨大的，它能为赞助商带来丰厚的商业回报，因此有许多赞助人愿意提供赞助，会展组织者最后得到的赞助收入会远远超过其支出的成本。

知识链接

2015 上海国际箱包皮具手袋展览会大会赞助商参与方案

一、冠名赞助(限一家)

(一)赞助金额:28 万元人民币

(二)权益

1. 享有本次冠名权;
2. 享有本届现场展位一个(108 平方米);
3. 享有本次论坛参会名额两个;
4. 享有本次大会门票、参观卷、请柬提供封底广告 IP;
5. 开幕现场由主持人鸣谢赞助单位;
6. 大会会刊提供封面/封底背页广告 IP;
7. 会议现场或会议背景幕墙出现冠名单位形象广告;
8. 展会现场提供两个超大双龙拱门、三个带条幅的飘空气球(加标企业名称和商标);
9. 媒体专访赞助单位负责人;
10. 获颁发“大会赞助企业”荣誉书、牌匾、纪念座;
11. 组委会协助赞助单位召开各类新闻/新产品/新技术发布会;
12. 赞助商之宣传资料可附夹在会刊派发或放在报到处和入场证一齐派发。

二、特邀请协办(限两家)

(一)赞助金额:15 万~20 万元人民币

(二)权益

1. 享有本届博览会现场展位一个(72 平方米);
2. 享有本次论坛参会名额两个;
3. 开幕现场由主持人鸣谢赞助单位;
4. 刊内页彩色广告一页;
5. 会议现场或会议背景幕墙出现赞助企业名称;
6. 现场广告祝贺条幅两个;
7. 媒体专访赞助单位负责人;
8. 获颁发“大会赞助企业”荣誉书、牌匾、纪念座。

三、一般赞助

(一)赞助金额:10 万元人民币

(二)权益

1. 享有本届现场展位一个(36 平方米);

2. 享有本次论坛参会名额一个;

3. 开幕现场由主持人鸣谢赞助单位;

4. 会刊内页彩色广告一页;

5. 会议现场或会议背景幕墙出现赞助企业名称。

6. 现场广告祝贺条幅两个;

7. 获颁发"大会赞助企业"荣誉书、牌匾、纪念座。

四、其他赞助

1. 开幕晚宴金额:8 万元人民币。

2. 唯一指定饮用水:3 万元人民币。

五、赞助期限

本届大会名誉权允许企业宣传之用。

六、其他

赞助商如有其他要求,可向大会提出协商。

资料来源:2015 年第十二届上海国际箱包皮具手袋展览会官网(www.cshbox.com)。

3.风险共担原则。通过赞助行为,会展组织者与赞助商两者之间就结成了利益共同体,若会展活动在筹备及举办过程中发生什么意外风险的话,不仅会展组织者会蒙受巨大的损失,同时赞助商的投资也可能换不回任何回报。为避免这种情况发生,赞助商在提供赞助之前会就展会进行全面的调研与评估。而会展组织者正好可以抓住这个机会加大宣传力度,争取与赞助商结成长期合作关系。

(二)商业赞助的分类

在会展项目中,对商业赞助按照不同的标准可以有不同的分类。会展组织者可根据每次会展的实际情况,确定自己的赞助类型。

1.按赞助的内容分。按照赞助的内容划分,商业赞助可以分为现金赞助、实物赞助、现金和实物混合赞助。

现金赞助是商业赞助的主要形式,会展项目的主办方通常按赞助商的赞助金额把赞助商分为不同的等级。

实物赞助也是会展项目中商业赞助的主要形式,赞助商通常以会议设备、展览设备、参观门票、论坛门票、资料袋等实物形式赞助会展项目,有的赞助商还以本企业所生产的产品提供实物赞助。

还有的赞助商既提供现金赞助,也提供实物赞助。

2.按赞助的形式分。按赞助的形式划分,商业赞助可以分为独家赞助和联合赞助。

独家赞助是指只有一个机构或企业对会展项目提供赞助。独家赞助要求赞助企业具有很强的资金实力,能够提供会展项目所需的全部赞助费用。当然,会展活动的主办方也要给独家赞助商以很高的赞助回报。独家赞助商一般是为了显示自身实力并扩大自身影响而斥巨资提供赞助,但由于在实际赞助中,独家赞助商也许不能真正达到赞助的目的,因此,对于赞助商来说,独家赞助风险较大。

联合赞助则是多个企业联合起来对同一会展项目提供赞助。联合赞助中每个企业提供的资金或实物价值相对较少,可以使每个赞助商承担较小的风险。但由于赞助商过多,也会分散会展活动参与者对赞助商的注意力,从而影响赞助回报,甚至会使赞助完全没有回报。

3.按赞助的对象分。按赞助的对象划分,商业赞助可以划分为单项赞助和多项赞助。

单项赞助是指赞助商只对会展项目中某个部分或某个活动提供赞助,如只对参观门票、论坛门票、资料袋提供专项赞助。

多项赞助,顾名思义,即是除了赞助单项活动之外,还对会展项目提供多方面的赞助形式。如同时对会议午餐、晚宴提供多项赞助,再如同时对会议设备、展览设备提供多项赞助,等等。

4.按赞助金额大小或标的物金额大小,赞助可分为特级赞助、一级赞助、二级赞助等。这是会展组织者根据赞助商提供的赞助金额或标的物金额大小划分出的等级,当然等级不同赞助商所获得的商业回报也就不同。而且,不同展会所要求的赞助金额也是不同的,同样赞助 50 万元,对某些展会来说就可以成为一级赞助商,而对于另外一些展会来说可能只是三级赞助商或更低等级的赞助商。

除了以上几种赞助分类,还有很多其他种类的赞助形式,如冠名赞助等。在实际的赞助活动中,由于赞助商情况有所不同,往往都是几种赞助方式组合搭配使用。会展组织者可根据会展的类型、会展活动的影响力、会展组织者与社会各界和行业内企业间的关系、会展活动前期准备时间的长短、成本预算等各种因素,考虑本次会展的实际赞助事宜。

知识链接

2008 年北京奥运会赞助采取等级制

据北京奥组委工作人员介绍,全球范围内的对奥运会的赞助合作分为四个等级:

第一个等级是国际奥委会"钦点"的奥运会的TOP(领头)赞助商,这十几个赞助商都是全球赫赫有名的大企业,如可口可乐、柯达、通用和三星等,中国唯一进入这个名单的企业是联想集团。

在TOP名单之下,是奥运合作伙伴,这是主办国自己能够确定的最高级别的赞助,阿迪达斯即属于这个级别。

其后是一般赞助商,北京2008奥运会的赞助商大约是30~40个。

最后是奥运会特许供应商和经营商。

在奥运合作伙伴全部落实后,奥组委将开始后两个级别的招标工作。

奥组委对赞助商的赞助金额严格保密,但是在企业公布的财务报告中不难找到对某一项事业的赞助费用。按照业内的推测,国际奥委会赞助权的准入门槛是6 000万美元,TOP名单里的企业均在8 000万美元左右。

二、选择赞助商的标准

赞助商要为会展项目提供一定的资金和实物赞助,因此需要赞助商具备一定的资金实力和良好的声誉,并不是什么样的企业想赞助就可以成为展会的赞助商。同时,赞助商的层次和水平也在一定程度上反映了会展项目的质量和层次。所以,并不是只要有机构或企业提供赞助,会展项目的主办机构就会接受。一般来说,会展项目的主办方要根据一定的标准来选择赞助商。

(一)赞助金额大小

企业所报的赞助价格是会展组织者选择赞助企业最重要的考虑因素之一。报价越高,说明该企业的实力越强,越能够为会展项目及时、安全地提供赞助,成为赞助商的可能性也就越大。

(二)企业资质优劣

提供赞助的企业应当是有实力的企业,是行业内的领先企业,具有良好的发展前景,并有充足的资金支付赞助费用。

(三)企业信誉因素

会展组织者在选择赞助商时一定要考虑企业的市场信誉因素,尤其是赞助商将本企业所生产的产品作为赞助物进行赞助时更要认真考虑。赞助企业的信誉不仅能够保证所提供赞助产品的质量,同时也能够反映出会展项目本身的信誉。

(四)市场推广因素

备选企业的市场营销和广告推广方面的计划也是会展组织者考虑的因素之一,完善的营销推广计划彰显了企业在这方面做出的努力,它也是企业实力的代表因素之一。

根据以上这些条件编制出潜在赞助商的名单之后，就应该根据潜在赞助商提供赞助的可能性对他们进行资格分类。对于那些没有兴趣或没有资源为会展活动提供支持的企业，不必与他们过多交涉，以免浪费宝贵的时间和精力。

三、寻找合适赞助商的方法

制定了选择赞助商的标准之后，会展组织者就应该据此标准为自己的会展寻找合适的赞助商。这一工作是一项赞助活动的起始工作。而选择的关键在于找到希望与参加会展活动的观众群（或是观众群中重要的组成群体）接触的企业或者是本次会展活动可以协助其解决某个特定问题的企业。为了找出这些企业，会展活动的组织管理者需要开展一项专门研究。从某种程度上讲，该项研究可与商业发展研究同时进行。

选择潜在赞助者的方法有以下几个：

第一，对企业发布的财务信息进行分析。在这项研究过程中，会展活动的组织管理者还可分辨出那些正在寻求重新定位，拓展、进入新市场或推出新型产品或服务的企业。筛选过程结束后，根据本次会展的性质，有些企业就可能成为目标赞助者。举例来说，一项园艺展览的组织者在调查过程中可能会注意到有一家园艺公司刚刚推出了一套新肥料，如果再能使这家公司相信，本次会展能为公司提高知名度、增加新产品系列销售量提供良机，那么该公司就很有可能成为此次会展活动的实际赞助者。

第二，参阅潜在赞助者的年度报告或通过浏览其网站等方式来提高自己对潜在赞助者的了解。这些资料能够很好地说明某一企业当前所遵循的大政方针，表明他们适合进行什么样的赞助以及是否存在与之签署赞助协议的可能。

第三，关注某企业曾经赞助过的类似活动。这是非常有效的筛选潜在赞助者的方法。为此，会展组织者可以查阅相关活动的计划/宣传材料/网站，或联系负责某些会展活动的组织者以获取直接信息。

筛选出合适的赞助者之后，就要确保对每一个潜在的赞助者进行更加详细的调查。额外信息包括赞助者愿意赞助的会展类型，该企业是否还与特定的事业（如慈善事业等）有关联，在计划周期中何时调配赞助预算（赞助计划书应该先于该时间几个月前送达）。尤其对于最后一条信息，最好直接询问。

确定了赞助者的名单后，会展活动的组织管理者将要面临的问题是应该将针对目标赞助者制作的赞助计划书交给何人。如果在调查目标企业的过程中已经与负责赞助的人员或部门沟通过，那么就可以将计划书直接交给他们。在小型公司里，这个人可能就是其 CEO 或总经理；在中型公司里，一般市场部或公关部经理拥有此问题的决策权;而在大型公司里,负责赞助的部门有可能设置在市场部、公关部或公司事务部。计划书送出后,通常要在适当的时期进行跟踪调查(一般情况下是送出后 3~4 周),以判定其态度(比如有待考虑、审阅中、拒绝、接受),避免频繁打电话而引起对方反感。

四、赞助计划书

组展方根据会展的实际情况和需要,为那些选定的潜在赞助商拟定一份正式的赞助计划书,是一项非常重要的工作。根据吉尔达德和辛克莱(1996)(Geldard & Sinclair 1996)一份正式的赞助计划书必须回答以下三个基本问题:①要求企业赞助什么?②企业通过赞助可以得到什么?③代价是什么?

计划书中对以上几个问题回答的详略,要根据会展活动的实际情况而定,但是有关这些方面的内容还是应该在计划书中加以说明:

- 对本次会展活动的概述。(根据情况可选择)使命,目标,历史,地理位置,现在和以前的赞助者,本次计划举行多长时间,人员,过去或可望达到的媒体新闻报道水平,过去或预期的与会情况,实际的或预计的与会观众情况简介(比如年龄、收入、性别、职业等)。
- 会展周期。几年或几个月举办一届,或只举办一届。
- 双方的战略配合。赞助商一旦为某次展会提供赞助,赞助商与接受者就已经成为利益共同体了,因此,对于会展是否能成功举办,赞助商也非常关心。因此,计划书应站在双方是战略联盟的立场上书写,这样更能激发对方的赞助意愿。
- 接触细节,即双方以什么方式或什么时间进行接触等。在这里会展组织者可提出建议以供赞助商参考。

从以往成功的会展赞助活动来看,要更多地吸引赞助商的眼球,一份好的计划书应该突出以下 6 个特点:

- 强调收益,而不过分强调特点。会展赞助商看重的是他们出资购买的宣传平台能否为其带来预期的回报,比如拓展市场、推销产品或服务,而对于本次活动过于具体的特点却不是非常在意。因此,计划书中要尽量强调赞助商更为关心的内容。
- 注意赞助商的需求,而不是会展组织者的需求。会展组织者寻求赞助的目的大都是为本次会展活动解决资金困难的问题,也就是说,接受赞助一方的需求是资金,这一点应当是不言而喻的,所以,会展组织者没有必要在计划书中反复强调资金需求而忽略了赞助商诸如市场开拓等需求。
- 保证赞助风险最小化。对于赞助商来说,赞助投入也是一笔不小的开支,因此每位赞助商的投资态度都相当谨慎。为此,赞助计划书应该有针对性地打消他们的投资风险顾虑，并为他们描述一幅美好的前景。比如，列出会展为预防风险所做的预案，列举出有影响力的参会媒体、观众以及有名气的联合赞助者名单等，如果是连续举办了多届的会展，还可以列举前几届会展的情况以供参考。这些，都可以在一定程度上降低赞助商对赞助风险的顾虑。

• 挖掘潜在增值价值。会展赞助计划书拟定时，应该强调赞助活动对赞助商增加销售额、提升品牌形象等方面的整体影响，而不应仅关注某一方面的收益或仅在这次会展活动上能获得的收益，忽视了其他方面的收益或赞助商在会展之后的长期收益。

• 包含宣传扩展。赞助所获得的收益有两种：第一种是自动收益，例如张贴在附属物上的标志以及现场的标志等，这些是由赞助交易带来的，不需要赞助商做任何事情。第二种收益来自赞助商通过交易、零售以及销售扩展活动的所得，这些收益包括竞争、兑换（如为赞助商的客户提供免费入场券）以及将利益（如通过招待的方式）传递给零售商使其可在宣传中使用“免费样品”。也就是说，仅仅给赞助商一张直接的收益清单是不够的，计划书中还应该包括“说明菜单”，解释会展组织者如何使赞助商的投资达到收益最大化的目的。

• 根据不同企业的情况制订不同的计划。不同的赞助商是抱着不同的收益预期为会展提供赞助的，因此，他们心目中的收益概念也各不相同。比如，生产瓶装饮料的企业可能对现场的销售机会非常感兴趣，而印刷商则更加关注企业或产品知名度与美誉度的提升。会展期间可供企业提供赞助的活动有研讨会、嘉宾宴会、开幕式、主题展示、评选活动等，可供企业张贴宣传条幅的地方有新闻工作室、贵宾休息室、网络屋、就餐区、穿梭巴士、会展现场等。针对这些活动和地方，会展组织者应根据各企业不同的需求，为其量身定做具有吸引力的计划书。

知识链接

会展提升赞助商形象

在会展举办期间，成功的会展主办机构会组织各类活动，以使会展生动起来，锦上添花。参展企业可以根据需求与会展主办机构事先共同设计一些个性化的赞助活动，增加公司对行业人士的曝光机会，提升形象。

例如，广东鞋业商会和显辉国际展览有限公司于2004年6月在广州主办了第十四届“广州国际鞋类、皮革及工业设备展览会”。在会展期间，意大利一家皮革生产商与主办机构共同策划了“潮流走廊”，以展示意大利皮革及鞋类设计的潮流信息,为该参展企业吸引了不少眼球,同时也为会展增添了许多亮色。

五、提交计划书、谈判与签订合同

接受赞助计划书的企业在审阅完会展组织者提供的计划书之后,会根据自身的情况采取相应的措施,即对赞助事项进行处理。这时,他们会要求会展组织者提供详细信息,建议双方进行谈判,以使赞助条件更好地满足自己的需求,或接受会展组织者的提议。

有些企业由于实力雄厚、信誉良好,会被很多会展视为潜在的赞助者。比如,IBM、可口可乐以及其他世界500强企业会经常收到大量的赞助计划书。会展组织者得到它们赞助的行文原则是:

首先,计划书应提供足够的让企业做出赞助决策的相关信息;

其次,如果这一企业提出会展组织者应遵循的某一个或几个原则的话,会展组织者在考虑实际情况后应做出明确的答复;

最后,会展组织者也可以采用一些小技巧使企业关注其计划书,比如,将方案的简要内容印在漂亮的纸张上,同时提供更完整的方案版本以供其参考。

有时,会展组织者提出的赞助"套餐"计划会让某一企业很感兴趣,但是该企业可能还希望增加或减少一些条款,以使计划进一步符合自己的要求,这时双方就需要进行谈判。这种情况下,会展组织者一定要坚守自己所能接受条件的底线,以此决定谈判进行的程度并在保证赞助商有利可图的前提下努力做到"双赢"(尤其是在寻求多方赞助时),避免做出过多的承诺。

达成协议后,赞助方与会展组织者就需要签订合同。虽然合同可以是口头协议,但通行的商业惯例还是将这些协议订立成书面的形式,以避免双方就协议中存在的利益、成本、支付条款以及双方各自应该承担的责任造成误解。

复习思考题

1.商业赞助有哪些特点?获得商业赞助应遵循哪些程序?

2.会展活动在寻找赞助商时应遵循哪些原则?

3.一份好的赞助计划书应突出哪些特点?你能否再归纳出一些显著的特点?

4.调查一次会展活动,找出赞助方可以得到的潜在收益。赞助方是否可以立即获得全部收益?如果不可以,分析一下原因是什么。

5.参与一项实际的会展活动,并说明自己打算如何为这次活动发掘潜在的赞助者。

6.寻找一个失败的赞助案例,并具体分析其失败的原因。

第九章 会展财务管理

内容提要

会展项目的收入和支出不能同步，会展项目运行过程中需要大量的前期垫付资金，需要会展项目主办者有较强的资金或其他经济实力。能否保证充足的资金流是决定会展项目管理成败的关键因素。通过本章的学习，读者能够清楚地了解会展项目运作过程中的财务预测、财务预算、资金筹措和财务控制等基本财务知识和财务管理方法。

第一节 财务管理的对象和内容

一、会展财务管理的对象

财务管理主要是资金管理，其对象是资金及其流转。资金流转的起点和终点是现金，其他资产都是现金在流转中的转化形式，因此，会展项目财务管理的对象可以说就是现金及其流转。财务管理也会涉及收入、成本和利润问题。从财务管理的观点来看，成本和费用是现金的耗费，收入和利润是现金的来源。

（一）会展的现金流转

现金流转是指项目管理中现金变为非现金资产，非现金资产又变为现金的这种周而复始的流转过程。由于会展项目最终交付的是会展服务，而不是实物产品，所以在会展项目中，现金的流转不仅仅表现为现金和非现金资产之间的转换，更多地表现为资金的耗费，如用现金支付人工成本，租用会展中心，支付营销开支等。这些资金被耗费了，而不是投资形成非现金资产。但这些被耗费的资金要成为制定会展价格的基础，并通过会展产品的出售而得到价值补偿。

在会计记账中有两种记账原则:一种是权责发生制原则;一种是收付实现制原则。一般企业的会计记账都要求遵循权责发生制原则,而会展活动的记账则遵循收付实现制原则。收付实现制可以准确地反映会展项目的现金流动,更能反映会展项目的支付能力;而根据权责发生制记录的数字则能更好地进行财务分析。在会展项目的财务管理中,要结合权责发生制原则来分析根据收付实现制原则所记载的各种收入和支出项目。

根据会展项目时间的长短,可以把现金流转形式划分为短期和长期两种现金流转形式。现金流转的时间在 1 年以上的流转称为长期流转,1 年以下的称为短期流转。与短期现金流转不同的是,长期现金流转涉及固定资产折旧的提取。折旧费是在固定资产使用过程中逐步减少的那部分价值,折旧费与场地租用费、人工费、营销费用等一起共同构成会展的成本,并在出售展位时得到补偿。

(二)会展项目现金流转的平衡

在会展项目中,如果在同一会计期间现金流出量和流入量相等,会展项目不至于因为入不敷出而中断,财务管理工作将大大简化。但在会展项目实际运作过程中,不是收入大于支出,就是支出大于收入,收支平衡的情况极少。而会展项目财务管理的目的就是要使会展项目的现金流不中断。

不同会展项目的现金流转是不一样的。对于一些不以营利为目的的会展项目,主要依靠举办单位拨款或其他企业赞助获得收入,在活动筹备前期已经获得大部分收入。在此类会展项目的前期准备中,现金收入应该是大于现金支出,最后项目是否盈利要看收入和支出的差额。而有些会展项目主要依靠销售展位、收取参会费或提供其他展会服务以获取收入,收入是随着销售的推进而不断增加的,还有大部分收入(如参会费)是在会议举办当期收到的,而大部分费用都要在展会举办之前支付。此类会展项目筹备期的现金收入通常小于支出,最后是否盈利也要看整个会展项目的收入和支出之差。对于在准备前期现金流入大于现金流出的项目,财务管理相对容易;而对于在准备前期现金流入小于现金流出的会展项目,财务管理工作相对困难。

二、会展财务管理的内容

(一)资金的筹集和使用

筹资是指筹集资金,筹资决策所要解决的问题是如何取得会展项目所需要的资金,包括向谁、在什么时候、筹集多少资金。筹资数量的多少要考虑支出的需要。会展项目的主要资金来源渠道有主办单位拨款,展位销售收入和提供服务的收入,赞助收入,捐赠收入,借款,其他形式的收入,等等。无论以何种形式筹集资金都有成本，如获得赞助收入和捐赠收入要给赞助商和捐赠者一定的赞助回报，展位销售收入要为参展商提供一定的服务，借款要支付一定的借款利息。即使是主办单位的拨款没有显性的资金使用成本，但也有机会成本①。会展项目筹资要考虑各种资金的使用成本，确定合理的筹资结构。

资金的使用就是会展项目中的各项支出，各项支出形成了会展项目的各项成本和费用。从会计学的概念进行严格界定，成本和费用有一定的区别。成本一般与所生产的产品直接相关，也称直接成本或生产成本；而费用则通常或者与产品间接相关，或者与一定的会计期间相关，如制造费用、管理费用、财务费用、营业费用等。但从财务管理的角度讲，成本和费用都导致现金流出，在计算利润时都属于收入的减项，因此，本章对成本和费用的概念不做区分。

在资金筹集和使用过程中，要确保现金的正向流动。在会展项目的前期准备过程中，经常会出现现金流出大于现金流入的现象。这就要求会展项目的财务管理通过对资金筹集和使用，确保现金的正向流动。

（二）利润的规划

利润是会展项目的经营成果，是会展项目在经营期内的收入减去成本后的总额。

$$利润=收入-成本$$

财务管理的目标是获得最大利润，而获得最大利润的方法是尽量增加收入，降低成本。

（三）应收应付账款的管理

参展商可能在预订展位时只交一部分定金，余款会隔一段时间支付，也有很多参会者通常是在现场注册时才交纳会务费，这种经营特点决定了会展项目在会展持续期间会有大量的应收账款。另一方面，会展项目通过签订合同的方式把会展服务承包出去，通常也是在签订合同时交纳一小部分定金，而在会展服务提供之前或之后支付剩余款项，在会展项目持续期间这些款项则属于应付账款。从会计学的角度来讲，应收账款属于资产类科目，表示应该收到还没有收到的款项，收到应收账款可以使现金流入增加；应付账款则属于负债类科目，表示应该支付还没有支付的款项，支付应付账款将会使现金支出增加。应收账款和应付账款是影响会展项目现金流动的两个非常重要的因素，为了保证现金的正向流动，会展项目应采取各种方式和手段，加快应收账款的回收，并尽量推迟应付账款的支付。

---

① 机会成本是指一种资源被用于一种目的而不能用于另一种目的的代价。这里所指的主办单位拨款的机会成本是指拨款用于举办会展项目而不能用于其他用途的代价。

第二节　展览会收支项目

会展项目主要包括会议、展览和大型活动，三者之间有着很大区别，收入和支出的具体组成部分也不同，这里主要介绍展览的收支项目。了解收支项目是做财务预测和财务预算的基础。

一、展览会收支项目

（一）展览收入项目

1.展位销售收入。展位销售收入的多少与展位价格和展位数量有关。由于展位价格与所处位置、展位类型等因素有关，因此应该掌握不同展位价格和相应的展位数量。展位销售收入是展览会最主要的收入来源。

2.赞助收入。

3.注册/会议费收入。展览会经常会同期举办会议及相关活动，参加会议和相关活动的注册费用通常是展览会仅次于展位销售收入的第二大收入来源。

4.其他收入。其他收入包括：设备租赁收入，储藏室/休息室租赁收入，搭建、拆卸、修补收费，监督、保安、清洁、能源使用收费，其他各项收入（如停车收费、门票收入、退展费、商业活动收费、电话费等）。

（二）展览支出（费用）

展览会的费用包括固定费用和变动费用，从大的方面来看主要有以下方面：

1.展位销售/赞助销售费用。这主要包括：①营销费用（广告、印刷、邮寄、数据租用、平面设计、代理费用等）；②交通和住宿费用；③电话费；④所有其他销售费用（合同印刷等）。

2.观众营销费用。这主要包括：①数据库费用；②直邮费用（手册、明信片、宣传单、邮资）；③广告费用（广播、电视、印刷、电子、代理费用、设计费用等）；④其他营销费用。

3.展览场馆费用。这主要包括：①场馆租金（会议室、宴会厅等）；②其他所有场馆费用（电话、维护等）。

4.装饰费用。这主要包括：①标志系统；②地毯；③劳动力成本；④视听设备；⑤特殊活动装饰；⑥注册区装饰；⑦其他费用。

5.注册费用。这主要包括：①胸卡；②表格；③注册公司费用；④现场管理费用；⑤注册设备租用；⑥所有其他注册费用。

6.餐饮费用。这主要包括:①场地租金(场馆外);②午餐;③宴会;④招待会;⑤特殊活动。

7.会议论坛费用。这主要包括:①场地租金(场馆外);②演讲费;③酬金谢礼(交通、住宿、每日招待、印刷品、礼物等);④招待费用;⑤视听设备;⑥其他有关的费用。

8.安保费用。这主要包括:①保卫费;②引领费;③设备费;④紧急救护。

9.现场费用。这主要包括:①展览指南(设计、印刷等);②交通(往返巴士、小汽车及豪华轿车的租金);③其他所有现场费用(摄像、设备、复印费用等)。

10.参展商相关费用。这主要包括:①展商资料(手册、印刷、邮资、劳动力等);②展商奖品。

11.杂费。这主要包括:①信封;②外包费用;③保险;④日常邮费;⑤所有其他费用。

12.网站。这主要包括:①网页设计费;②运营费;③维护费。

13.员工工资、佣金、奖金。

14.其他费用。

二、会计科目编码

在进行会展项目财务核算时,应按照收入和支出项目设置相应的会计科目,并为每个会计科目编号,以编制预算并进行会计核算。会展项目尤其是大型的会展项目所涉及的收入和支出项目繁多,设置会计科目并编号可以把内容相近的项目编在一个大类别中,有利于预算的编制和会计核算。在会计中,是通过设置一级、二级和三级会计科目来解决这个问题的。目前,从世界范围来看,还没有关于会展项目的会计科目如何设置的规定,会展项目会计计量具有一定的随意性,而且不同会展项目之间的会计科目也缺乏可比性。

第三节　会展财务预测

一、财务预测

预测是用科学的方法来预计、推测事物发展的趋势,根据已知推测未知,根据过去和现在预测未来。预测是预算的基础,是控制的起点,也是项目管理成败的关键。

财务预测是在一系列特定的情况下对潜在的销售水平、成本水平所作出的估计,是以原始数据为基础做出的。由于预测是根据过去或现在的资料、并采用一定的方法对未来尚未发生的收入和成本做出估计,所以预测具有未知性和不确定性。为使所预测的收入和成本能够尽可能地接近实际可能发生的数额,要求财务预测一定要采用科学合理的成本预测程序和方法。

对预测的理解应该从几个方面入手:

一是预测是对未来事件的预测。

二是预测是在历史数据的基础上做出的。历史数据的收集和整理以及完好的保存对于做好会展项目预测意义重大。但是,根据历史数据进行预测应该注意一个问题,就是历史虽然能够反映未来的发展趋势,但有时未来的发展趋势并不是历史的再现和简单的推移。由于一些特殊事件所造成的销售额的激增或锐减都不能说明未来的发展方向,这就需要在预测时对历史数据进行技术处理。

三是预测结果的不确定性。预测仅仅是对未来事件的一个预计或估计,它不可能精确到和未来事件完全一致,而且,会展项目举办过程会遇到许多不确定因素,如市场的竞争,市场结构的变化,顾客需求的变化,特殊活动的举办等。但是,预测结果的不确定性或者说不完全准确并不意味着预测没有用处,预测是对未来经营发展状况的一个指导,是会展项目管理的基础和前提。

四是预测要遵循一定的程序,并要采用科学合理的方法。

二、预测的程序

预测的程序包括:确定预测目标,收集资料和数据,设计方案,确定预测方法,选择方案,确定预测结果。

第一,确定预测目标。合理确定目标是科学预测的前提和保证,因为只有目标明确,才能按照目标有目的地收集资料,选择合适的预测方法,科学合理地预测。预测目标可分为收入和成本两大类,每一类又包括许多具体的项目。

第二,收集资料和数据。预测不是凭空想象的,而是根据过去和现在客观存在的资料和数据,对未来的收入和成本做出预测。因此,预测是否准确合理,在很大程度上取决于预测所依据的原始资料和数据是否客观和准确,显然,收集资料和数据也是预测的重要环节,而对资料和数据的收集工作也有非常严格的要求。首先,所收集的资料和数据必须准确、客观、全面,这些资料和数据可以通过会计记录、市场调查等渠道或从国家统计部门获得;其次,要对所收集的数据进行一定的加工和处理,尽量使其满足成本预测的需要;最后,还要对加工处理完的资料和数据妥善保存,作为以后修改预测或再预测的参考依据。

第三,确定预测方法。预测方法有多种,有定性预测法,也有定量预测法。定性预测法一般包括专家座谈法、德尔菲法和类推法;定量预测法则包括朴素法、回归分析法、移动平均值法和加权平均法等。

第四,决定预测结果。根据所收集的资料,采用一定的方法,从收入和支出两个方面进行预测。

三、会展预测的内容

(一)会展项目规模预测

会展项目规模预测主要是对参会人数、参展商数量以及展览面积所做的预测。会展项目规模预测是收入和成本预测的基础。会展项目规模的预测需要通过分析历史资料、市场行情、安全环境等资料综合确定。

(二)固定成本和可变成本预测

所有的现金支出最终都形成两大部分的成本:固定成本和可变成本。固定成本是指那些不随参展商和观众人数变化而变化的成本,如项目小组成员的工资、保险费、视听设备租赁费等。可变成本则是指那些随会展活动参加人数的增加而增加的成本,如展位租赁费、注册工本费、活动节目单、印刷费以及其他需要最终确定数量和价格的项目累计费用。会展项目所涉及的费用科目繁多,不同的费用在不同的会展项目中的性质也不一样。

以场地租金为例,对于展览项目来说,会展中心的租金一般随着参展商数量的增加而增加,而对于歌舞表演活动,场地租金则不会随着参加人数的变化而变化。也就是说,场地租金在展览项目中通常属于可变成本,而在歌舞表演活动中则通常属于固定成本。

固定成本和变动成本的划分,主要是用于对会展项目进行利润预测和本量利分析,同时这也有利于成本控制。无论固定成本还是可变成本,都是资金的耗费或者说是资金的流出,是利润的减项。会展项目要实现利润的最大化,就必须要从固定成本和可变成本两方面入手,严格控制成本支出。

(三)盈亏平衡点规模预测

会展项目成本包括固定成本和可变成本。即使没有一个人参加会展活动,没有销售收入,固定成本也是存在的,此时会展项目处于亏损状态。随着参展商和观众数量的增多,会展项目的收入也在增多,同时可变成本也在增大,而固定成本的数额仍然不变。一般来说,单位收入要大于单位变动成本,这是因为二者的差额要弥补固定成本。当会展项目的销售达到一定量时,收入与可变成本之间的差额就能完全弥补固定成本;当销售量继续增长时,会展项目就会有利润产生。上面这个过程就是会展项目的利润规划,而对成本、销量和利润之间关系的分析被称为本量利分析,将三者之间的关系反映在坐标系中,则成为本量利分析图(见图9-1)①。用本量利分析图可以清楚地看出利润为零时的销售量,并可为销售目标的确定提供依据。

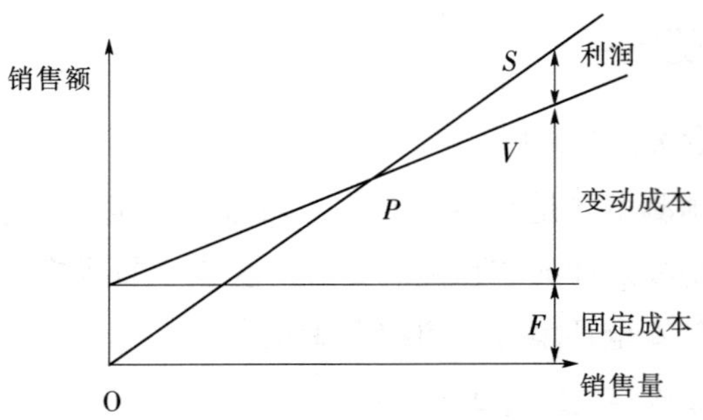

图9-1 本量利分析图

在图9-1中,*F*为固定成本线,*V*为总成本线,*S*为销售收入线。在坐标原点,销售收入为零,总成本为固定成本,亏损额相当于固定成本。在达到*P*点以前,销售收入小于总成本,会展项目依然处于亏损状态。在*P*点,销售收入等于总成本,会展项目不赢利也不亏损,利润为零。当销售量超过*P*点所对应的销售量时,就会获得利润。其中,点*P*被称作盈亏临界点,是指企业收入和成本相等的经营状态,即边际贡献等于固定成本时企业所处的既不赢利又不亏损的状态。在会展项目中,通常用一定的参会人数或参展商数来表示盈亏临界点。

盈亏临界点销售量=固定成本÷单位边际贡献

=固定成本÷(单价-单位变动成本)

(四)收入预测

根据所预测的会展活动的规模以及单位参会、参展费用,就可以预测出会展活动收入。当然,对于会展活动来说,除了注册费、参展费之外,还有许多其他的收入来源。收入预测要综合考虑各个方面的收入来源,力求做出准确的收入预测。

(五)财务风险预测

会展项目尤其是国际性会展项目会涉及大量的外汇收支,而财务风险中表现比较突出的就是外汇风险。外汇风险是由汇率变动所引起的风险。所谓汇率,是

① 本量利分析法主要适用于依靠销售收入为主要收入来源的会展确定利润和销售量。而对于以拨款或赞助、捐赠为主要收入的会展活动,其利润额与活动参与人数没有太大的关系,利润可以通过收入减去成本直接得出。

指两种货币相交换的比例，也可以说是以一种货币来表示另一种货币的价格。从这个意义上来讲，汇率又称外汇价格。例如，1 美元=6.7 元人民币就表示 1 美元的价格是 6.7 元人民币，或者说，1 元人民币的价格等于 0.15 美元。

因为汇率的变动，将导致国际性会展项目既有可能赢利，也有可能遭受损失。究其原因，是由于国际性会展项目的经营必然存在不同币种之间的折算问题。外币的收付（如应收账款、应付账款、货币资金的借入和贷出等）均需与本币进行折算，以结清债权债务并考核经营活动绩效。尤其对会展这类特殊的经济活动来说，从交易的达成到应收账款的最后进账，或应付账款的最终付出，或借贷本息的最后偿付，都存在着一个相对较长的期限。外汇风险就是指因各国货币汇率的变动而导致企业以外币计价的资产和负债价格上涨或下跌的风险。

举例来说，一个美国会展公司与一家英国公司签订合同，为其在英国举办一个公司展会。合同金额是 40 万英镑，所有费用以英镑支付。合同于 6 月 1 日签订，公司展会于 12 月 21 日举办。合同规定英国公司应在 6 月支付合同金额的一半，并在展览会举办前 1 天支付合同金额的另一半。6 月美元和英镑之间的汇率是 1 英镑=1.658 美元。需要说明的是，会展公司为美国公司，该展览会所有的支出以美元表示，共计 50 万美元。如果美元和英镑之间的汇率从 6 月 1 日到 12 月 21 日一直没有变化，那么该美国会展公司不会承担汇率损失。如果在 12 月 21 日之前汇率发生了变化，假设汇率变成了 1 英镑=1.5 美元，那么美国会展公司则会因此受到财务损失。

由此可见，汇率变化给展览会的经营者带来了财务风险。当应收账款以外币计价时，外币升值则财务收益增加，外币贬值则财务收益减少；当应付账款以外币计价时，外币升值财务收益减少，外币贬值则财务收益增加。

第四节　会展财务预算

一、财务预算

（一）财务预算的内涵

财务预算是会展项目全面预算的一部分，它和其他预算联系在一起，形成一个数字相互衔接的整体。预算是计划工作的成果，项目财务预算既是决策的具体化，又是控制整个会展项目进程的重要依据。

财务预算是关于资金筹措和使用的预算，包括短期的现金收支预算、信贷预算以及长期资本支出预算和长期资金筹措预算。会展项目与一般的工业项目有显著的区别:会展项目提供的是会展服务,而不是实在的产品。因此,会展项目的财务预算和一般工业项目有很大的区别。从会展项目财务预算的内容看,主要包括会展项目收入和支出两大部分。

从会计学的角度看,收入是指在会展项目管理过程中所形成的经济利益的总流入,支出(费用)则是指在会展项目管理过程中经济利益的流出,而利润则是收入和支出之间的差额。如果差额为正,说明会展项目获得收益;如果差额为负,则说明会展项目亏损。从收入方面来看,会展项目收入主要包括:拨款收入、展位收入、门票收入、会务费、赞助收入、提供服务收入等几个方面。从支出来看,会展项目支出主要包括会展营销费用、支付给服务承包商的费用、场馆租金等几个方面。

(二)财务预算的作用

财务预算是会展项目控制的重要依据。计划一经确定,就进入了实施阶段,管理工作的重心随即转入控制,即设法使会展项目按照计划进行。控制过程包括会展项目实际状态的计量,实际状态和标准的比较,两者差异的确定和分析以及采取措施调整会展项目的运行状态几个方面。财务预算是控制经济活动的依据和衡量其合理性的标准,当会展项目的实际收支情况与财务预算有了较大的差异时,要查明原因并采取相关措施。

会展项目小组由多个成员组成,而每个成员又来自不同部门,担负不同的责任。会展项目管理是许多人共同劳动的过程,为了对各个成员的工作进行监督和激励,需要对每个成员进行考核。通过考核,对每个成员的工作进行评价,以促使成员更好地工作。作为考核的依据,预算要比过去的实际效果更好,因为超过上年或历史最高水平,只能说明有所进步,而不能说明这种进步已经达到什么程度;而财务预算则是根据目前的客观实际情况制定的要达到的财务目标或标准。当然,由于会展业属于敏感性行业,容易受外界的政治、经济和自然环境的影响,具有很大的不确定性,由于客观条件的变化,收入的减少或支出的增加并不一定是由于会展项目管理人员失职造成的,但在相对平稳的条件下,制定财务预算却是考核会展项目经济成果的重要手段。

为了使财务预算发挥作用,除了要编制高质量的预算,还应该制定合理的预算管理制度,包括预算程序,修改预算的办法,预算执行情况的分析方法,调查和奖惩办法等。

二、会展财务预算

会展项目主要包括会议、展览和大型活动，这三者之间有很大的区别，收入和支出的具体组成部分也不同，这里主要介绍展览的预算。财务预算是以收付实现制原则为基础，预算内容主要包括现金收入、现金支出、现金多余或现金不足，以及不足部分的筹措方案和多余部分的利用方案等。

会展项目一般要持续一段时间，在会展项目持续期间，现金的收入和支出流之间要保持一个合理的比例才不至于使现金流中断，从而保证会展项目顺利进行。因此，在进行会展项目的财务预算工作时，要预计各项收入和支出在不同月份、季度或年份的数额，尽可能做出更详细的预算，并以此作为财务控制的依据。

编制会展项目财务预算时，应按照收入和支出项目分别设置相应的会计科目，并为每个会计科目编号，以编制预算并进行会计核算。会展项目尤其是大型的会展项目所涉及的收入和支出项目繁多，设置会计科目并编号，可以把内容相近的项目编在一个大类别中，有利于预算的编制和会计核算。在会计工作中是通过设置一级、二级和三级会计科目来解决这个问题。目前，从世界范围来看，还没有一部关于会展项目的会计法规，会展项目会计计量具有一定的随意性，而且不同会展项目之间的会计科目也缺乏可比性。

（一）展览收入预算

展览收入预算一般包括以下内容：①展位租金；②设备租赁；③讨论会入场费，专业会议费，储藏室/休息室收费，搭建、拆卸、修补收费，其他参展商人员收费，监督、保安、清洁、能源使用收费，广告服务（如产品目录）等；④其他服务专用拨款；⑤其他收入（如停车收费，节目/目录销售收入，门票佣金，退展费，商业活动收费，电话费）。

（二）展览支出（费用）预算

展览项目的费用包括固定费用和变动费用，一般包括以下内容：①市场和销售开发项目管理成本；②广告开支；③媒体开支；④礼仪开支；⑤资料编辑、印刷开支；⑥调研开支；⑦现场支持服务（如专门服务、技术活动支持服务、业务支持服务、其他服务收费）。

知识链接

中国国际建筑艺术双年展财务预算

一、收入预算

(一)展位收入

1.标准展位(3 米×3 米)　800 个×15 000 元/个=1 200 万元

2.光地(≤36 平方米)　1 500 元/平方米×8 200 平方米=1 230 万元

(二)参展单位、人员费用收入

1.参展人员注册费　4 800 人×5 000 元/人=2 400 万元

2.论坛、专题报告参会费(3 场)　3×500 人×1 800 元=270 万元

3.参评单位报名费　350 单位×8 000 元/单位=280 万元

(三)协办单位收费(10 家,每家 50 万元)　500 万元

(四)赞助费(10 家企业,每家 100 万元)　1 000 万元

(五)受委托“特别展位装配”工程收入　200 万元

(六)合计　7 080 万元

(七)广告收入另计

(八)会展项目引申效益:建立经济实体

1.建立国际性、权威性的建筑艺术设计平台,经营先进的设计理念。

2.建立建筑业产业链的配套经济实体,打造生态建筑艺术实业的世界级品牌。

3.建立新材料、新营造技术推广中心。

二、支出预算

(一)前期费用　35 万元

(二)办公费用(按 35 位工作人员,16 个月计算)　248.2 万元

1.房租(360 平方米)　51.2 万元

2.通信(电话、电信、邮件等)　28 万元

3.印刷品(信函纸、信封、文件等)　23 万元

4.接待费用(用于内外宾的吃、住、行;按内外宾各 20 人计)　60 万元

5.办公人员津贴(平均 1 000 元/人·月)　56 万元

6.调研、差旅(国际、国内)　30 万元

(三)学术会议、专题报告会(设 5 场)　75 万元

(四)评奖活动(3 个系列奖及奖金)　150 万元

(五)展场地租用(21 000 平方米)及租用设备、外埠展品运输、仓储、水、电等

综合费 1 680 万元

(六)由组委会负责的特别装配区(3 000 平方米) 450 万元

(七)国际大师的展品包装运输(往返) 90 万元

(八)新闻发布会(场地、餐费、与会的专家、学者、记者等) 20 万元

(九)宣传费用 50 万元

1.中央电视台、地方台各类宣传、论坛

2.中央电视台、北京电视台各类报道

3.设计、印刷、请柬、海报、证书等的制作

(十)拍卖活动 55 万元

1.进口建材的代理权

2.家具

3.建筑艺术品

(十一)纪念册、光盘(中、英文版) 66 万元

(十二)广告的设计及制作 32 万元

(十三)合计 2 945.2 万元

三、小结

中国国际建筑艺术双年展会展目标利润 4 000 万~6 000 万元人民币,为保守概算。

三、弹性预算

由于预算是以预测为基础,而预测的数字又不完全准确,和实际的数字总会有或多或少的差额,所以预算要有一定的幅度,即实行弹性预算。弹性预算的主要用途是作为控制成本支出的工具。在计划期开始时,弹性预算提供控制成本所需要的依据;在计划期结束后,弹性预算可用于评价和考核实际成本。

第一,控制支出。由于成本一旦支出就不可挽回,只有事先提出成本限额,使有关人员在限额内使用资源,才能有效地控制支出。鉴于预算是对将来活动成本的大概估算,不可能十分准确,因此,实行弹性预算可以给每项成本支出一定的浮动量,只要支出不超过预算的浮动范围,就说明实际的结果和预算是相符的。

第二,评价和考核成本,控制业绩。会展项目结束后,需要编制成本控制情况的报告,对每项成本预算执行情况进行评价和考核。

第五节　会展的资金筹集

一、资金的筹集

资金筹集就是通过各种渠道获得现金，对于会展项目来说是正向的资金流动，所筹集的资金是会展项目的主要收入来源。会展项目的主要收入来源一般包括主办机构的拨款收入，销售展位和提供服务的收入以及赞助收入。其中，拨款收入属于主办机构根据所要举办的会展活动自愿拨付的款项，销售展位和提供服务收入属于会展项目正常的经营收入，而赞助收入则属于会展项目为获得更多的收入来源，通过市场渠道而筹集的资金，所能筹集赞助收入的多少具有不确定性，需要进行策划组织，以获得更多的赞助收入。

随着会展活动的发展，越来越多的会展项目以赞助收入为其主要收入来源，所以，对于会展项目来说，能否获得更多的赞助收入，是决定其最终能否获利的重要因素。除了赞助收入之外，会展项目还可以通过其他市场开发形式筹集资金，尤其在一些大型活动或节庆活动中更是如此。

由于会展活动前期现金流出大于现金流入，为了不至于使现金流中断而无法继续进行会展项目的运营，在会展项目无从获得其他现金流入时也可以考虑负债筹资。负债筹资是一般企业的主要筹资方式，目前会展项目使用负债筹资的还很少，但负债筹资确实是一种重要的筹资方式，在会展项目现金流受到威胁时，也可以考虑通过短期负债或长期负债获得现金流入。

关于会展赞助，本书第八章已有详细讨论，这里再谈一谈除商业赞助之外的市场开发和负债两种筹资方式。

二、市场开发

市场开发行为是指以会展项目的标志、名称、形象等所有知识产权的转让为条件而获得资金、物资、技术和服务的行为。市场开发是大型活动尤其是体育比赛的重要收入来源，奥运会就是一个很好的例子。

以 2008 年北京奥运会为例。根据申办预算，奥运会举办经费为16.25亿美元，除中央政府和地方政府提供少量补贴外，其中 80%以上的经费要通过市场开发实现。组委会的市场开发行为是指以北京 2008 年奥运会的标志、名称、形象等所有知识产权的转让为条件而获得资金、物资、技术和服务的行为。市场开发收入来自以下 8 个方面:①电视转播权收入;②赞助收入(TOP 计划和国内赞助);③供应商收入;④捐赠收入;⑤特许经营收入(生产和零售);⑥邮品纪念币收入;⑦主题文化活动(火炬接力等)收入;⑧票务收入。

需要说明的是,在北京奥运会的市场开发项目中,赞助收入也包括在其中。另外,捐赠收入也是一个非常重要的项目。与赞助不同的是,捐赠人通常并不要求商业回报,但从实际的运作情况来看,捐赠人往往会获得很多与赞助同样的回报。

三、负债筹资

一般意义上的负债筹资既包括借款筹资,也包括发行债券筹资,还包括以商业信用形式获得短期资金使用权的筹资。商业信用是指在交易中由于延期付款和预收账款所形成的企业间的借贷关系。商业信用产生于商品交换之中,是所谓的“自发性筹资”。商业信用在会展项目中运用广泛,在筹资中占有相当大的比例,具体形式有应付账款、应付票据、预收账款等。商业信用筹资最大的优越性在于容易取得,因为在会展项目的收支项目中会自发地形成很多应付账款、应付票据、预收账款等项目,而且不像赞助和捐赠等方式需要办理正式的筹资手续。另外,如果没有现金折扣或使用不带息的商业票据,商业信用还不用负担成本。因此,作为会展项目,应该充分利用商业信用这种筹资方式。

另外,还可以通过长短期借款的形式筹资。借款一般是指向银行或其他金融机构借入的资金。按照时间的长短可以划分为长期和短期,使用期限在 1 年以上的资金称为长期借款,而使用期限在 1 年以下的称为短期借款。在会展项目向银行借入短期借款时,银行一般会有一些信用条件。如,补偿性余额的条件是指银行要求借款企业在银行中保持按贷款限额或实际借用额一定百分比(一般为 10%~20%)的最低存款余额;再如,银行向财务风险较大的项目或信誉不太有把握的项目发放贷款时需要有抵押品担保,以减少自己蒙受损失的风险;而对长期借款,则会有一些保护性条款,如贷款专款专用,借款期间要定期向银行提交财务报表等。

由于会展项目的现金流一般较为充足,而借用短期和长期借款又要承担一定的成本,因此目前在会展项目中,用短期或长期借款的方式筹资还不普遍,但其毕竟是会展项目资金来源的一个渠道,尤其是短期借款,可以解决会展项目对资金的临时性需要。

第六节　会展成本控制

一、成本控制的内涵

项目成本控制是指在项目实施过程中依据项目成本预算,努力将项目实际成本控制在项目预算范围之内的管理工作。简单地说,就是通过开源和节流,使项目的净现金流(现金流入减去现金流出)最大化。开源是增大项目的现金流入,节流是控制项目的现金流出。在会展项目准备期,开源一方面表现为扩大项目筹资渠道,保证项目能够筹集足够的资金,另一方面表现为增加项目收入;节流则一方面表现为使融资成本或代价最低,最节省地实现项目的必要功能,另一方面则表现为控制项目的经营成本。

成本管理的现金流分析所采用的数据,大都来自估算和预测,具有一定的不确定性,可能造成项目的现金流入减少或现金流出增加。不确定性成本管理或风险成本管理已成为我国项目管理中的弱项,也是很多商业银行贷款最关心的问题。但即使是专业的咨询公司或项目管理公司,其分析手段目前大多也只停留在简单的本量利分析和敏感性分析阶段,而能否有效实行成本控制,是会展项目能否最终获利的决定性因素。因此,加强会展项目成本控制是会展项目管理的重要内容。

二、成本控制的原则

为了有效地控制成本,会展项目成本控制应遵循如下原则。

(一)全面性原则

全面性原则是指对成本实行全过程和全员控制。全面性原则包括全过程成本控制原则和全员成本控制原则。全过程成本控制是指会展项目成本控制不只发生在财务过程,而且要发生在整个项目运作过程之中。全员成本控制原则认为,成本是一项综合性指标,反映项目组所有成员的工作实绩。要想降低成本,提高项目的经济效益,必须充分调动所有成员“控制成本,关心降低成本”的积极性和参与成本管理的意识。在设置成本控制的专职机构或配备专业成本控制人员的同时,必须充分注意发动广大职工人人参加成本控制活动,在加强专业成本管理的基础上,要求人人、事事、时时都按定额标准或成本目标实行成本控制。

(二)效益原则

成本控制的效益原则,就是在成本控制过程中正确处理成本、产品服务质量、产品服务价格三者的关系,以提高效益为原则。

(三)例外管理原则

项目成本控制主要是通过对各种成本差异进行分析研究,及时发现问题,挖掘降低成本的潜力,提出改进工作和纠正缺点的措施。但实际上,项目出现的成本差异往往千头万绪,管理人员不可能将全部时间和精力都用于每一个发生成本差异的因素的分析和研究上。为了提高成本控制的效率,管理人员会把工作重点放在那些属于不正常的不符合常规的关键性差异上,对它们追根求源,查明发生的原因,并及时反馈给有关责任中心,以便迅速采取有效措施,消除这些不正常差异。这就是项目成本控制中的例外管理原则。

(四)统一原则

成本控制的统一原则,就是在成本控制中切实贯彻国家统一的经济政策,严格遵守国家统一的财经法规,认真运用统一规定的方法,正确处理企业与投资者,企业与企业,企业与职工,企业与消费者之间的经济利益关系。这是我国社会主义企业成本控制的一条十分重要的原则,是统一的社会主义市场经济管理的客观要求。

三、会展成本控制的程序

(一)建立成本中心或费用中心

根据会展项目经营的特点,把整个项目过程分为成本中心或费用中心,每一个中心都是成本责任单位,每一个中心都要为自己的费用开支负责。

(二)制定标准成本

标准成本是通过精确的调查、分析与技术测定而制定的用来评价实际成本、衡量工作效率的一种预计成本。在标准成本中,基本排除了不应该发生的“浪费”,因此被认为是一种“应该成本”。标准成本是成本控制的基准,会展项目成本控制主要是通过实际发生的成本与标准成本相比较来监督成本控制情况。如果实际发生成本大于标准成本,说明出现了超支;如果实际发生成本小于标准成本,说明项目成本出现了节约。为了更好地实现项目成本控制,所制定的标准成本必须客观、准确。

(三)标准成本的差异分析

标准成本是一种目标成本,由于种种原因,产品的实际成本会与目标成本不符。实际成本与标准成本之间的差额,称为标准成本的差异,或称为成本差异(见表9-1)。成本差异是反映实际成本脱离预定目标程度的信息。为了消除这种偏差,要对产生的成本差异进行分析,找出原因和对策,以便采取措施加以纠正。

表 9-1　标准成本的差异分析

支出项目	实际成本	预算成本	差异额	差异率
营销支出				
展览场地租赁费				
会展项目管理费				
提供各种服务费				
其他费用				
费用总计				

发生偏差的原因很多,可以分三类:①执行人的原因,包括过错,没经验,技术水平低,责任心差,不协作等;②目标不合理,包括原来制定的目标过高或过低,或者情况变化使目标不再适用等;③实际成本核算有问题,包括数据的记录、加工和汇总有错误,故意制造等。只有通过调查研究,才能找到具体原因,并针对原因采取纠正行动。

(四)奖励与惩罚

奖励是对超额完成成本控制行为的回报,是表示赞许的一种方式,惩罚是对不符合期望的行为的回报。

(五)纠正偏差

纠正偏差是成本控制系统的目的,是各责任中心主管人员的主要职责。如果成本控制的标准健全并且适当,则产生偏差的操作环节和责任人在标准中已经指明,评价和考核也是按这些标准进行。具有责任心和管理才能的称职人员就能够通过调查研究找出具体原因,并有针对性地采取纠正措施。

(六)编制成本控制报告

成本控制报告是成本控制的最终结果,主要内容是关于实际成本的资料,控制目标的资料以及两者之间的差异和原因。报告的内容应与其责任范围一致,报告的列示要简明、清晰、实用。

复习思考题

1.会展财务管理主要包括哪些内容?

2.一个展览主要有哪些收入和支出项目?

3.会展资金筹集主要来源于哪些渠道?

4.弹性预算对于会展财务来说有什么重要意义?

5.试对自己策划的一个会展做出财务预算。

第十章 会展供应商管理

内容提要

本章从论述供应商及供应商管理入手，分析了会展行业会涉及哪些供应商、供应商选择、供应商分类、会展企业对供应商的评价指标、会展企业供应商开发的原则和步骤、会展企业供应商管理等内容。

第一节 会展供应商及供应商管理

一、供应商与供应商管理

供应商是指那些向买方提供产品或服务并收取相应数量的货币作为报酬的实体。会展供应商既可以是生产型企业，也可以是流通、服务型企业。会展供应商的表现在很大程度上决定了供应链中的实体企业对社会的服务质量，同时，企业要维持正常的生产运营，就必须保证有一批可靠的供应商为其产品提供必需的物资供应。

供应商管理是指企业的物资供应部门以经济效益为目的，对企业需用物资的供应厂商进行选择、考核、评比并不断优化的动态管理过程。长期以来，由于交易内容简单，买卖双方的交易关系钱货两讫时就基本结束，供应商管理没有被人们提上议事日程。但随着经济的不断发展以及产业链的不断延伸，供应商管理越来越受到企业的重视。

供应商是企业第一战略资源，企业供应链质量的好坏直接影响着企业今后的发展及壮大，建立适应本公司的供应商管理制度是一项非常重要并且非常艰巨的工作，企业供应商资源的质量尤其是战略物资供应商资源的质量，对公司在高速发展的社会中能否经得起冲击起着至关重要的作用。

二、做好供应商管理对企业的基本要求

(一)建立与供应商的新型合作关系

建立与供应商的新型合作关系是供应商管理的核心,也是其灵魂所在。采购方、供应方是同一供应链上的两个节点成员。作为同一链上的成员,在考虑自身利益并保证自己的合理利润的同时,也要兼顾其他成员的利益。这不仅是谋求双方共同发展的长久之计,同时也是解决短期利益与长期利益间矛盾的有效方法,而且也符合财务管理中的双方竞争原则。传统模式强调最低价格、产品规格导向、短期效应、避免麻烦、因此双方信息几乎不沟通;而合作伙伴关系则强调总采购成本、最终用户导向、长期效应、机会最大化、共享信息资源、利益共享、风险共担。

(二)应用 ABC 分类管理方法

意大利经济学家巴雷特提出,人们在研究经济管理对象时,普遍存在着“关键的少数和次要的多数”现象,这就要求管理者根据实际需要,对管理对象进行分类,并排列 ABC 分析表。在资源有限的情况下,作用力应该放在起关键作用的因素上,加强管理的针对性,提高管理效率。根据这一管理思想,管理者应该对供应商的重要性进行分析,找出少数供应商进行重点管理。一般情况下,A、B、C 类供应商占总供应商数量的比例与物资价值占总采购物资价值的比例如表 10-1所示。

表 10-1 供应商应用 ABC 分类管理的办法

类 别	供应商占总供应商数量的比例(%)	物资价值占总采购物资价值的比例(%)
A 类	10	60~70
B 类	20	20
C 类	70	10~20

在保证供应方面,对这三类供应商的要求是一致的,但 A 类为公司提供重要物资的供应商数量少,占用的资金却非常多,对其加强管理,是降低采购成本的潜力所在。所以,要对他们要投入主要精力,进行重点管理,同时,对 A 类供应商提供的物资必须选择最佳的订货批量,尽可能缩短进货间隔时间,确定合理的储备期与储备量。而对于 B,C 类供应商,因其提供的物资价值比重小、数量少,它们不是降低采购成本的重点,可作一般管理。

三、建立阶段性评价体系

阶段连续性评价的方式是对供应进行管理的一种非常有效的方式,这种方法

是将供应商评价体系分为供应商进入评价,运行评价,供应商问题辅导,改进评价及供应商战略伙伴关系评价几个方面。供应商的选择不仅仅是入围资格的选择,而且是一个连续的可累计的选择过程。

建立供应商进入评价体系,首先需要对供应商管理体系、资源管理与采购、产品实现、设计开发、生产运作、测量控制和分析改进七个方面进行现场评审和综合分析评分。对以上各项的满意程度按照从不具备要求到完全符合要求且结果令人满意,分为5个分数段(0~100分区间),根据各分项要素计算平均得分。如80分以上为体系合格供应商,50~79分为需讨论视具体情况再定的持续考核供应商,50分以下为体系不合格供应商。合格的供应商进入公司级的AVL(Approved Vendor List,批准的售主名单)维护体系。

建立供应商运行评价体系,一般采取日常业绩跟踪和阶段性评比的方法。采取QSTP加权标准,即供货质量(Quality,35%评分比重)、供货服务(Service,25%评分比重)、技术考核(Technology,10%评分比重)、价格(Price,30%评分比重)。根据有关业绩的跟踪记录,按季对供应商的表现进行综合考核。年度考核则按照供应商进入AVL体系的时间进行全面评价。

供应商问题的辅导和改进工作,是通过专项专组辅导和结果跟踪的方法实现的。采购中心设有货源开发组,根据所负责采购物料的特性,还可把货源开发组员分为几个小组,如板卡组、机械外设组、器件组、包装组等,该小组的工作职责之一就是对供应商进行辅导和跟进。

供应商战略伙伴关系评价是通过供应商的进入和过程管理,对供应商的合作战略采取分类管理的办法。采购中心收集到的信息,由专门的商务组分析讨论,确定有关建立长期合作伙伴的关系评估,提交专门的战略小组进行分析。伙伴关系不是一个全方位、全功能的通用策略,而是一个选择性战略。是否实施伙伴关系和什么时间实施伙伴关系,要进行全面的风险和成本分析。

阶段性评价体系的特点是流程透明化和操作公开化,所有流程的建立、修订和发布都通过一定的控制程序进行,以保证相对的稳定性,而且,评价指标应尽可能量化,以减少主观因素的干扰。

四、选择供应商的原则

对于大多数企业来说,供应商的选择是一件非常困难的事情,但制定了供应商选择的原则后,问题就很容易解决了。以下就是在选择供应商时应遵循的十个原则:

（一）总原则

总原则是全面、具体、客观。建立和使用一个全面的供应商综合评价指标体系，对供应商做出全面、具体、客观的评价。要综合考虑供应商的业绩、设备管理、人力资源开发、质量控制、成本控制、技术开发、用户满意度、交货协议等方面可能影响供应链合作关系的方面。

（二）具体原则

1.系统全面性原则。全面系统评价体系的建立和使用。

2.简明科学性原则。供应商评价和选择步骤、选择过程透明化、制度化和科学化。

3.稳定可比性原则。评估体系应该稳定运作，标准统一，减少主观因素的干扰。

4.灵活可操作性原则。不同行业、企业、产品需求和环境下的供应商评价应该不一样，要保持一定的灵活性与可操作性。

5."门当户对"原则。供应商的规模和层次应与采购商相当。这一原则体现的是一种对等管理思想，它和"近朱者赤"的合作理论并不矛盾。在非垄断性货源的供应市场上，由于供应商的管理水平和供应链管理实施的深入程度不同，应该优先考虑规模、层次相当的供应商。不一定行业老大就一定是首选的供应商，如果双方规模差异过大，采购比例在供应商总产值中所占的比例过小，采购商往往在生产排期、售后服务等方面不能尽如人意。

6.半数比例原则。从供应商风险评估的角度，半数比例原则要求购买数量不能超过供应商生产能力的50%。如果仅由一家供应商负责100%的供货和100%的成本分摊，则采购商风险较大，因为一旦该供应商出现问题，势必影响整个供应链的正常运行。不仅如此，如果采购商对某些供应材料或产品有依赖性，还要考虑地域风险。

7.供应源数量控制原则。供应源数量控制原则要求实际供货的供应商数量不能太多，同类物料的供应商数量最好保持在2~3家，并要有主次供应商之分。这样可以降低管理成本，提高管理效果，保证供应的稳定性。

8.供应链战略原则。采购商与供应商建立信任、合作、开放性交流的供应链长期合作关系，必须首先分析市场竞争环境，通过分析现有的产品需求、产品的类型和特征，确认是否有建立供应链合作关系的必要。对于公开和充分竞争的供应商市场，可以采取多家比价，控制数量和择优入围的原则；而在只有几家供应商可供选择的有限竞争的市场和垄断货源的独家供应市场，采购商则需要采取战略合作的原则，以获得更好的品质，更紧密的伙伴关系，更好的生产排期，更低的成本和更多的支持。对于实施战略性长期伙伴关系的供应商,可以签订“一揽子协议/合同”。在建立供应链合作关系之后,还要根据需求的变化,确认供应链合作关系是否也要相应地变化。一旦发现某个供应商出现问题,应及时调整供应链战略。

供应链战略管理还体现在另一个方面:认真分析和处理近期目标和长期目标,短期利益和长远利益的关系。采购商从长远目标和长远利益出发,可能会选择某些表面上看似苛刻、昂贵的供应商,但实际上这是放弃了短期利益,主动选择了一个由优秀元素组成的供应链。

9.不断更新原则。评估的指标、标准以及评估的工具与技术都需要不断地更新。

第二节　会展企业供应商管理

一、会展企业供应商种类

会展业是一个具有很强的产业带动性和产业关联性的产业,一个会展产品是由众多相互联系的企业共同提供的。会展组织者为了给参展商和观众提供优质的展览产品,必须把众多的会展服务提供商组织在一起,形成联合经销商,共同开展合作。

展览会的供应商为数众多,其中主要包括:①广告代理商;②政府代理机构;③专业广告供应商;④酒店;⑤娱乐游戏供应商;⑥保险经纪人和承销商;⑦邀请函设计师;⑧视听设备供应商;⑨律师;⑩气球供应商;⑪灯光照明供应商;⑫食品供应商;⑬印刷商;⑭装饰装潢师;⑮公关咨询师;⑯娱乐供应商;⑰烟火设计师;⑱保安公司;⑲特技效果供应商;⑳旗帜供应商;㉑急救公司;㉒交通运输公司;㉓鲜花供应商;㉔停车服务供应商;㉕集会场所租赁商。

表10-2是展会所需的资源及供应渠道举例。

表10-2　展会所需资源及供应渠道

资源种类	示例	供应渠道
资金	启动资金、应急资金	投资人、信贷、赞助商
人员	志愿者、职员、经销商	大会和参观者管理局、目标管理公司、中小学、学院、公司、公共关系、活动、组织、同行、广告

续表

资源种类	示例	供应渠道
有形资产	交通运输、集会场所、食品备办	目标管理公司、中小学，地区、食品备办商、大会和参观者管理局
技术	软件、硬件	因特网、行业组织
时间	日程进度表	日程进度表软件、代表团战略和战术

知识链接

展览会装潢服务商

根据美国灰狗展览服务公司的经验，在展览会的装潢服务中，至少有以下11个方面的问题需要展会供应商的技术背景和实际经验来予以解决：

1.展览会（特别是与会议配套的小型展览）的整体布局形象；

2.供排水管道的设置数量和位置；

3.电力供应的负荷；

4.露天展览场地与风力的关系；

5.搭建展位的工作量安排；

6.布展和撤展的时间安排和衔接；

7.展览期间和撤展后的场地清洁；

8.重型设备的放置与地面承载力的关系；

9.起重机和吊机的工作条件；

10.装运货场的控制和装运工具；

11.车辆的调集，等等。

二、会展供应商分类

确定供应商类型，是为了满足会展企业实际工作中根据不同的展览需求选择不同供应商的需要，是降低采购的综合成本的有效方法。不同类型的会展供应商在产品质量、价格、服务、技术水平等方面存在着很大的差距。会展需求不同，综合成本也会有很大的不同。对不同类型的供应商采取不同的合作策略，有利于在保证企业对产品需求的前提下，实现综合成本最低。对供应商进行分类，再在不同类型的供应商中择优挑选，这是供应商管理策略的基础和前提。

根据会展业务对供应商和会展企业影响程度的不同，供应商可分为重点型、伙伴型、普通型和优先型四种类型（见图 10-1）。

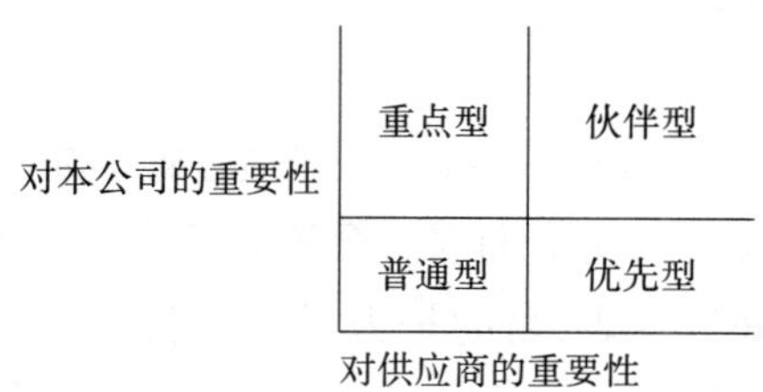

图 10-1　供应商类型矩阵

（一）伙伴型供应商

伙伴型供应商指的是会展企业的采购业务对它们来说非常重要，同时该采购业务实际上对于会展企业也很重要的供应商，供应商与会展企业双方都有合作的愿望和要求。这种供应商可称之为伙伴型供应商。

（二）优先型供应商

优先型供应商指的是会展企业的采购业务对其生存发展极为重要，但该采购业务对会展企业来说却并不十分重要的供应商，这样的供应商显然非常有利于会展企业。会展企业与这样的供应商合作具有更大的谈判优势，可以掌握更多的主动权。这种供应商可称之为优先型供应商。

（三）重点型供应商

如果供应商认为会展企业的采购业务对他们来说无关紧要，但该采购业务对会展企业来说却必不可少，这样的供应商需要会展企业重点经营、跟进，可称之为重点型供应商。

（四）普通型供应商

如果会展企业的采购业务对供应商以及会展企业来说都不很重要，会展企业可以在市场上很方便地选择到相应的供应商，那么这种类型的供应商就是普通型供应商。

三、会展企业对于供应商的评价指标

企业对于供应商的评价指标有很多，由于行业不同，企业情况不同，会展企业各自所确立的评价重点也不相同。下面所列举的是会展企业在选择供应商时应该考虑的一些一般性指标：

• 产品（包括服务）质量指标。供应商所提供产品质量的优劣，往往关系到会展企业的切身利益,所以产品质量指标往往是居于第一位的考虑因素。

• 价格与折扣指标。在满足会展企业所要求的质量的前提下,供应商所提供的价格与折扣指标对企业的利润也会产生重大影响。

• 交货期指标。

交货期指标(天数/小时数)=实际交货日期-规定交货日期

它衡量的是供应商履行的交货期限。会展企业在每次活动开展之前,都会制定相当严格的计划与时间进程表,目的是为了保证会展活动的顺利进行。而如果在供应商这一环节出现了供货延期情况,将会影响整个会展活动的进程,甚至使会展活动无法进行下去。

• 交货水平指标。

交货水平指标=按期交货次数÷总交货次数

交货时间的准确性是衡量供应商服务质量的重要方面,因此,会展企业对供应商建立相应的交货水平指标也很重要。

• 满足程度指标。

满足程度指标=供应商能够满足的订货数量÷供应商总的订货数量

这一指标越高,说明供应商的生产水平越强,对于会展企业需求的满足程度也就越高。

• 可靠性。这一指标指的是供应商的信誉。在选择供应商时,应该选择那些有较高声誉、经营稳定以及财务状况良好的供应商。同时,双方应该相互信任,讲究信誉,并把这种关系保持下去。

• 售后服务。供应商必须具有优良的售后服务。比如,如果会展企业需要他们提供某些可替代的元器件,或者提供某些技术支持,优秀的供应商应该能够提供这些产品或服务。

四、会展企业供应商开发的原则和步骤

对于会展企业来说,标准的采购流程可以划分为战略采购和订单协调两个环节。战略采购包括供应商的开发和管理,订单协调则主要负责处理材料采购计划,重复订单以及交货付款等方面的事务。对于这一流程,我们仅讨论供应商的开发步骤,它是会展供应商管理的重要环节。对于这一问题处理的优劣将会关系到整个会展企业的业绩水平。一般来说,供应商开发包括的内容有:①供应市场竞争分析;②寻找合格供应商;③潜在供应商的评估;④询价和报价;⑤合同条款的谈判;⑥最终供应商的选择。

（一）供应商开发的原则

大多数跨国公司，供应商开发的基本准则是"QCDS"原则，也就是质量（Quality）、成本（Cost）、交付（Deliver）与服务（Service）并重的原则，这些原则同样适用于会展企业对供应商的开发。

这些原则中，质量因素是最重要的。会展企业一是要确认供应商是否有一套稳定而有效的质量保证体系；二是确认供应商是否具有生产特定产品的设备和工艺能力；三是成本与价格，要运用价值工程的方法对所涉及的产品进行成本分析，并通过双赢的价格谈判实现成本节约；四是在交付方面，要确定供应商是否拥有足够的生产能力，人力资源是否充足，有没有扩大产能的潜力；最后，也是非常重要的一点，是供应商售前、售后服务的记录。

（二）供应商开发的步骤

1. 供应市场竞争分析。在会展企业供应商开发的流程中，首先要对特定的分类市场进行竞争分析，分析的内容包括各供应商的市场占有份额，竞争对手状况，市场发展趋势，市场环境及潜在供应商的基本信息等，从而对潜在供应商有一个大致的了解。

例如，举办一个展会，对照明设施的需求量非常大，会展企业在长期办展的过程中，逐渐积累了一些关于照明设施市场的信息，这些信息就可以作为会展企业对照明设施市场进行分析的依据，同时也可以为设计部门提出建议：尽量使用市场主流的元器件，以降低成本。

照明设施市场是一个差异化较小的市场，供应商多，容易运输，容易替代，但装饰装潢市场的情况就比较复杂一些。首先，这一市场的产品差异很大，有的公司专长于细节的设计，有的则主攻大型会展现场的设计。其次，对装潢设计的评价也是仁者见仁，智者见智，很难达到一个统一的标准。因此，会展企业要评估本地市场装饰装潢公司提供的产品或服务是供过于求还是供不应求，主要供应商及其竞争对手各自的特点与专长等，这样才能做到有备而来。

在这些分析的基础上，会展企业的采购部可以初步建立供应商数据库，并对供应商进行相应的分类。接下来，会展企业应当结合自身的经营状况和对供应商的基本要求，确定供应商开发及选择准则，拟定规范的供应商选择意向书，包括本企业的业务范围和经营宗旨，供应商类型和基本要求等。这样，既可以展示本公司的综合能力和经营理念，宣传和树立本公司品牌，还可以吸引优秀供应商，并得到更多的潜在供应商的信息。

2. 寻找潜在供应商。经过对市场的仔细分析，会展企业可以通过各种公开信息和公开渠道（包括供应商的主动问询和介绍，专业媒体广告，互联网搜索等）得到供应商的联系方式。

在这一步骤,最重要的是对供应商进行初步的筛选,可以使用统一标准的供应商情况登记表管理供应商提供的信息。这些信息应包括供应商的注册地,注册资金,主要股东结构,生产场地,设备,人员,主要产品,主要客户,生产能力等。通过分析这些信息,可以评估其工艺能力,供应的稳定性,资源的可靠性以及其综合竞争能力。剔除明显不适合进一步合作的供应商后,就能得出一份供应商考察名录。

3. 潜在供应商的评估。接下来要安排对供应商的实地考察,这一步骤至关重要。必要时,在组成审核团队时可以邀请质量部门和工艺工程师一起参与,他们不仅会带来专业的知识与经验,而且与他们共同审核的经历也有助于公司内部的沟通和协调。

在实地考察过程中,小组成员应当使用统一的评分卡进行评估,并着重对供应商管理体系进行审核,如作业指导书等文件、质量记录等,评估和审核要求面面俱到,不能遗漏。比较重要的有以下这些项目:

(1)销售合同评审,要求销售部门对每个合同进行评估,并确认是否可以按时完成;

(2)供应商管理,要求建立许可供应商清单,并要有有效的控制程序;

(3)培训管理,对关键岗位人员有完善的培训考核制度,并有详细的记录;

(4)设备管理,定期对设备进行维护调整,有完善的控制制度,并有完整的记录;

(5)计量管理,仪器的计量要有完整的传递体系,这非常重要。

在考察过程中,团队成员要及时沟通,考察结束时,应总结供应商的优点和不足之处,并听取供应商的陈述。如果供应商有改进意向,可要求供应商提供改进措施报告,并作进一步评估。

4. 询价和报价。对供应商审核完成后,对合格供应商发出询价文件。采购产品不同,文件内容可能也会有所不同,但一般应包括图纸和规格,样品,数量,大致采购周期,要求交付日期等细节,并要求供应商在指定的日期内完成报价。在收到供应商的报价后,要对其条款仔细分析,对其中的疑问要彻底澄清,而且要求保存书面文件(包括传真、电子邮件等)作为记录。

接下来就是报价分析。报价中包含有大量的信息,如果可能的话,应要求供应商进行成本清单报价,即要求其列出材料成本、人工、管理费用等,并标明利润率。通过对不同供应商报价的比较,采购部门对其合理性应当有初步的了解。

5. 合同条款的谈判。在合同谈判之前,一定要有充分的准备,并设定合理的目标价格。对小批量产品,其谈判的核心是交货期,要求其具有快速的反应能力;

对流水线和连续生产的产品，谈判的核心应是价格，但一定要保证供应商有合理的利润空间。

同时，价格谈判还是一个持续的过程，每个供应商都有其相应的学习曲线，在一段时间的供货期之后，其成本会持续下降。为此，会展企业应与表现优秀的供应商达成策略联盟，促进供应商提出改进方案，以最大限度地节约成本。

实际上，每个供应商都是所在领域的专家，多听取供应商的建议往往会有意外的收获。曾经有供应商主动推荐替代的原材料，比如采购本地出产的鲜花装饰会场，这比采购外地出产的鲜花既降低了成本，又由于运输距离短，鲜花品质更优，这是单纯依靠谈判无法达到的。另外，通过与供应商达成策略联盟，让供应商参与设计，供应商还可以有效地帮助会展企业降低成本。

6. 确定最终供应商。会展企业在运用相应的技术策略完成上述工作流程之后，会得到详细的供应商相关信息，可以把这些信息进行整理，然后归并到相应的准则中，再选出合适的定性定量分析工具，给每个候选供应商一个总体评定量化分，以确定最终供应商。

最后，双方经过多次接触，达成合作协议，真正的伙伴关系就此开始。

五、对供应商的管理

会展企业在开发和选择适合自己的供应商之后，就应该考虑如何管理这些供应商，如何维系与他们的关系，从而产生新的生产能力，提升供应环节的价值增值能力。

（一）供应商关系维护

从经济学视角看，维护一个已有供应商，比开发一个新供应商的交易成本要低得多。会展企业对供应商进行管理，就是希望通过对伙伴关系的维护，使其自愿协同会展企业，高效率地完成相关供货流程。

在此过程中，会展企业的主动行为至关重要，企业要以诚信的态度与供应商公平交易。实际上，公平交易本身也是对对方的一种激励，同时它还体现了企业与供应商之间公平的利润分配。这种利润分配始于企业与供应商合作的开始，形式分为显在的和潜在的两种。双方的交易价格就是一种显在的利润分配。在实际操作过程中，当供应商遇到困难时，如果企业能主动地予以协助解决，那么这种协助就是一种潜在的利润分配，或者说是一种对供应商的激励，这是一种非常好的维持伙伴关系的举措。

与供应商关系的维护可以逐步形成和谐的氛围，这一过程是与供应商关系提升的基础。

（二）供应商关系提升

在会展企业与供应商进行多次合作之后，双方的关系会得以提升。而现实中也确是如此，彼此合作的伙伴更希望在一种超越交易关系的环境中努力工作，当这种伙伴关系超越了交易关系而达到相当高的紧密程度时，供应商就会产生一种贡献的意愿和行为。在亲密合作的基础上，供应双方之间共享信息和资源，把各自的核心能力融合在一起，从而产生了创新能力、综合效益及附加价值。

比如，展会尤其是知名展会最容易受到知识产权问题的困扰，为此，国外有的知名展览公司常把自己的律师公布于众，起到先声夺人与威慑的作用。在长期的合作过程中，法律服务供应商即律师会为会展企业提供全方位的法律服务，保护了企业的利益，同时，与知名会展企业的合作也使律师的知名度得以提升。

（三）供应商关系优化

供应环节的效率和价值增值，是会展企业与供应商之间基于长期合作产生的亲密关系所带来的，因此，会展企业应时刻注意对伙伴关系的优化。优化手段有共同制定供应计划和阶段性绩效评估两种。

1. 共同制订供应计划。这种方法实现的是纯粹意义上的供应商关系的优化。它虽然不需要投入大量资金，但却是一个费时的工作。具体说来，会展企业应当根据其对供应商的要求，与供应商共同制定采购供应计划及计划执行情况的考核指标。通过走访和与供应商经常接触等形式，与供应商共同针对采购供应计划，组织安排生产活动并控制进度，而且及时向供应商提出改进意见，向他们表明为什么要实施这些改进方案，使他们对改进方案形成相同的观点，真正理解改进的含义，拥护改进，明白改什么，怎么改。对于供应商在改进过程中遇到的技术问题，会展企业应主动协助解决。这种方法无疑是对供应商的又一种激励，因为这意味着会展企业重视他们的能力，把他们纳入了长期发展的战略计划中。

会展企业要依据采购供应计划及其考核指标，每年至少进行一到两次由供应商参与的计划执行情况检查，并及时调整采购供应计划。这一过程，既检查了供应商对采购计划的执行情况，也检查了企业行为和计划的优缺点。共同的检查和改进，优化了计划，优化了企业和供应商的行为，更优化了企业和供应商之间的相互关系。

2. 供应商绩效评估。这种评估的目的是优化双方的关系结构。会展企业根据本公司对供应商的要求，供应商需求的特点以及上述对供应商采购供应计划执行情况的检查，建立对供应商绩效评估的指标体系，并定期对供应商进行评估。

一般情况下，会展企业应根据下述指标衡量供应商的绩效：①质量水平，包括提供产品的优良品率，质量保证体系，样品质量，对质量问题的处理等。②交货能力，包括交货的及时性，扩大供货的弹性，提供样品的及时性，增减订货时的应对能力等。③价格水平，包括优惠程度，消化涨价的能力，成本下降空间等。④技术能力，包括工艺技术的先进性，后续研发能力，产品设计能力，技术问题的反应能力等。⑤后援服务，包括零星订货保证、配套售后服务能力等。⑥人力资源，包括经营团队、员工素质等。⑦现有合作状况，包括合同履约率，年均供货额外负担及所占比例，合作年限，合作关系是否融洽等。

对供应商绩效的评估，既是对供应商业绩表现的检验，也是对供应商的一种竞争激励，促使他们努力提高业务水平和管理水平，为供应链整体绩效的提升做出更大贡献。另一方面，通过这种阶段性的评估，会展企业也可以放弃与一小部分供应商的继续合作，从而使合作伙伴的关系结构得以优化。

表 10-3 是一张对供应商的评估表，供大家参考。

表 10-3　供应商评估表

<table>
<tr><td>供应商评估</td><td colspan="2"></td><td>法人代表</td><td></td></tr>
<tr><td>供应商地址</td><td colspan="2"></td><td>联系人</td><td></td></tr>
<tr><td>供应产品/种类</td><td colspan="2"></td><td>电话/传真</td><td></td></tr>
<tr><td colspan="5">供应商简介：
调查者：</td></tr>
<tr><td colspan="5">经营理念：
调查者：</td></tr>
<tr><td colspan="5">管理层人员素质：
调查者：</td></tr>
<tr><td colspan="5">品质系统：
调查者：</td></tr>
<tr><td colspan="5">技术专业能力：
调查者：</td></tr>
<tr><td rowspan="2">评估意见</td><td>采购</td><td>品管</td><td>技术</td><td>厂长</td></tr>
<tr><td></td><td></td><td></td><td></td></tr>
</table>

复习思考题

1. 供应商选择的标准有哪些？你还能想到哪些标准？
2. 会展企业供应商开发的原则和步骤是什么？
3. 会展企业如何对供应商进行管理？
4. 跟踪一次会展活动，了解其供应商管理过程，并总结其中的经验。

第十一章 会展现场管理

内容提要

会展现场工作是组展商对会展进行组织管理的集中体现,是组展商与参展商和观众等有关方面最直接的面对面的交流。会展现场管理所包含的事务很多,应当把它们看作包含许多步骤的完整过程,需要多方面的协调与配合。本章对会展现场管理所涉及的开幕式管理、注册入场、其他现场管理及会展现场容易出现的问题等进行了论述。

在前面的章节中我们已经说过,会展业是一项极为复杂的系统工程,它的受制因素很多,是一个相互影响、相互制约的有机整体。会展所有的前期准备工作都是为了会展活动的顺利开展,因此,现场管理是会展经营管理中一个非常重要的内容。可以说,一个会展项目是否成功,在某种意义上取决于该会展项目现场管理是否科学、有效。

会展的现场管理是指从布展开始,包括展会展览期间到最后展会闭幕这一段时间对展会布展、展览和撤展等事务的组织管理工作,它包括开幕式管理,展会现场管理及撤展管理等几个环节。

第一节 会展开幕式管理

开幕式是一个会展活动对社会正式亮相的开始,是会展的重要仪式,也是重要的公关工作之一。举行开幕式的主要目的是营造气氛、扩大影响。开幕式常常与新闻工作结合起来,这样能产生更好的宣传和广告效果。

一、开幕式参会人员的邀请范围

开幕式的参会人员会依每次会展的规格、规模和影响不同而有所不同,但一般来说,参会人员可能包括政府官员、工商名流、新闻界人士、外交使节、公司负责人等。这些被邀请的人物本身就具有相当大的影响力,具有很大的宣传价值,表现在:一方面,可以借助其影响,加强展览宣传,提高本次展会的知名度并扩大展览会的影响,吸引更多的观众参加展览;另一方面,这些人物都有一定的购买决定权和建议权,对展会的贸易效果有着直接或间接的重要影响。

二、开幕式的时间安排

通常情况下,开幕式都在每次会展的第一天举行,但是也有安排在其他时间举行的情况。比如,有些级别很高的会展可能会邀请国家或地区的领导人出席开幕式,那么在这种情况下就要根据领导人的时间来安排开幕式的时间了。另外,还可能有些其他原因将开幕式安排在第一天之后。如果开幕式不是第一天举行,那么前几天的展出则可以称为“预展”或“贸易日”等。如果是面对普通观众开放的展览会,开幕式可以安排在周末或节假日举行,而如果是贸易展览会,则宜安排在工作日里举行。另外,展会开幕的时间一般不宜太早,太早了不利于参展商进场准备和出席开幕式的嘉宾按时到场;展会开幕式持续时间也不宜太长,否则容易让等待进场参观的观众产生厌烦情绪。

三、开幕式的筹备工作

一般来说,开幕式的程序是司仪宣布开幕式开始,主宾按顺序发言致辞、剪彩和参观展览,比较隆重的开幕式形式甚至会安排演出并燃放礼花。开幕式台上的活动可能并不很复杂,但是筹备工作却比较烦琐,需要认真去做。开幕式工作要尽早安排,因为重要人物的时间安排都很紧,如果不早约定,往往很难请到重要人物。

开幕式的筹备工作主要包括以下内容:

第一,确定人员、时间、预算等管理方面的事项以及开幕式的时间、地点、规模、程序等基本事项。人员包括后台的筹备人员和前台的司仪、发言人、剪彩人等。内部人员应尽早指定,外部人员应尽早协商确定。内部人员落实后就要分配任务,外部人员落实后就要商量发言稿,并告之活动细节。如果所选择的场地需要预约租用,就要尽早联系、协商、确定。时间地点确定后,其他筹备工作才能开展。

第二,邀请出席人。首先拟定邀请范围和名单,编印请柬,安排寄发。请柬的措辞、格式、版面一般是固定的，但也可以有创新，给收帖人一种新鲜感。根据需要和条件，可在请柬上注明“请确认”或者附上“回执”。要事先了解当地的邀请出席率，以便确定寄发请柬的数量，同时，还要控制好对方寄回确认函的时间。对于重要的邀请对象，可以在寄发请柬后用电话或其他方式再次确认邀请。另外，还应提醒被邀请对象提前准备好发言稿，以便有时间互相交换阅读、修改、打印。发言稿宜短不宜长，要避免套话、废话。

第三，展馆前广场的布置要突出本次会展的特色。除了要体现会展主题的风格，还应该根据当地规定，通知有关部门安排好停车、引导、保卫、消防等工作，以免造成现场混乱。

第四，提前布置好会场。会场布置的重要性是显而易见的，而精心布置过的会场更能体现组会人员对这次会展的重视程度。

一般说来，现在的各个会展都需要悬挂各种横幅，这就需要工作人员事先确定好用词、尺寸、颜色、悬挂地点等，并交由专人负责。主席台上应根据需要安排发言台、座椅、扩音设备等。每次展会都会收到不少花篮，这些花篮应先行摆放到开幕式入口处，待开幕式正式开始时，应考虑布置到主席台上，或者直接摆放到主席台上以增加气氛。一般的花篮上都会贴有赠送人的名称，除注意名称面向观众之外，还应注意花篮的摆放顺序。主席台上的座次需要事先确定好，并在座椅上明确标注记号，以防客人坐错，造成不必要的麻烦。

此外，安排专门的引座人员也可避免坐错座位的情况发生。发言台上一般需摆放鲜花，此时要注意摆放的鲜花是否与会展主题吻合，是否与当地风俗冲突等。有些会展的开幕式还会在会场的前排留出贵宾席，以供不上主席台的贵宾就座。还有，应考虑到重要的参会人员不可能随到随上主席台或贵宾席，所以，还应为他们提供一个休息室，等重要参会人员到齐后再一起上台。如果可能的话，工作人员应事先和他们确定好大概的到会时间，以便迎接。此外，签到处也要备好重要人物的名单，只要这些人物一到，应立即引进休息室，最好是能在签到处安排一名礼宾官，负责迎接、引导贵宾。

开幕式现场的设备包括扩音设备、放映设备、照明设备、空调设备等，所有这些设备都应安排专人负责。如果开幕式进行过程中需要播放背景音乐或其他录音，或者需要放映录像，则要事先准备好材料，并向设备负责人交代放映顺序及放映时间，而且最好能在开幕式之前演练一下。

可视情况决定是否需要在会场的入口处设置签到处，它的功能是维持入场秩序、记录来客情况。签到处的工作包括检查和收取请柬，索取来宾名片，要求来宾签字，发放胸卡以及会议资料（包括展出资料、开幕式程序、发言稿、礼品）等。签到处应准备的用具主要包括签到台、签到簿、签到笔、名片盒等。签到处的工作人员要时刻留意重要人物及贵宾的到来,并负责将他们引导到休息室。

另外,签到处收集到的名片是非常有价值的资料,要指定专门的负责人收集、整理、分类、保存,以便日后巩固并发展联系,促进实质性贸易的开展。

会展开幕式的内容一般都要包括参观展台。参观路线应事先安排好,并计算好大致的参观时间。在参观的过程中,谁引路、谁解说、谁陪同等事宜都应该事先安排好。重要人物都应有专人陪同,随时解决他们在参观过程中遇到的问题;如果开幕式后安排有招待会,陪同人员还应负责将重要人物引到招待会会场;待所有活动结束之后,陪同人员还要送重要人物上车,此时陪同任务才算结束。

第五,专业性强的工作(比如剪彩、表演、放烟花等活动)应交给专业公司进行安排,这样做出的工作效率高,效果也好。

自行安排剪彩工作时,需要准备的用具有立杆、彩带、剪刀、手套、托盘等,工作人员应有持彩人(若用立杆则不需要持彩人)、托盘人及引导人等。引导人的具体工作是指挥剪彩人就位并开剪;托盘人要事先进行适当的训练,其内容包括等候、上台、排列、递剪、递手套、下台的顺序、节奏、步伐、立姿等;持彩人、托盘人应安排气质姣好的礼仪小姐,着装应得体大方。彩带有红绸和纸质彩带两种,出于节约的角度考虑,现在越来越多的活动已经选择使用后者了。

开幕式上的文艺表演和燃放烟花等活动属于比较专业、复杂的活动,因此多委托专业公司安排。

举办开幕式的一个非常重要的目的就是扩大展会的影响,因此,开幕式活动应当提前通知新闻媒体,还应尽可能安排好自己的摄影报道人员,这能在很大程度上提高开幕式的效果。

G20杭州峰会开幕式文艺演出

G20杭州峰会开幕式文艺演出主题为“最忆是杭州”。这场在自然美景、高科技全息投影及灯光音响自然辉映中的水上实景演出给G20峰会留下了令人印象深刻而美好的一幕。

整场演出由9大节目构成,总时长在50分钟左右,而在50分钟的演出中有100个以上的灯光变化,依靠灯光、湖水倒景、月色等方方面面传递出“诗情画意”。灯光筹备组的工作人员在最初设计灯光环境时,每一棵树都用了两种到三种的灯光以便使树的光影更有层次感，除了大面积染色外，还要将骨干勾勒出来。文艺演出背景树上星星点点的灯光是50个灯光工作人员工作了两个月，才将西湖边上的所有柳树进行了点缀勾勒。勾勒完之后，工作组人员再把不需要的线条用黑胶布缠上，使其暗掉，需要的部分则一缕一缕留着，这样就可以让灯光做出12种颜色的变化，以便根据节目需要将中国画的意境展示出来。

资料来源：数字展示在线官网(http://www.szzs360.com/index.htm)。

四、开幕酒会

在会展开幕当天中午或晚上，会展组织者一般还会为展会举行开幕酒会。开幕酒会是一项非常重要的公关活动，借此机会，会展组织者可以沟通与参展商、行业领导和其他有关各方面的关系。因此，会展组织者一定要精心筹备。

开幕酒会的举办地点最好安排在离展馆不远的酒店举行。酒店档次的选择要考虑展会的实际情况，并根据酒会的规模考虑酒店的接待能力，此外，还要考虑出席酒会的有关人员到达酒店的便利程度。

酒会的时间安排相对来说比较灵活，可以是展会开幕当天的中午或者晚上。在实际工作中安排在晚上举行的情况居多，这样有关嘉宾尤其是参展商代表可以更好地安排出席酒会的时间。

开幕酒会的方式有自助餐和围餐等几种形式。另外在酒会开始之前，还可以安排一个小型的鸡尾酒会供大家相互认识和交流。酒会正式开始之前，办展单位领导应致简短的欢迎词，并邀请其他有关领导发表简短讲话。酒会举行期间，可以播放音乐或安排表演活动，以活跃现场气氛。

一般来说，出席开幕酒会的人员应当包括出席开幕式的领导和嘉宾，主办方的领导和代表，行业协会和商会的领导，参展商代表，行业主管部门官员，新闻媒体，工商管理部门的代表，有关外国驻华机构代表等。出席酒会的人员范围一定要全面兼顾，不能漏掉某一方。另外，出席酒会人员的总人数也要事先计划好，避免出现人员爆满或空场的尴尬场面。对于出席酒会的所有人，展会方都要事先通知他们有关酒会的情况，并对他们发出参会邀请，派专人跟踪落实他们的到会情况。

酒会的标准可以按展会的总预算中对酒会的预算来具体安排，并根据这一预算做好酒会的详细预算。酒会预算可以按出席酒会的人数来计算，也可以根据酒会的桌数来计算。但不管按什么标准，酒会的档次都要与展会的规模相适应。

上面所讲的是开幕式的一些常规工作，各展会应根据自己的特色酌情增减。

另外,正如上文所说,举行开幕式的主要目的是扩大影响,如果展会知名度和影响已经很大,则无须再举行开幕式。一些欧美国家的成熟展览会已开始取消开幕式了。

第二节　注册入场及其他现场管理工作

会展注册工作是整个会展组织工作中非常重要的一环,它由迎接与会人员,现场运作,安排工作人员,现场现金管理等工作组成。对于会展组织者来说,可以根据登记处的资料获得一份详细的通信录,而对于参会人员来说,高效、热情和及时的服务是最重要的。

一、注册表

会展注册应提前准备好注册表。注册表中应该有拟订参加会议的人员名单。一般情况下,参加会议的人都会以回执的方式与组会者联系,组会者可在会议之前获得有关参会人员的信息,包括姓名、单位、职位、联系方式等,把这些信息制作成册,可以让其他参会人员了解与会人员的构成情况,也可为参会人员互相交流提供信息支持。当然,有些人是临时决定来参会,或者已发回执的拟参会人员由于特殊原因不能参会,这就使已经制作好的注册表与实际到会的人员并不能完全相符。注册时可以引导已发回执的与会人员直接在注册表上相应的位置注册,而对于临时参会的人员需要另行登记自己的姓名、单位、职务、联系方式等基本信息。另外,注册登记处还应专门设置“赐赠名片”处,从而能够更详细地获得与会人员信息。组会者应及时整理与会人员信息,并打印成册,如有必要,可为每位参会人员准备一份。

另外,除了要对一般的与会人员、参展人员和演讲人员进行登记以外,还要对新闻界、嘉宾、主办人、赞助商、贵宾要人和任何其他不适用一般分类的人员作详细的记录。然后,将这些收集到的信息进行分类,并以此制作徽章、住房清单、出席人员清单并进行展位分配等工作。

收集到的注册资料是非常重要的信息来源,工作人员应将其输入电脑数据库并进行统计、分类。如果展会还涉及预收款项,则应将其加以标注和记录,此处特别应注明付款人使用的是支票、信用卡、现金还是“以后支付”等方式。经过电脑处理的注册信息,应印制成一份报告,附在注册表复印件后。

知识链接

“××中国国际生物技术展览会”专业观众注册表

个人信息(请务必填写):

公司名称: 网址:

地址: 邮编:

姓名: 部门: 职位:

电话: 传真:

移动电话: 电邮:

资讯调查:

1.您从什么渠道得知本届展会信息?

□主办机构邀请 □参展商 □宣传册

□业内同事 □协会/商会 □专业杂志期刊

□报纸广告 □展会信息 □网站/网络

□其他

2.您参与本次活动的主要目的是什么?(多选)

□寻求新供应商 □采购 □寻找新产品

□搜集市场/产品信息 □了解展会 □收集业内动态

□收集客户信息 □其他

3.您所属的行业是(多选)

□生物医药与化工园区 □生物生产企业 □研究开发单位、院系

□规划管理部门 □航空航天 □农林牧业

□分析技术与仪器 □实验室建设与安全材料 □环境资源

□检验检疫 □其他

非常感谢您参与我们的专业观众特邀计划。提前参观登记,可免费获赠一份精美礼品和一本会刊。请认真填写以上表格(前页)并回传至组委会,确认您的申请后我们将及时通知并邮寄相关入场券、请柬之类。

请传真至:北京 010-××××××××或×××@ ×××.com

上海 021-××××××××或×××@ ×××.com

凡组团参观 15 人以上组委会派专车接送。

二、观众登记和入场管理

观众登记并不是所有会展活动的必要程序之一，但它却能维护展会入口处的良好秩序，确保每一位专业观众都能便捷、顺畅地进入展会现场，因此，很多展会都设置了这一环节。而且，为了提高工作效率，绝大多数展会组织者都倾向于将预先登记过的观众和现场注册的观众分开，有些展会的分类还会更细，进一步将现场注册的观众分成两类，即有名片的和无名片的，前者只需执名片在观众登记处办理好相关手续就可以换取胸卡，后者则要在主办方人员的指导下填写登记表，然后再到登记处办理手续。

实践证明，科学的观众登记不仅能保证参观者迅速入场，而且还有利于会展组织者日后建立营销数据库。

三、参展商的行为管理

对参展商的行为进行管理的主要依据是参展合同。在布展（尤其是某参展商需要进行特装时）、开展和撤展等不同阶段，会展组织者都应和参展商进行有效沟通，确保他们的行为符合参展合同尤其是场馆的使用规定。必要时组织者可以采用强制性措施，以维护绝大多数参展商的正当利益和保证整个展览会的顺利进行。

四、现场的后勤管理

在开门迎接参会人员之前，会展活动的组织者应当亲自或者责成相关负责人对会展现场进行最后一次视察，视察时现场的每一个角落都不能放过。同时，为了保证参会人员的安全，哪怕到了最后一分钟也要对应改动的项目进行改动。

下列区域是参会人员进入会场前会展活动组织者必须视察的地点或项目：①身份识别系统是否运行正常；②负责注册工作的人员是否到位；③在撤离时，会展场馆或场所的大门能否从里面打开；④舞台边缘是否用安全带标示出；⑤电源箱是否已经贴上了警示标志；⑥电缆接地是否良好；⑦穿越公共区域的电缆是否被改动；⑧电梯运行是否正常；⑨灯光的亮度是否足以保证参会人员安全进出；⑩灯光照明设备是否用安全链锁住；⑪保安人员是否到位；⑫标志牌是否醒目，挂得是否牢靠；⑬楼梯是否已安装栏杆，单独台阶的边缘是否用安全带标示出；⑭引导员是否到位。

上述这些地点或项目仅仅是会展开始前需要视察内容的一小部分。为了防止意外，在视察工作之前，最好制定一份详细的检查表，以便能够系统地、有的放矢地进行视察,或者在视察时记下那些需要在会展举办之前加以改进的地点或项目。视察工作一般应在会展正式开始前1~2小时进行。这样,会展组织者就有时间再作一些细微的改进。

除了上述所说的视察工作之外,会展现场的后勤管理还应该注意以下几个方面。

(一)现场指示牌要明确

并不是每位参会人员对会展现场的布置都十分熟悉,而在现场迷路是谁都不愿意遇到的情况。因此,在会展现场应该考虑设置充分而明确的指示标记,并在场馆门口醒目的位置设立总的指示牌,在现场发放的资料应有注明指示内容的资料,以保证每位参会人员都能迅速地找到目的地或高效地参观整个展览。

(二)公共区域管理有序

所谓公共区域,顾名思义就是展会中不属于某家参展商独自使用的公共区域,比如展台间的过道等。会展组织者为有序管理这一区域,在操作中应遵循以下原则:

1.现场布置符合消防规定及政府相关规定,不得占用消防通道,不得阻挡消防设施、供电设施及通信设施。

2.不损坏展馆设施。

3.所有布置都应做到设置牢固,确保不会对现场人员造成伤害。

4.露天场地、通道的布置不影响交通。

5.要求参展单位如若在公共区域内设置任何标语、宣传牌、门楼、横幅等设施,都要提前申报,并经许可后再行放置。

6.展厅内所有立柱灯箱广告位不能随意遮挡,占用者需按组展方事先制定的广告发布价格缴纳费用。

(三)证件管理

为了便于会展现场管理,同时出于统计的需要,会展主办单位一般会对展览会实行证件管理,即拥有会展主办单位认可的证件才能进入场馆。通常来说,在一次展览会中,主办机构至少要印制六种证件,分别发给参展商、专业观众、工作人员(包括主办机构、承办机构和协办机构的相关工作人员)、筹(撤)展人员、媒体记者及与会嘉宾(包括领导和讲演嘉宾)。另外,为了保证参展商、专业观众和嘉宾的停车位,场馆管理方还会使用停车证。主办机构必须加强对展览会证件,尤其是门票的管理,否则很容易出现混乱的局面,从而影响展览会的安全和形象。还有一点需要指出,如果展览会拟出售门票,主办单位需事先向税务部门报告,在征得同意后方可印制和出售门票。

（四）媒体接待与采访

展览期间，展会还会安排一些媒体对展会进行参观和采访，对于一些知名品牌的展会，媒体还会主动申请采访，他们的参与对于扩大展会的知名度会起到相当重要的作用，因此，会展组织者应认真对待。另外，会展举办期间，会展组织者还可以通过展会的新闻中心，有意识地对外发布一些展会方面的新闻，以进一步扩大展会的影响。

（五）车辆管理

任何一次会展的举办都离不开车辆的支持，包括展会期间的货运车、参会人员的自驾车等。如果这些车辆的出入或停放无序，不仅会影响整个会展的形象，而且还会妨碍会展的进程。因此，要十分注重对展会期间车辆的管理。

1.布展期间的货运车辆需要在会展期间停放的，应事先规定一个停放区域，需要收费的也应该事先拟定一个收费标准，并通知各参展单位。

2.参加展会的其他车辆需按车辆管理人员的规定，整齐停放在展馆周围的停车区域。同样，需要收费时，也应事先拟定一个收费标准。

3.撤展期间，展品及展会货运车辆应在指定区域进行装车作业，并按指定路线出场，以保证撤展工作秩序井然。

（六）现场计算机设备管理

要举办一次成功的会展，计算机将在其中扮演重要的角色，它可以处理大量的资料，并完成大量的相关工作。在决定使用哪一种计算机系统时，会展管理的相关人员需要深入了解，才能找到符合会展要求的设备。

1. 计算机硬件。无论需要全部计算机化或是只需局部计算机化来处理业务，选择使用计算机都可以利用以下三种方式：

一是将本次会展的需求与专业人士沟通，由他们来做计算机系统规划；

二是由赞助厂商赞助计算机硬件设备；

三是与承包商签署委托处理计算机作业的合同，由本次会展的相关负责人员指导作业。

选择第一种方式可能要投入一部分资金，用于购买设备和程序，所需软件的费用甚至会比硬件高，这种方式对于大型会议来说比较适合；第二种方式中的硬件由赞助商提供，举办者根据需求投资软件设备；而第三种方式对于会议筹办者来说不失为一个最优选择，这种方式可以节省大量人力。

2. 会务分析。会务分析非常适用于会议工作。对于一次会议来说，最重要同时也是最有价值的东西就是会议记录,而且最好是计算机数据库资料记录。筹办者可利用计算机所提供的资料,比较报名者的兴趣、职业和地区等相关信息,并与前几届会议的情况进行对比分析,这些结果对于筹办下一届会议是非常实用的资料。

(七)服务台与留言中心

服务台与留言中心通常由一个或两个人负责,这个中心主要为参会人员提供会展的基本资料及留言等相关服务。它对于一个会展来说是十分必要的。

这个中心设置的基本要求是:位于所有活动的中央区;柜台要有足够的空间放置留言板等工具;工作人员可接听电话,提供留言条,准备足够的笔、便笺以及所在服务餐厅的指南、地图和观光购物指南等。

(八)安全保卫工作指引

会展现场安全保卫工作的重要性是不言自明的。会展组织者除应在展前组织阶段按相关规定投保相应险种外,在会展现场的管理过程中还应该注意以下事项:

1.成立专门的安全保卫部门。会展组织单位应于展览会举办前至少 1 个月与场馆方保卫部门取得联系,协商制定展览会安全保卫工作方案及安全保卫措施,成立专门的保卫部门并指定专人负责协调落实相关安全保卫事宜。

2.展馆内严禁吸烟。

3.通知各参展单位对其贵重物品、个人财产和展览品妥善保管,其安全由参展单位自行负责。个人财产和贵重物品应随身携带,贵重展览品应置于展示柜内上锁陈列。如需 24 小时看管,组织者在能力允许的情况下尽量安排保管人员 24 小时值班,但事先双方应就此期间发生的相关费用等事宜达成协议。

(九)参展商和观众投诉处理

在会展活动举办过程中,不可避免地会出现个别参展商和专业观众对场馆现场管理、餐饮配套服务等表示不满,并向主办单位接待办公室提出投诉的现象,有些则直接到问询处投诉,这时迫切需要有一个专门的机构来处理各种投诉。

(十)会展资料的采集与编写

1.展览资料:

(1) 印发宣传资料。印发宣传资料是展览物资管理工作的组成部分,同时也是展台贸易工作的组成部分,对展出效果有直接影响。宣传资料主要用于展览会之前向目标观众和新闻界寄发,以及展览会期间在展台上散发。

(2)参展商资料。参展商需要编印一些自己的宣传资料。基本资料有展台小册子、公司介绍、产品目录、产品介绍、价格单等。展台小册子是参展商的主要资料。

(3)资料编印。选用的资料要具有广告作用,为了给潜在客户和新闻界留下良好和深刻的印象,必须注意其质量。

2.会议材料的印刷与制作。举行会议或展览必须印刷一些宣传品及会议资料,它有告知会议的信息以及会议期间提供与会者开会所需的相关资料之用,甚至也可以在会后留存建档、参考使用。

(十一)现场的清洁

办展机构一般都要负责展场内公共区域如通道等处的清洁卫生工作,展览期间以及每天闭馆后,会展组织者都应派出相关人员清洁和打扫这些区域。而对于各展位内的卫生清洁工作,办展机构一般不负责,这些区域由各参展商自己负责。

五、展览会撤展工作管理

当展会按预定的天数举办完后,展会就进入了最后的撤展阶段。展览会撤展工作主要包括展品的处理,参展商租用展具的退还,展位的拆除,展览场地的清洁和撤展安全工作等。

(一)展品的处理

展览会结束后,展品一般有四种处理方式:出售、赠送、销毁或回运。如展览会规定不能现场零售,展品就只能在展会结束后赠送给客户、代理商或其他人员。如不便或不愿赠送,也可就地销毁;对价值较大的展品,如不出售或赠送,往往需要回运。但无论采取哪一种方法,都要求参展商事先做好准备。

(二)展品的出馆控制

为了保证所有出馆人员带出展馆的展品是自己的物品,在展会展览期间及展会结束之后,会展组织者都要对所有的出馆展品进行查验。为此,展会可实行“放行条”制度,即对于那些需要出馆的展品,相应的参展商要向展会申请“放行条”,查验时,展品与“放行条”一致才准许出馆。

(三)参展商租用展具的退还

这项工作一般在展馆服务部门或展会服务商与各参展商之间直接进行操作。如出现问题,需要展览主办方进行协调。

(四)展位的拆除

展览完毕,各参展商的展位要安全拆除,这一工作一般是在展品撤下展架后才进行。对展位的拆除，办展机构必须正确预计工作量，留出足够的时间，避免因匆忙撤离造成失误和损失。如果参展商使用的是标准展位或者委托施工的展位，那么展位的拆除工作一般由承建商负责；如果参展商使用的展位是自己施工搭建的，那么展位的拆除工作就要由参展商负责。展位的拆除工作比布展时更为复杂，也更为危险，会展组织者要监督各参展商或承建商，按规定的程序进行展位的拆除工作。在此过程当中，要特别注意人员的安全和消防安全。

（五）展览场地的清洁

撤展过程中展览场地的清洁也是关系到展会形象的大事，一定要予以重视。展览会的服务商或办展机构要负责整个租用场地的清洁工作，对于有可能造成大量垃圾的展位一定要予以提醒，或通知参展商做好付费的准备。

（六）撤展的安全工作

撤展的安全工作，既包括参展商个人和展品的安全，也包括撤展期间整个展馆现场的安全。所有的出馆物品都要经过严格查验才能予以放行；在国内举办的大型展览会，还要防止闲杂人员等乘撤展的忙乱随意进、出展馆，引起不必要的财物损失。

展会的撤展工作是在展会闭幕后才进行的，但展会撤展管理的准备工作却要在展会撤展前就准备就绪，这样才能保证整个展会的撤展工作井然有序。表 11-1 是撤展工作主要环节。

表 11-1　撤展期间的主要现场管理工作

工作项目	工作标准	具体描述
展品的处理	协助参展商妥善处理展品	展品的常用处理方法有出售、赠送、销毁或回运，必要时主办方应该向参展商提供协助
展品出馆管理	严格执行出门证管理制度	参展商凭“放行条”经场馆保安人员的检查后带展品出馆
参展商退还展具	协助参展商顺利退还展具	协调各方面的关系，帮助参展商及时将所租用的展具退还场馆的相关服务部门
展位的拆除	安全操作、恢复场地面貌	对标准展位或由参展商委托施工的展台，由指定搭建商负责拆除；特装展台则由参展商负责
展览场地的清洁	达到主办方提出的清洁要求	展览会的服务商或办展机构要负责整个租用场地的清洁工作
安全管理	加强安全和消防保卫工作	定时巡逻，及时消除各种安全隐患

总之,撤展期间的各项工作必须有条不紊地进行,管理人员绝不能因为本次会展已经结束而有丝毫的松懈。

第三节 会展现场突发事件的处理

尽管我们一直强调会展现场管理工作的重要性,但是一些意想不到的突发事件还是时有发生。这时,会展组织者的管理素质就得到了真正的检验。会展组织者在危机和紧急事件中要扮演领导角色,要表现出足够的冷静与魄力。因此,在事前,会展组织者最好能列举可能发生的紧急事件,以便事发时能够按事先制定的措施来处理,以防措手不及。

根据许多会展活动的经验,会展现场最容易出现的问题有以下几个:①会展前期准备不足造成现场设备漏缺;②会展现场工作人员分工不明确,导致管理混乱;③对现场突发事件估计不足,因而对相应的处理手段缺乏一定的准备和技巧。针对这些问题,会展组织者在现场管理中应该注意以下方面。

一、认识场馆方负责人

会展现场出现的很多问题都需要场馆的管理方来协同解决,所以,负责与场馆管理方接触的工作人员必须提前和场馆管理方负责本次活动的主管取得联系,以便在处理现场问题时能够及时和场馆的负责人沟通,提高办事效率。

在这个过程中,最好让场馆方的本次活动总负责人把负责当场活动的相关管理人员都介绍给负责联络的工作人员认识,以便在不能马上找到总负责人时,也可以让其他相关管理人员配合解决问题。同时,会展组织者也应该把己方的相关管理人员介绍给场馆方认识,这样做同样也是为了在出现问题时双方可以及时、高效地沟通。

在会展现场,会展的组织方一般通过服装来辨认场馆工作人员,而场馆方亦是通过工作证件来确定组织方的工作人员。虽然依靠这种方法确认双方人员身份很少出错,但是在解决问题时难免会出现一些意想不到的局面。例如,组织方遇事时找场馆的普通工作人员,而他们既没权力也没办法解决和确认任何事情,最后还要去找负责人。同样,场馆的工作人员在询问有关活动现场的某些问题时,也并不是组织方的每个工作人员都知道或者可以决定的。所以,如果时间和条件允许,活动开展前,双方的相关管理人员最好都互相认识一下。

二、事先召开工作协调会议

在各方面工作都安排妥当时，组织方还应在活动开始前召开工作协调会议。工作协调会议的目的一方面是在会展开始前让所有工作人员最后确认自己的工作职责，加强员工对自己本职工作的实际印象，另一方面也是为了及时向员工传达临时变动的若干事项。

在这里需要强调的是，不管组织者认为自己的工作在会展开幕之前安排得多么妥当，会展活动正式开始前一天的这个工作协调会议一定要开。因为这不仅仅是为了布置工作，而且更是活动前的一次动员会，有利于进一步提高员工的工作责任感和相互之间的协作默契。它不仅让员工明白自己要干什么，而且还让员工明白自己应该拿出什么样的干劲来工作。

另外，诸多案例也已经证实了这次会议的必要性：开过会的工作人员往往在第二天的会展活动中工作的目的性更强，效率更高，相互之间的配合也比较默契；而没开过会的工作人员，往往精力不够，工作任务和目的意识模糊，效率低下。

除此之外，对于举办时间较长的会展活动，例如，需要好几天，或者好几周甚至更长时间的会展，在每天或者每个系列的活动结束后，还应该举行一次对于当天或当场活动的总结会议，以便及时总结活动的得失，一方面对于出现的情况及时进行处理，另一方面也要防止在以后的活动中再次出现类似问题，并对接下来的活动进行更为详细的安排。

很多会展活动的组织方有时候是因为对这方面不够重视，有时候是因为考虑到活动执行的过程中员工都很疲劳，因此非常厌烦这些“无聊的、不必要的”会议，有时索性忽略不开。但是事实上，这些忽略很可能导致现场管理中事故的发生。因此，如果担心员工疲劳，可以在时间和福利上做出适当调整，对事先的工作协调会一定要引起重视。

三、针对问题写总结报告

也许很多人认为既然展会已经结束，现场即使发生什么问题也于事无补了，但本次展会上的经验对于今后的工作却是很好的借鉴，所以一定要写总结报告。对于现场活动的总结是指对会展现场发生的问题所进行的系统的、客观的分析。通过认真的检查总结，找到问题发生的原因，总结出经验与教训，并通过及时有效的信息反馈为未来展会的现场管理提出建议，从而达到提高管理水平的目的。

总结是进步和成功的捷径，展会的主办者和工作人员都应在每次活动完结之后，认认真真地进行一次总结。而且，这个总结并不仅仅是管理人员的总结，还应该是全体参与活动策划和执行的所有工作人员的总结。

复习思考题

1.会展现场管理的后勤管理应该注意些什么？

2.会展现场应该注意的问题及应对方法有哪些？

3.撤展工作的主要内容有哪些？

4.如果你是一次国际汽车展的组展商，请为这次展会拟定一个开幕式现场管理方案。

第十二章 会展风险管理

内容提要

由于会展活动在操作过程中要和社会经济的诸多方面发生联系，所以会展产业对风险管理的需求要远远超过其他行业。本章从介绍风险管理的概念入手，介绍了会展企业如何对威胁自身的风险进行识别、估计、评价、应对、监控及会展风险的沟通、会展保险等内容。

各行业、各企业的经营不可避免地伴随着风险，只有对各种风险加以良好的管理和控制，才能确保稳健地经营和发展，会展业也不例外。而且，与其他行业相比，会展业更是一种极容易受社会以及会展现场一些突发事件影响的行业。在会展策划及筹备的时间里，某些突如其来的国际国内政治、经济和社会事件，都可能会严重地干扰甚至阻碍会展筹备工作的正常进行；在会展举行期间，会展现场以及来自社会的一些突发事件，也可能使会展组织者的所有努力付诸东流。

这些突发事件，一方面对会展业造成了极大的冲击，另一方面也为我们敲响了警钟，让我们及时认识到在会展业中实施风险管理的必要性。会展行业、会展主办者应遵循风险管理的方法与程序，通过积累各类历史统计数据，对举办会展潜在的风险进行识别、确认、衡量，并在此基础之上，制定防范、应对风险的措施，做到防患于未然，或即使风险事件变成现实，也能够将损失降到最低水平。

第一节 会展风险管理的主要内容

一、会展风险管理的界定

(一)会展风险的概念

根据《韦氏国际大辞典》(第三版)的解释,风险(Risk)有两层含义:其一,易变化的特性或状态,缺乏肯定性,即不确定性(Uncertainty);其二,具有无常的、含糊的或未知性质的事物。风险在英语中有三种表达词汇:Risk,Peril 和 Hazard。根据 Risk 的词义,风险是指不利事件发生的可能性;根据 Peril 的词义,风险是指所发生的不利事件本身,如火灾、洪水、车祸等;根据 Hazard 的词义,风险是指不利事件发生的条件,即发生事故的前提、环境、诱因等,如涉及火灾事故,风险往往指物品的质地、周围的火种环境、气象条件等。

从上面这些对风险从不同角度给出的定义中我们可以看出,风险本身就是一个极其复杂的过程。根据风险管理学的观点,那些能够预防的"风险"在一般情况下只能称之为问题,属于各级组织常规管理的范畴,而只有那些无法预知的、被忽视的、具有颠覆力以及对组织、社会和个人有可能造成重大危害的意外事故,才算得上是真正的风险。具体到会展活动中,风险是指影响参展商、专业观众等利益相关主体对展览会的信心或扰乱展览会组织者继续正常经营的非预期性事件,这些事件可能以无限多样的形式,在许多年不断发生。它具有意外性、危害性、紧急性和不确定性等特点,见图 12-1 所示。

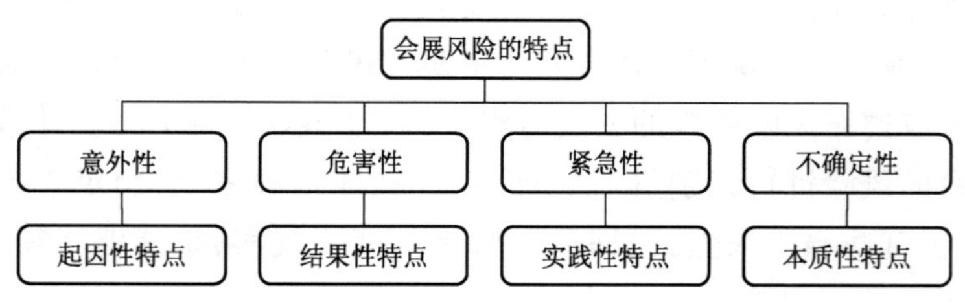

图 12-1 会展风险的特点

风险管理(Risk Management)是指项目管理机构对可能遇到的风险进行规划、识别、估计、评价、应对、监控的过程,是以科学的管理方法实现最大安全保障的实践活动的总称。与企业的风险管理不同,会展的风险管理属于项目风险管理范畴,也就是说,会展风险管理是指会展活动管理人员对可能导致损失的项目不确定性进行预测、识别、分析、评估和有效地处置,以最低成本为会展的顺利完成提供最大的安全保障的科学管理方法。这种方法以观察、实验和分析损失资料为手段,以概率论和数理统计为数学工具,以系统论为科研方法,去研究项目的部门、进度、成本、市场各方面可能存在的风险,寻求控制风险的规律。

(二)会展风险管理的特征

1.不同利益相关者承担不同的风险。面对同一个风险事件,会展活动中的不同利益相关者所承担的风险是完全不同的。例如,某会展举办地忽遭台风袭击,因此预定在此期间举办的展会都被迫停办或延期举办,这一突发变故对于会展主办者来说,其前期的投入都将无法收回,更谈不上赚取利润;而对于参展商来说,则不仅损失了参展前期的准备支出,而且还会影响其全年的营销计划。

2.风险的时限性。会展活动在不同阶段所面临的风险是不同的,因此,风险的承担者只需在特定的时间内才承担这些风险。例如,延期或停办的风险只存在于会展的前期准备阶段,而在会展的现场,风险则主要是火灾、意外伤害等。

3.风险管理的目的在于预测。会展活动中风险管理的目的并不是要在风险事件发生后用来追查和推卸责任,其最终目的在于防患于未然。整个组织团队应当是在一个相互信任、开放的环境中工作,因此信息的及时沟通对于风险管理来说十分重要。

4.风险管理是有代价的。会展风险的计划编制、识别、分析、监控和处置都需要耗费大量的人力和物力资源。由于会展风险管理是用来预防或降低未来可能出现的问题所造成的损失,其真正价值只有在未来才能体现出来,因此用于风险管理的投入有可能将来抵消甚至多于风险本身所造成的损失。

5.风险将随项目进展而变化。一旦某一会展活动的目标、时间和费用计划确定下来,则该项目的风险计划也应当随之完成。而在执行过程中如果项目的时间、费用等约束有重大变化时,相对于这些约束的风险也要重新进行评估。

二、风险管理的必要性

对于策划举办大型会展这种筹备时间长、举办期间人流高度集中的大型公众性社会活动来说,会展组织者在会展策划伊始就要有强烈的风险管理意识,否则,一旦风险事件在会展筹备或举行期间突然发生,办展机构要么被迫放弃筹办展会,要么提前终止正在举办的展会。而无论哪种情况的发生,都可能导致会展组织者严重亏损,甚至血本无归。

由于所有的风险最终都会集中表现为亏损,即承包商遭受严重的经济损失,所以我们就有必要对会展行业所面临的风险进行有效的管理。

(一)确保会展如期举行的有效措施

筹备一个大型的会展活动,从策划、立项、招展到开幕举行,短则1年,长则三五年,有的甚至需要10年以上的时间(如"世博会")。在这一漫长的时间内,一些突发的社会、政治和经济事件都会对会展的筹备进程产生重大影响。有的可能使会展延期举办,有的会迫使会展中途夭折。对会展进行风险管理,可以对一些可控的危机事件提前进行更有针对性的预防;而对那些不可避免的风险事件,可以进行风险评估,分析它们发生的概率以及它们一旦发生对会展可能带来哪些影响,在此基础上,采取必要的应对措施,防止和避免风险损失,最大限度地保证会展如期举行。

(二)确保会展安全举办的有力手段

会展属于一种大型公众性社会活动,一般的会展,在举办时人员都会高度集中。例如,每年的广交会都会有10多万外商到会参观,几十万国内参展商和其他来宾到会进行各种商务活动。如此众多的人员在短时间内聚集一堂,会场的安全问题当然是头等重要的。如果此时发生火灾、事故性停电甚至恐怖事件,后果都将不堪设想。而对会展活动进行风险管理,就可以有效地防止和应对会展现场可能发生的各种风险事件,保证会展活动安全举行。

(三)最大限度地减少会展组织者的损失

大型会展活动的前期准备工作十分艰巨,不仅任务量大,而且投入也非常大。一旦受突发事件影响,会展被迫延期甚至被迫取消,这些前期投资都将难以收回,会展组织者会为此蒙受巨大的经济损失。对会展进行风险管理,能对一些突发的风险事件建立一套有效的预防措施,从而将会展组织者可能面临的风险减少到最低限度。

(四)对客户高度负责

客户是展会最重要的资产,对客户负责,使客户满意,为客户营造一个安全的会场环境是各会展组织者一直以来追求的目标。如果会展现场危机重重,客户参加该展会就会顾虑重重,甚至放弃参展计划。基于对客户高度负责的精神,会展组织者有必要对展会进行有效的危机管理,千方百计地将一些可能发生的风险事件消灭在萌芽状态。对于一些不可控的风险事件,会展组织者也要为客户的利益着想,努力采取措施,尽量减少客户的损失。对会展进行有效的风险管理,是会展组织者对会展活动进行人本管理的一项重要内容,也是会展组织者取信于客户的一项重要手段。

三、会展风险管理的原则

如前所述，会展风险管理的目的在于预测，在于避免或尽量减少会展活动期间的损失，因此，会展风险管理主要应遵循以下几个基本原则。

（一）经济性原则

会展风险管理人员在制定风险管理计划时要以总成本最低为总目标，即风险管理也要考虑成本。要以最合理、最经济的处置方式把控制损失的费用降到最低，通过尽可能低的成本达到项目的安全保障目标。这就要求会展风险管理人员要对各种效益和费用进行科学的分析和严格的核算。

（二）“二战”原则

所谓“二战”原则，即战略上蔑视而战术上重视的原则。对于一些风险较大的项目，在风险发生之前，对风险的恐惧往往会造成人们心理和精神上的紧张不安，这会严重影响工作效率。这时会展活动组织者要通过有效的风险管理，让大家确信：会展活动虽然具有一定的风险，但风险管理部门已经识别了全部不确定因素，并且已经妥善地做出了安排和处理，这是战略上的藐视。而作为风险管理部门，则要坚持战术上重视的原则，即认真对待每一个风险因素，杜绝松懈麻痹及由此带来的不必要的损失。

（三）社会责任感原则

会展风险管理计划和措施必须考虑周围地区及一切与项目有关并受其影响的单位、个人等对该项目的风险影响的要求。同时，风险管理还应充分注意有关方面的各种法律、法规，使会展风险管理的每一步骤都具有合法性。

（四）满意度原则

不管采用何种方法，投入多少资源，会展项目的不确定性都是绝对存在的，而确定性则是相对的。因此，在风险管理过程中，要允许一定的不确定性。只要能达到要求，基本令人满意就行了。

（五）战略目标一致性原则

战略目标是会展举办过程中一切活动的出发点和归宿。会展风险管理作为会展活动的一部分，其目标的制定也必须与战略目标相一致。

总之，风险事件对会展的重大不利影响，使得会展组织有必要提高风险管理意识，有必要对会展进行有效的风险管理。

四、会展风险的种类和来源

会展活动期间，短时间、高密度聚集的人流、车流和物流，易于造成风险隐患。

为了对会展进行有效的风险管理，会展组织者首先必须清楚会展活动可能会遇到哪些危机事件，这些事件又是怎样产生的。这样，会展组织者便可有针对性地对各种危机事件采取有效的防范措施。按风险对会展企业的影响来划分，它所面临的风险大体上可以划分为系统性风险和非系统性风险两类。

（一）系统性风险

系统性风险又称为市场风险或不可分散风险，它指的是那些由于某些因素而给市场上所有的经济实体（这里指所有的会展企业）都带来经济损失的可能性。这类风险是由市场和社会宏观环境造成的，仅靠单个会展企业自身的力量很难克服，也很难抵挡它们给展会带来的不利影响。一般来说，会展企业所面临的系统性风险主要包括：

1. 自然灾害。虽然现代不断发展的科学技术已经为我们预防自然灾害提供了强有力的工具，但到目前为止，某些灾害的发生还是令我们猝不及防，它们给会展所带来的影响也往往是灾难性的。最典型的事例莫过于2003年暴发的“非典”疫情。在疫情严重的4~5月，很多办展机构由于没有进行有效的风险管理，盲目地对外宣布取消将在8~9月期间举办的会展，结果到了8~9月，非典疫情得到了很好的控制，这些办展机构却因已经宣布取消会展而损失惨重。

2.政治风险。政治风险是系统性风险中的一种主要风险，它来自组织外部。政治风险主要指的是战争、内乱、政权更迭、国有化没收外资、拒付债务、政府干预等。政治风险具有一定的特殊性，一旦发生往往无法挽救，且后果严重。

（1）战争、内乱和政权更迭。战争、内乱对会展企业来说是一个非常重大的风险，因为战争和内乱会从根本上破坏会展活动的外部环境，而会展活动是人流、物流和资金流高度密集的活动，对外界的环境安全要求非常高，在战争和内乱频繁的国家，不可能有长期、稳定的会展活动。另外，战争、内乱过后，经常伴随着政权更迭，而不同的政权对待会展产业的态度通常情况下也不一样。因此，对于会展这样一个敏感性行业，战争、内乱和政权更迭无疑是其经营过程中面临的一大风险。

2003年会展业遭受的冲击

2003年上半年，会展业经历了一系列不利事件的冲击。3月打响的美伊战争，不仅中东国家的会展业首当其冲，发生了严重萎缩，而且对世界会展业也产生了不小的冲击。一波未平，一波又起，正当战争态势渐趋明朗，会展业定下心来重整河山时，“非典”又开始在我国肆虐横行，许多海外客商拒绝参加展会。5月，疫情达到高峰，全国各地98个大型展览会（其中国际展会55个）全部取消，整个行业基本上“颗粒无收”；6月，疫情开始缓解，全国各地的各种会展活动还是基本全部停办，仅北京地区就取消了79个展览会（其中国际展34个），全国会展行业损失惨重。据中国展览馆协会统计，2003年1—5月，全国举办展览会的收入比上年同期减少55%，利润减少60%以上。7月，疫情基本得到控制，但它的影响依然存在；一些原计划在8~10月举办的展览会，有的被推迟到2004年举办，有的干脆被取消。例如，原定于2003年10月22日—25日在北京举办的“第九届中国国际激光及电子产品展览会”，因日本、韩国等展团的退出而无法举办，只得推迟到2004年；原定于2003年9月14日—21日在北京举办的“2003年国际礼品展”，因参展外商全部退出而被迫取消。在“非典”的影响下，2003年1—5月，北京的中国国际展览中心集团公司的营业收入比上年同期减少75%，利润减少85%。众会展主办单位感叹祸不单行，痛定思痛：如果会展业引入了充分的风险管理机制，面临突如其来的不利状况时，就不会显得如此被动。

（2）国有化风险。这一风险主要是跨国经营的会展企业可能会遇到的。自20世纪中叶以来，拉美及中东国家纷纷对跨国公司的海外子公司实行国有化，国有化由此成为跨国公司对外直接投资活动中面临的最为突出的问题。国有化风险直接关系到跨国公司海外投资的安全性以及投资利益的保护。被国有化的跨国公司所从事的产业，多属于在东道国开采自然资源、从事基础设施建设或从事对东道国国民经济具有重要影响的行业，会展企业跨国经营遇到被东道国国有化的风险相对较小，但也存在一定的可能性。

对于这类风险，会展组织者仅依靠自身的力量是很难克服的，只能采取一些措施对它们进行预防和规避，或者努力将它们对会展的不利影响降低到最低限度。

3.经济风险：

（1）经济发展周期。从会展业发展的历史和布局可以看出，一个国家整体的经济环境对于会展业的影响十分巨大，产业和市场是会展业发展的两大基石。只有经济快速增长，产业体系完备，物质产品极大丰富，人均收入显著提高，才会对会展活动有广泛的需求，才会对展览展示的产品有广泛的消费市场。有人把会展比作经济的“晴雨表”，可见会展产业的发展与整体经济之间的密切关系。然而，经济发展是有周期性的，经济有高速增长的时期，也有萧条甚至衰退的时期。当经济发展不景气时，企业生产的大量产品销售不出去，失业人口大批出现，工资水平大幅度降低,居民也没有购买力。在这一时期,没有可供展览展示的产品,也没有对展览展示产品的需求,会展业也就失去了其存在的基础。

知识链接

金融风暴吹走海外客户　佛山陶交会生意惨淡

2008年10月18日,亚陶第十二届中国(佛山)国际陶瓷博览交易会(以下简称陶交会)开幕式在展会主会场佛山国际会议展览中心举行。为期5天的佛山陶交会,在佛山国际会议展览中心、中国陶瓷城和新近落成开业的中国陶瓷产业总部基地同时拉开帷幕,共有超过600家中外知名陶瓷卫浴企业和数万名专业采购商参加。

(一)“最冷清的一次展会”

全球经济的低迷状态,直接影响了外国客商前往中国参加展会的热情。据了解,佛山的陶交会每年几乎与广交会同期举行,就是想借广交会的人气,特别是外商的人气,但2008年的广交会开幕的第一天外商就骤然减少。

记者在展会的主会场佛山国际会议展览中心看到,开幕的第一天除了上午人气稍高之外,下午就显得比以往的陶交会冷清。“很正常的现象吧,因为全球经济都不好。”一家参展的陶瓷企业老板表示,在参展前他们就早已预料会如此。另一位来自东莞的参展商告诉记者说,这是他第一次参加佛山的陶交会,也是他参加过的最冷清的一次展会。“运气不好,碰上了全球经济不好的时候,这和陶交会主办方没什么太大的关系。”

(二)个性化瓷砖频登场

另外,记者发现,这次在主会场参展的多为一些个性化瓷砖的生产企业,而一些大牌的陶瓷企业只有寥寥几家,多数大品牌的企业选择了在自己的展厅进行展示,主会场则主要是以仿古砖、马赛克及个性化的设计占主导,设计功能体现得很突出。

虽然经济不景气,但也有部分企业选择在陶交会期间推出自己的新品牌。很多企业为了在冷清的陶交会上博彩,绞尽脑汁想花招,如一家企业以放飞数万只蝴蝶的形式来开幕。还有陶瓷企业以小丑表演来吸引观众等。

另外,记者在陶交会现场还发现了一个有趣的现象,就是与陶瓷企业管理有关的书籍也展示在陶交会上,并且还吸引了不少企业人士购买。“十年前,没有老板愁手里的砖卖不出去的,现在没有一个老板不愁的。”中国陶瓷工业协会相关负责人表示。

(2)市场风险。对会展市场不熟悉,或其他一些不可控的市场因素,都是会展企业市场风险的主要来源。但与其他行业不同的是,会展企业所面临的市场风险,除了来自会展业本身之外,还来自展会的产品所在的行业。因此,为了规避这类风险,会展企业不仅要对会展市场有一个很好的把握,同时还必须了解与展会相关的行业的发展状况。

(3)通货膨胀风险。通货膨胀对会展产业在内的整个经济都有十分严重的影响。通货膨胀可分为需求拉动型和成本推动型。当总供给量与物价水平的关系保持不变时,如果对应于既定的物价水平,总需求量增加,经济就会出现需求拉动的通货膨胀。当总需求量与物价水平的关系不变时,如果对应于既定的物价水平,总供给量减少,经济就会出现成本推动的通货膨胀。对应于这两种通货膨胀形式,通货膨胀率与经济增长速度之间的关系是不同的。如果通货膨胀是需求拉动型的,一般而言,经济增长速度与通货膨胀率成正方向变化,经济增长速度越高,通货膨胀率越高。因此对于会展业来说,需求拉动型通货膨胀对于会展业的发展有一定的促进作用,因为有更多的产品需求可以带动对展会的需求。而成本推动型通货膨胀中通货膨胀率却与经济负增长率同时并存,不利于会展业的发展,因为成本推动型通货膨胀使各种产品的价格居高不下,对产品的需求被抑制。另外,从会展业本身来说,各种人工服务成本也在通货膨胀期间大幅度上升,从而增加了展会的成本并提高了展会的价格,最终抑制了对展会的需求。

名牌专业展也会失败

大型的名牌专业展也会没落失败!如美国风靡全球的计算机展 Comdex,著名的五金展,还有一些综合展,都有过失败的记录。失败的原因有多种,如行业发展形势的变化(如 IT 业)和竞争,行业协会和组展商关系的破裂,政府的变化以及展览日趋专业化,等等。展览已不是私人投资者的金矿,能保证财源滚滚。公司由小到大的管理技巧及经营范围,不同文化的融合能力,留住中上层管理人才的能力等,都是投资的风险。

在美国,展览拥有者也开始用对展览的赞助来代替私人交易。价格的提高,被收购后业主不再愿意留在公司,投资短期行为影响长期回报等因素,促使私人资金公司转向其他媒体或行业,以期得到较高的回报。

资料来源:陈若薇.相聚巴塞罗那[J].中国会展,2005(5).

经济风险中的三个方面都是相互联系,相伴而生的。如经济危机时期,通货膨胀也非常严重。因此,会展企业为了防范上述各种风险,一定要在投资之前进行深入的市场调研,以了解投资所在地整体的经济和市场情况。一般来说,经济较发达地区的经济运行环境比较平稳,市场化程度也较高,因此,在这些地方投资,面临的风险也不会太大。

系统性风险一旦发生,就会给会展带来灾难性的影响,最典型的事例莫过于2003年的“非典”疫情及美国“9·11”恐怖袭击事件,它们都给会展业造成了重大损失。为了回避和降低市场风险,会展组织者在举办展会之前,要对相关的政治经济环境进行研究,对有关风险进行预测和预防,慎重选择办展地点和办展时间,选择在较为安全的地点和时间办展,尽量减少上述“不可抗力”对展会造成的不利影响。例如,在2003年“非典”疫情严重的4—5月,很多办展机构在“非典”的打击下惊惶失措,没有采取有效的风险管理,盲目地对外宣布取消8—9月的展会,结果到了8—9月“非典”疫情得到了很好的控制,其他会展活动照常进行,但他们却因已经宣布取消该会展而后悔不及。

(二)非系统性风险

非系统性风险是个别企业在经营中面临的风险,会展企业只要经营得当,就可以在一定程度上避免这类风险。

1.经营风险。经营风险是指因办展机构经营方面的原因给所举办的展会带来的不确定性,它来自组织内部。常见的经营风险有:①展会定位不当;②主办方招展不力;③招商不顺;④盗窃、暴动、爆炸,甚至恐怖主义活动;⑤宣传推广效果不佳;⑥人力资源及人员结构不适合;⑦展会出现新的竞争者;⑧管理不善;⑨展会现场的饮食卫生出现问题;⑩与会人员的健康保障问题;⑪参展商因对展会不满而出现“闹展”或“罢展”;[①]⑫会展开幕期间的食品供应安全问题;⑬观展公众的卫生健康问题;⑭会展保安问题。

与系统风险不同,经营风险是可以抗拒的。如果会展组织者能够提前做好预防工作,上面所列举的很多经营风险都是可以控制和消除的。由于经营风险一旦出现,很容易给相关会展和办展机构的声誉造成伤害,因此,对经营风险绝不能掉以轻心。

这里,我们可以引用展会经营安全系数对展会的经营风险进行预测和评估。

展会经营安全系数=1-展会盈亏平衡规模/展会预期(实际)规模

① 所谓参展商的“闹展”和“罢展”,是指由于会展的举办效果和会展主办单位当初对外宣称的严重不符,参展商因严重不满而在会展现场“闹事”或干脆不再继续参加展会。

盈亏平衡规模(标准展位数量)= 展会总成本/单位标准展位价格

如果展会经营安全系数大于或等于40%,则该展会将非常安全;如果该系数在21%~39%之间,举办该展会将是安全的;如果在16%~20%,举办该展会将是较安全的;如果在10%~15%,举办该展会会存在一定的风险,需要注意安全;该系数如果低于9%,举办该展会的风险较大,需要加倍小心。

2.财务风险。财务风险包括举债筹措资金给会展企业的财务成果带来的不确定性和办展机构资金投入所带来的不确定性。如果会展组织者举办会展的资金是举债筹措来的,那么由于种种原因,息税前资金利润率和借入资金利息率之差具有很大的不确定性,这种不确定性会使办展机构自有资金的利润率变化无常。另外,会展组织者在筹备展会期间投入的资金能否按期收回也存在一定的风险。所有这些,都是会展企业可能面临的财务风险。

3.合作风险。合作风险指的是各种利益相关主体(Stakeholder),如各个会展企业之间、会展企业与展馆之间、会展企业与会展各服务商和各营销中介之间在合作条件、合作目标和合作事务各环节上可能出现的不协调、不一致和其他的不确定性。经常发生的情况有:

(1)某合作单位中途退出,或者举办自己的展会,致使会展活动的筹备工作出现混乱;

(2)由于某种突发情况,展馆方无法按时交付场地;

(3)代理商招展工作不力,或者在工作中出现严重失误,给参展商造成巨大损失,从而损坏主办单位的良好形象;

(4)因为资格审查不严,指定展品运输商、餐饮供应等服务商出现工作失误,如展品运输损坏、集体食物中毒,等等。

合作风险的出现不仅会影响到各会展企业、机构,各展会服务商和各展会营销中介之间的合作,而且还可能会给展会本身、展会服务以及展会的展出效果等方面造成不良影响。

4.安全风险。安全风险指的是展会中的安全问题,如盗窃、爆炸甚至恐怖主义活动,或是参展人员、观众的突发性疾病等,这些都是展会中随时可能发生的意外。

对于以上各种风险,会展企业首先要评估它们存在的可能性有多大,并评估一旦它们发生,将对即将举办的展会可能造成哪些影响,展会是否可以规避或者克服这些风险以及它们所造成的影响。

第二节　会展风险管理方法

会展风险管理过程就是风险管理所采用的程序，这一程序一般由若干主要阶段组成，这些阶段不仅相互作用，而且与会展管理的其他管理项目互相影响。每个风险管理阶段的完成都可能需要会展风险管理人员的努力。

对于会展风险管理主要阶段的划分，不同的组织或个人的划分方法是不一样的，在此我们不对这些划分方法详细叙述，只引用《会展项目管理》①一书中的划分方法进行讲解，即会展风险管理的过程可分为风险规划、风险识别、风险估计、风险评价、风险应对、风险监控6个阶段和环节，如图12-2所示。

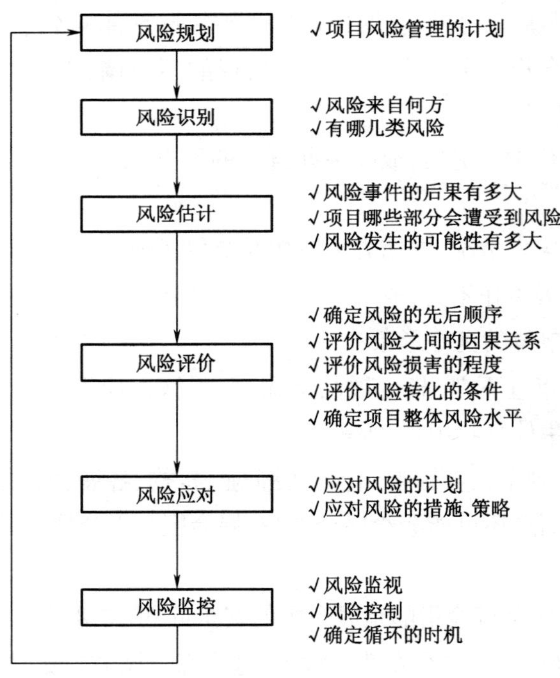

图12-2　风险管理的六个阶段和环节

① 王起静，等.会展项目管理[M].北京：中国商务出版社，2004.

一、会展风险规划

（一）会展风险规划的概念

会展风险规划是指会展风险管理的一整套计划，主要包括：定义项目组及成员风险管理的行动方案及方式，选择合适的风险管理方法，确定风险判断的依据，等等。会展风险规划用于对风险管理活动的计划和实践形式进行决策，它的结果将成为整个会展风险管理的战略性和指导性的纲领。

（二）会展风险管理规划的依据

1.会展计划中所包含或涉及的有关内容。如展会目标，展会规模，展会利益相关者情况，展会复杂程度，所需资源，展会时间段，约束条件及假设前提等。

2.会展企业及会展组织者的个人所经历和所积累的风险管理经验及实践。

3.决策者、责任方及授权情况。

4.展会利益相关者对会展风险的敏感程度及可承受能力。

5.可获取的数据及管理系统情况。丰富的数据和严密的系统基础，将有助于风险识别、估计、评价及对应策略的制定。

6.风险管理模板。项目经理及项目组将利用风险管理模板对项目进行管理，从而使风险管理标准化、程序化。模板应在管理应用中得到不断改进。

（三）会展风险管理规划的主要工具和内容

会展风险管理规划的主要工具是召开风险规划会议，参加人包括项目经理和负责项目风险管理的团队成员。通过风险管理规划会议，可以决定风险管理的方法、工具、报告和跟踪形式以及具体的时间计划等。

风险管理规划的主要内容包括：

1.方法。确定风险管理使用的方法、工具和数据资源，这些内容可随会展筹备阶段及风险评估情况做一些适当的调整。

2.人员。明确会展风险管理活动中的领导者、支持者及参与者的角色定位、任务分工及其各自的责任。

3.时间周期。界定会展项目生命周期中风险管理过程的各阶段及过程评价、控制和变更的周期或频率。

4.类型级别及说明。定义并说明会展风险评估和风险量化的类型级别。明确的定义和说明对于防止决策滞后，保证过程连续非常重要。

5.基准。明确定义由谁、以何种方式采取风险应对行动。合理的定义可作为衡量项目团队实施风险应对计划有效性的基准，并避免发生项目业主方与项目承担方对该内容理解的歧义。

6.汇报形式。规定会展风险管理各过程应汇报或沟通的内容、范围、渠道及方式。汇报与沟通应包括会展工作项目团队内部之间的沟通及项目外部与投资方等项目利益相关者之间的沟通。例如,“2003 年春季‘非典’病人的确认数量”这一内容,在会展组织者预测“非典”疫情持续时间长短时就必不可少。

7.跟踪。规定如何以文档方式纪录会展筹备及正式举办过程中的风险及风险管理的过程,风险管理文档可有效用于对当前项目的管理、监察、经验教训的总结以及日后项目的指导等。

二、会展风险识别

(一)会展风险识别的概念

会展风险识别就是将会展风险的因子要素归类,并分层查找出来。风险识别包括:确定风险的来源,分析风险产生的条件,描述风险的特征,确定哪些风险事件有可能影响会展的正常举办。不是所有风险都是会对会展产生严重后果的高风险,然而,几个小风险的叠加也可能会对会展产生严重影响,因此,风险识别不是一次就可以完成的,应当自始至终不断进行。

对会展可能面临的风险进行识别是风险管理的基础。会展风险识别要回答以下问题:会展活动有哪些潜在的风险因素?这些风险因素会引起什么风险?这些风险的严重程度如何?简单地说,会展风险识别就是要找出风险之所在和引起风险的主要因素,然后在这个基础上对风险的后果做出定性或定量的估计。

(二)会展风险识别所使用的工具

我们可以使用很多方法对会展风险进行识别,常用的有:德尔菲方法(Delphi Method),头脑风暴法(Brain Storming),情景分析法(Scenarios Analysis),核对表法(Check Lists)和面谈法(Interviewing)等。

1. 德尔菲法。这种方法的基本步骤如下:第一步,确定参加风险识别的人员,并让每个人独立地提出自己的意见;第二步,汇总每个人的识别结果,并对所有的结果进行分类、整理、编辑和再汇总,将经过上述处理的第一次识别结果通知给每一个参与人员,但不提示任何意见是谁提出的;第三步,参加识别的人员在阅读了上述处理过的汇总意见后,重新对可能发生的风险进行识别,并第二次提出自己的看法;第四步,汇总第二次识别结果,并进行分类、整理、编辑和再汇总,重复第二步的过程……如此循环往复,直到大家的意见基本一致为止。这样就获得了风险识别的最终结果。此办法可有效地避免小组成员之间的相互影响,结果较为客观,但缺点是费时较多。

2. 头脑风暴法。这一方法指的是按制度挑选一些专家或者会展组织的有关人员，就该会展可能发生哪些风险进行识别，要求大家对可能发生的风险提出自己的意见。在会议现场，不管大家的意见如何“离谱”，都不准对其进行批评。当每个人的意见都记录下来之后，在稍后的时间里，再仔细分析讨论这些意见，并从中总结出可能发生的风险，为下一步采取适当的预防措施提供依据。此法的关键之处是禁止别人对最初的意见进行批评，目的在于鼓励大家畅所欲言，尽量发现问题。

3. 情景分析法。它是根据事物发展趋势的多样性，通过对系统内外相关问题的系统分析，设计出多种可能的未来前景，然后用类似于撰写电影剧本的手法，对系统发展态势自始至终的情景和画面做出描述。当一个会展项目持续的时间较长时，往往要考虑各种技术、经济和社会因素的影响。对这类项目进行风险预测和识别，可用情景分析法来预测和识别其关键风险因素及其影响程度。情景分析法非常适合于以下情况：提醒展会决策者注意某种措施或政策可能引起的风险或危机性的后果；建议需要进行监视的风险范围；研究某些关键性因素对未来过程的影响；提醒人们注意某种技术的发展会给人们带来哪些风险。

4. 核对表法。与上述方法相比，核对表法比较简单，它主要利用核对表作为风险识别的重要工具。核对表一般根据会展风险要素编纂，包括项目的环境、项目产品或技术资料以及内部因素（如团队成员的技能或技能缺陷）等。

5. 面谈法。与不同的项目相关人员进行有关风险的面谈，将有助于认识那些在常规计划中未被识别的风险。在进行可行性研究时获得的项目前期面谈记录往往是识别风险的很好素材。

三、会展风险估计

（一）会展风险估计的概念

会展风险估计指的是在会展风险规划和识别之后，通过对展会所有不确定性和风险要素的充分、系统而又有条理的考虑，确定各单个风险的工作。

会展风险估计的主要内容：①影响会展筹备及正式举办的风险事件发生的可能性的大小；②风险事件可能导致的结果所涉及的范围及危害程度；③预期风险事件可能发生的时间；④同一风险因素所诱发的风险事件发生的频率。

（二）会展风险估计的依据

会展风险估计的主要工作内容就是确定哪些因素会对会展的举办形成威胁，并依据其影响程度进行合理的排序。展会内容不同，所面临的风险事件也不同，比如国内展和出国展可能遇到的风险就存在很大的差异。但每个展会在进行风险估计时,其依据大概都有以下几项:①会展风险管理规划的结果;②会展风险识别的成果;③会展工作进展情况。由于会展是一个比较特殊的行业,每次会展的筹备时间长,但举办时间相对来说都较短,因此在筹备初期,风险症状往往表现得不太明显,但随着会展筹备工作的不断进行,会展风险及发现风险的可能性也不断增加;④展会类型。一般来说,简单展会或重复率较高的展会风险程度比较低,而复杂的展会或举办次数较少的展会风险程度比较高。

四、会展风险评价

(一)会展风险评价的概念

会展风险评价就是在对会展风险进行规划、识别和估计的基础上,通过建立风险的系统模型,找到会展项目所面临的风险,确定项目整体的风险水平,为如何处置这些风险提供科学依据,以保证项目的顺利进行。

(二)风险评价的依据

风险评价的依据包括:①风险管理计划;②风险及风险条件排序表;③既往资料或风险专家对同类会展项目的研究成果;④专家判断结果。这里所指的专家既可以是项目团队、组织内部的专家,也可以是组织之外的专家;既可以是风险管理方面的专家,也可以是工程或统计方面的专家。

(三)会展风险评价的常用方法和工具

对展会进行风险评价的方法有很多,如故障树分析法,蒙托卡罗模拟法,外推法,决策树分析法,主观概率法,层次分析法,效用理论,灰色系统理论,模糊分析方法,计划评审技术,影响图分析法等。这里只介绍一种非常实用的决策树分析法。

决策树分析法是一种利用图表来说明不同决策者之间或相关偶发事件之间相互作用的方法。图 12-3 就是一个简单的项目风险决策树示例。

五、会展风险应对

会展风险应对就是对即将举行的会展风险提出处置意见和办法。从改变风险后果的性质,风险发生的概率和风险后果的大小三个方面,可以提出以下多种策略:减轻风险、预防风险、转移风险、回避风险、自留风险和后备措施等。根据我国目前会展管理的情况,特别是结合大型高风险会展项目的实践,我们认为应对风险的关键在于预防风险的发生,而最好的预防措施便是制定风险管理预案。这里所讲的会展风险管理预案应具备以下几个特点。

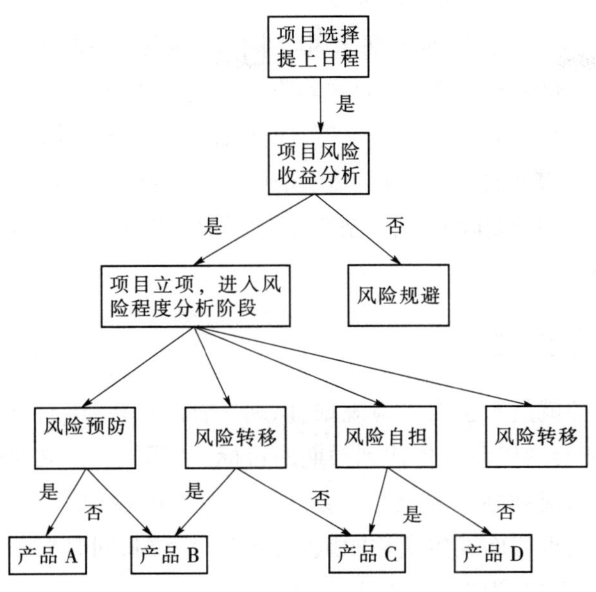

图 12-3　项目风险决策树

（一）与主题策划一致

为了预防可能发生的风险，最常见的方法就是对关键项目或关键人物建立替代方案，而这些方案原则上必须保证与活动主题策划一致或体现出代表性的行业或言论，而杜绝出现一言堂或与活动主题相背离的情况。

（二）预想的充分现实性

风险预案的制定并非是随意的，它一定要遵循现实性原则，在充分考虑了会展项目的财力、技术、管理、人才或其他方面的资源之后，再合理设计预案的组织形式。那种图省事、走捷径、抱侥幸心理、做表面文章的做法都是不可取的。

（三）可替代性

这里所说的风险预案一定是对整个会展项目中某个可能产生风险的环节提前进行防范，因此预案与项目之间的关系应该是替代关系，即一旦某一风险发生，启动其预案时不能给人留下临时拼凑的感觉。比如，某一大型对话论坛即将召开，这时其中的一位嘉宾却因种种原因无法到场，这位嘉宾缺席的直接后果就是导致这次对话论坛上他所代表的流派言论缺失，对话主题也就失去了原来的意义。对于这种情况，会展组织者应当在预案中列明相应的替换标准，即所邀请的替代人员也应该与那位嘉宾属于同一流派，否则，即使请来愿意参加论坛的人也毫无意义。

（四）可选择性，兼顾时效性与合理性

这里所讲的可选择性是指应对每个风险事件的预案都不能是唯一的，而是应该同时备有几套可供选择的方案，这样一旦风险事件发生，在预案A无法实施的情况下，可以迅速启动预案B，甚至预案C、预案D等。而且在选择这些预案时还要兼顾时效性与合理性。比如，预案A可能费时，但实施起来更为合理；预案B快捷，但可能稍欠合理性，这就要求会展组织者要因地、因时制宜，在兼顾时效性与合理性的前提下，在多个备选方案中进行选择。

六、会展风险监控

会展风险监控就是对会展风险规划、识别、估计、评价、应对全过程的监视和控制，其目的是保证会展风险管理达到预期的目标。实际上，会展风险监控所监控是会展项目的进展情况和办展环境。在会展风险监控的过程中，要及时发现那些新出现以及随着时间推移而发生变化的风险，并及时反馈，同时根据对项目的影响程度，重新进行风险规划、识别、估计、评价和应对。

不管预先计划好的策略和措施是否付诸实施，会展风险监控都非常重要，不可或缺。它可以帮助会展组织者发现已做出的决策可能发生的错误，并尽早确认，一经确认，立即采取纠正行动；如果决策正确，但结果还不尽如人意，不要过早改变决策，频繁改变主意不仅会浪费资源，而且还会大大增加其他风险发生的可能性。

知识链接

马富强[①]谈会展风险

会展行业的风险具有较强的独特性，主要表现在单位时间内风险高度集中，多种风险因素交错，因而其风险管理和保险安排是比较特别的领域，会展综合保险业务开展得也比较广泛、深入。由于我国风险文化和保险消费行为的巨大差异，此类保险的需求与供给基本上还处在萌芽状态。国内某些保险公司开发了“展览会综合责任保险”，但一直以来惨淡经营，并没有形成规模。而且，该保险仅仅保障会展参与者的法律责任风险，对于其他风险根本没有涉及，应当说是很不充分的。展览期间的风险分类如下：

1. 物质损失风险：包括各种财产和物资在运输、安装、参展、拆除、再运输的整

① 马富强，企业风险管理专家，“风险与保险管理协会”（Risk & Insurance Management Society，全球风险管理专业学会）会员。

个过程中，由于自然灾害或意外事故引起的直接经济损失；

2. 财务损失风险：包括财产和物资在上述过程中遭受物质损失，或会展所在地发生诸如战争、恐怖袭击、环境污染、疾病暴发等灾难性事件导致会展推迟或取消，给组织者或参展者造成的损失；

3. 法律责任风险：包括会展组织者或参展方在展览过程中由于疏忽或过失，造成其他方的财产损失或人身伤亡，根据法律规定需要承担的赔偿责任；

4. 人员损失风险：包括组织者、参展方的员工或临时雇用人员在展览过程中由于自然灾害或意外事故受到的人身伤害（非展览期间的风险不在此列）。

目前，有许多险种适用于会展行业。比如：展览会开始前的展品运输、展台搭建等，都有相应的保险；展览过程中，针对主办方的疏忽或过失等造成的损失，有公众责任险；主承办方的雇员发生意外伤亡，可考虑投保雇主责任险。在中国人民保险公司的公众责任险项下，有一项扩展的条款——偶发事件险，这是针对被保险人的经营风险所设的险种，展览会因不可抗力延期或取消而造成的损失，比较适用这一条款。这里所说的损失，不是利润损失，而是展会举办前的相关费用投入。凡是可预见的将要支出的费用均可投保，当然这要在合同中明确规定。

第三节　会展风险管理中的沟通策略

分析会展风险并不是会展风险管理的目的，而如何解决会展风险才是它的真正目的。为了预防会展风险的发生，或者在风险发生后能够有效地控制和扭转风险状况，会展组织者一定要注意内部的信息沟通以及组织与外部的交流。本节将介绍如何进行组织内部的沟通以及如何与媒体打交道等内容。

一、会展风险管理中的沟通原则

沟通是风险管理的核心。统计数据表明，管理中 80%的风险产生于沟通不畅，可见沟通对于管理的重要性。对于一个会展项目来说，沟通显得尤其重要。任何一个会展项目的根本宗旨和终极意义都是服务，服务参展商和参展观众。在服务中如果任何一方的沟通工作没有做好，就会埋下风险的隐患。而有效的沟通是预防风险发生和迅速处理风险的关键。在会展风险管理中，无论是会展组织机构的内部沟通还是与参展商、观众和媒体之间的外部沟通，会展组织者都应遵循以下基本原则：

(一)客户第一的原则

客户是上帝,这在会展活动中同样如此。因此,当风险事件发生时,会展组织者应将参展商、观众的利益置于首位,并明确传达自己处理事故的态度和对参展商的责任心,这有助于有效控制事态的进一步恶化,并有利于会展项目的长远利益。

(二)着眼于长远发展的原则

某一项风险的产生,其影响往往都是全局性的,很多时候影响力之大还是难估量的。因此,会展组织者在处理风险时要有全局和长远观念,有时为了长远发展,宁可牺牲眼前利益。

(三)掌握对外信息发布主动权的原则

会展组织者是风险发生时的第一消息来源,因此,组织者应积极、主动地为参展商、现场观众及新闻媒体提供相关资料,将对外信息发布的主动权掌握在自己手里,并做好以下几个方面的工作:①忠实于客观事实,不发布不准确的信息;②不对风险的原因、结果作缺乏根据的猜测;③关键问题要经过决策层认真商讨后以统一口径对外发布,充分利用新闻媒体与公众沟通,引导和控制舆论局势。

(四)利于统一行动方案执行的原则

统一的行动方案对于内部沟通和外部沟通同样重要,它主要体现在以下几个方面:①在所有办展单位内,统一风险管理的认识;②统一制定并执行会展风险预警机制;③当发生事故时,统一事故处理的态度和对外沟通的口径;④统一执行风险处理行动方案。

二、风险管理中的内部沟通

良好、顺畅的内部沟通是预防风险发生和风险发生后迅速采取应对措施的关键所在。总的来说,在会展风险的预防、处理与恢复过程中,会展组织方的内部沟通工作主要包括以下一些内容(见表 12-1 所示)。

表 12-1 会展风险管理中内部沟通的主要内容

风险管理的阶段	主要的内部沟通工作	工作目的
预防阶段	在广大员工心中建立风险管理重要性与必要性的共识;广泛征求广大员工的意见和建议	统一思想,增加员工的危机预防意识
准备阶段	制订风险管理行动计划;建立沟通机制;开展风险处理演练	制订统一的行动计划,增强工作人员的风险处理技能
识别阶段	获得员工的支持,迅速调查清楚风险的类型和原因	识别风险的实质,并保证会展项目中其他工作的正常进行

续表

风险管理的阶段	主要的内部沟通工作	工作目的
控制阶段	及时向组织成员通报信息;安排新闻发言人	传达展览会主办单位对风险的态度
解决阶段	迅速启动风险管理方案;发动相关工作人员积极地投入到风险处理中来	采取正确的处理措施,有效控制风险的蔓延
提升阶段	在内部总结和宣传风险管理的经验;对表现突出的员工进行奖励	恢复员工对企业的信心,并提升会展项目的市场形象

知识链接

某会展公司的项目管理制度中包括的内部沟通计划内容和方式①

星期一至星期五17:21—17:40,均须填写当天工作日志/其他信息,并提交至TM企业群;

星期六上午举行周工作会议,并由高级项目经理发布周工作日志;

普通文件使用Word制作,并尽可能采用TM群进行发布;

重要性文件均使用PDF文件在TM群上发布;

工作日志均应设置该员工的独一密码,并告知高级项目经理、项目总监和项目运营官;

上下班考勤均由专线员登记,并于9:10前制成Word发布在TM企业群上。

一、工作日志

(一)规定

1. 所有人员均须填写当日工作日志。

2. 高级项目经理、新闻联络员、项目运营官与项目总监的工作日志无须设置文件打开密码。

3. 除高级项目经理、项目总监、项目运营官外的其他人员的工作日志提交到TM群BBS的时间限定在当日20:00前;高级项目经理、项目总监与项目运营官的工作日志提交时间最迟不得超过当天22:00前。

4. 项目经理、财务、专线员的工作日志均须设置密码;其中,项目经理应将密

① 资料来源:项目管理资源网(http://www.leadge.com/djnews/news/20067615306.htm)。

码留言给高级项目经理、项目运营官和项目总监;财务与专线员应将密码留言给项目总监和项目运营官。

5. 项目经理、财务、专线员的周工作日志应于周六18:00前提交到TM群;高级项目经理应根据项目经理的工作日志编写周工作日志及报告,于周日上午10:00前提交至BBS;项目运营官和项目总监的工作日志应根据高级项目经理的周工作日志及报告,于周日18:00前提交至BBS。

6. 月工作日志应与本月最后一周工作日志一并提交。

7. 新闻联络员的相关信息应于次日凌晨8:00之前提交至BBS。

8.《×月报道》《项目季度宣传荟萃》《行业头条》应由新闻联络员联合项目总监于规定日期内发布在BBS上。

9. 工作日志应按照模板填写。

(二)日志内容:详见模板

1. 日志姓名;

2. 日志时间;

3. 完成时间;

4. 完成工作;

5. 遇见问题;

6. 解决建议,等等。

二、月报

(一)规定

1. 月报由新闻联络员根据月工作日志、报告、新闻报道结合而成。

2. 月报应设置电子版、打印版,电子版发表在BBS上,打印版粘贴在公司宣传栏内。

3. 月报发布日期应在下个月2号前。

(二)内容

1. 招展范围与对象;

2. 行业热点新闻;

3. 企业反馈意见;

4. 当前存在问题与解决方式;

5. 下一阶段工作重点与目标;

6. 营销技巧和营销趣事。

三、业务守则

（一）项目组间的协作与竞争

1. 项目组明确各自的招展范围，避免无谓的竞争。

2. 项目经理在招展过程中遇见需要参展其他项目组展会时，应首先向管理本组的高级项目经理汇报，由其与另一名高级项目经理对接，此单80%金额划入该项目组；同属一个高级项目经理管理的两个项目组的情况，同上述处理（如该企业所要参展的项目组已有联系记录/参照工作日志与传真头，则此单归已有联系的项目组所有）。

3. 项目组之间同时发现一家潜在参展商时，应坚决杜绝相互诋毁或采用相互压价、许诺等形式的恶性竞争，双方之间应尽量友好协商解决。原则上解决方式为：按照工作日志、传真头，发函时间较早者为该单所有者；发函时间较早，但在工作日志中已将该企业列入不参展企业名单，则该单由另组人员保持跟单。

4. 高级项目经理根据项目经理工作日志，于每月初的第十天制定项目组所辖项目上个月无参展意向的企业名录，该名录在项目组之间进行交换。

5. 高级项目经理根据项目经理工作日志，于每月初的第十天制定项目组所辖项目上个月重点参展意向的企业名录，该名录提交项目运营官和项目总监。

6. 在招展过程中无论哪个组在获悉一些参展企业已经与其他人员联系过后，应主动退出此单，并友善提醒此项目组该企业的反馈意见。

（二）组内部的协作与竞争

1. 各项目组内部制定明确的各自招展范围。

2. 组内项目经理出现业务冲突，应由项目经理自行协商解决，不能协商的报高级项目经理协调解决，原则上解决方式为：按照工作日志、传真头，发函时间较早者为该单所有者；发函时间较早但在工作日志中已将该企业列入不参展企业名单，则该单归另一组人员所有。

3. 组内一名项目经理在招展过程中遇见所联系的企业已与其他人员联系过后，应主动退出此单，并友善提醒另一名项目经理。

4. 项目经理每月结束后的五天，根据该月工作日志填写上个月重点参展意向的企业名录和无参展意向企业名录，提交至高级项目经理、项目总监和项目运营官。

三、风险管理中的媒体策略

会展项目规模越大、影响力越大，越会受到媒体的关注。在会展风险管理中，如果处理得当，媒体能帮助会展组织者传递信息，协助进行风险预防，提升组织者和会展项目的形象，为会展组织者提供建议和社会支持；反之，则可能成为风险的促进者甚至是制造者,或者妨碍风险管理计划的正常执行。具体来说,会展风险管理中的媒体策略主要包括以下几个方面(如表 12-2 所示)。

表 12-2 风险管理中的媒体策略

风险管理的阶段	主要策略	工作目的
日常工作	加强联络,建立关系	为会展赢得良好的舆论环境
风险发生	召开新闻发布会;主动向公众和媒体提供正确信息,以防公众产生误解;由专门的发言人统一对外发布信息	保证风险管理向会展组织者所希望的方向发展,从而使风险迅速得到控制
危机处理	表明态度,发布结果	在广大参展商心目中树立良好的形象

第四节 会展保险

保险历来被称为"社会的稳定器",在会展业蓬勃发展的今天,保险在这一领域则更有用武之地,它是会展业规避风险的最好选择。我国原来为会展业服务的保险险种只有展览会责任保险等,属于公众责任保险的范围。在新的形势下,这样的承保面显然是远远不够的。我们必须借鉴国际上的先进经验,开发一些适合会展业发展现状的新险种,为会展业提供多方面的保险保障,从而促进会展业更加科学、稳健的发展。

一、展品保险

展品与普通财产不同,有的展品是珍品或孤品,价值连城;有的展品的价格有很强的时效性,会展期间的价值与会展结束后的价值截然不同。因此,可针对不同情况开发出符合展品特点的展品保险。这类保险属于特种财产险,因此其设计应注意以下几方面因素:

第一,保险金额宜采用定值保险的方式来确定;

第二,保险期限就是展览期限;

第三,在保险合同条款的设计中,应适当减少附合性条款,同时增加协商性条款的比例,以适应不同展品的个性化保险需求。

二、观众意外伤害保险

观众的参与性是会展的一大特点,为此很多参展单位都推出了体验式营销活动，邀请观众体验展品效果。与其积极效应相对，这样做有可能使观众在操作过程中遭受意外伤害，观众意外伤害保险就是针对这种情况设计开发的。它属于特种意外伤害保险，主要承保观众在操作展品时因意外事故而遭受到的人身伤害。这一保险主要有以下特点：

第一，保险期限短，只适用于展会开展期间；

第二，保险费用低；

第三，购买主体是参展观众，且可自愿购买。

三、策划人责任险

会展市场的不断发展促使会展策划师这一行业不断走向成熟，但是，与律师、设计师等职业一样，这一新兴的极具诱惑力的工作同样面临着很多风险，他们既要承担管理工作，同时又必须是项目的主要策划人，不管是哪项具体事务都不能产生盲点，否则将有可能给参展商及其他相关各方带来经济损失。因此，策划人责任险将是未来会展保险险种中不可或缺的“新成员”。

四、会展设备安装与拆卸工程保险

会展规模的扩大，使会展设备的安装与拆卸工作也越来越复杂，这一工作与一般大型设备的安装有较大区别，它的工期较短，而且展台与设备不久就会被拆掉，其装卸过程同样存在着很大的风险。因此，一种同时承担会展设备的安装与拆卸风险的会展设备安装与拆卸工程保险将是非常必要的。

五、展品与物资往返运输保险

几乎所有的展览都会涉及一个展品的运输问题，即展前运往展馆，展后运回原地。展品与参展物资运输险，既方便了参展商，又能为参展商享受到比普通单程货物运输保险更为优惠的费用。

六、会展融资信用保险

会展的投资数额会随着会展规模的扩大而扩大，很少有组织者或机构有能力一下子投入这么巨大的资金，融资将是解决这一难题的很好出路。会展融资信用保险会降低融资风险，保证融资过程的正常进行。

七、会展取消或延迟保险

国外的会展行业保险里，有一种叫作“偶发事件保险”的险种，它有助于减少像“非典”、洪水、地震等天灾人祸导致的会展取消或延迟给主办方带来的经济损失。

知识链接

2010年上海世博会保险

从上海世博会开始筹办的那一天起，保险问题就被提上了上海世博局的议事日程。

2006年7月31日，上海世博会开始就“综合责任险”“建筑安装工程一切险”“财产险”“可移动财产险”等内容向全国23家保险公司公开征集方案。2007年6月，国际展览局全体大会通过由法定保险、规定保险、商业保险三级体系组成的上海世博会保险方案。法定保险由中国人保独家承保；对于参展方需要的部分规定保险，则由中国人保、太平洋保险等12家保险公司组成共保体来运作。

法定保险包括机动车交通事故责任强制保险、工伤保险、医疗保险以及上海市外来从业人员综合保险四个产品，组织者及相关参展者、供应商必须依法投保，以确保其工作人员、车辆等拥有最基本的保险保障。

规定保险也带有强制性，包括综合责任保险、建筑安装工程险、财产保险、展品和艺术品保险等四项内容，世博局要求所有展会参与者必须投保。规定保险的强制实施，开创了我国政府大型活动项目实施强制保险的先例。

商业保险是指法定保险和规定保险以外的所有保险产品。对于法定保险和规定保险无法提供保险保障的风险，组织者或参展者可以根据自身对风险的认识自愿选择投保。

法定保险、规定保险、商业保险三个层次相互补充，共同构筑了一道保障上海世博会安全建设及顺利运营的“安全网”。

复习思考题

1.风险的定义与特征是什么？

2.什么是会展的风险管理？

3.对会展进行风险管理有哪些意义？

4.什么是会展风险应对？会展风险管理预案有哪些特点？

5.会展风险管理中的沟通原则有哪些？

6.会展保险有哪些险种？你认为还有哪些险种可供开发？

第十三章 会展评估

内容提要

本章界定了会展评估的概念，论述了进行会展评估的意义和目的，并从组展商、参展商和中介机构三个方面分别介绍了会展评估的方法和内容。

会展评估是对展览环境、展览工作及展览效果等方面进行系统、深入的考核和评价，是展会整体运作管理中一个重要的环节。《事理学》中有这样一条评估原则："对事的科学评鉴与正确规定办事目标有很大关系。""判定办一件事要解决的真正问题是什么，关系到事情的全局。"

第一节 会展评估概述

一、什么是会展评估

会展从本质上讲属于群众性大型活动，而对活动的评估指的是严格观察、衡量和监控一个活动的执行，以便精确评定其成果的过程。因此，会展评估指的就是通过对会展执行过程的观察、衡量和监控，从而得以精确评定其成果的过程。此项成果适用于单个重复会展，从一次会展中学到的经验可以用于下一次会展的计划；同时，它还适用于整个会展活动，从单个会展中总结出的经验有助于会展行业的整体改进。

分析了会展评估的概念之后，再来看一下问题的核心，即"评估"。它包括两个部分：第一部分为衡量，也可称为度量或计量，即数量的计算和比较；第二部分为判断，就是对于一切不能量化的因素采取的研究判断手段。衡量是客观的，一定要有作为衡量标准的共同尺度。判断过程是主观的,而且也无法用某种尺度来直接加以衡量。因此,会展评估必须要把客观的衡量与主观的判断结合为一体。

图 13-1 说明了会展评估在整个会展管理过程中的地位。

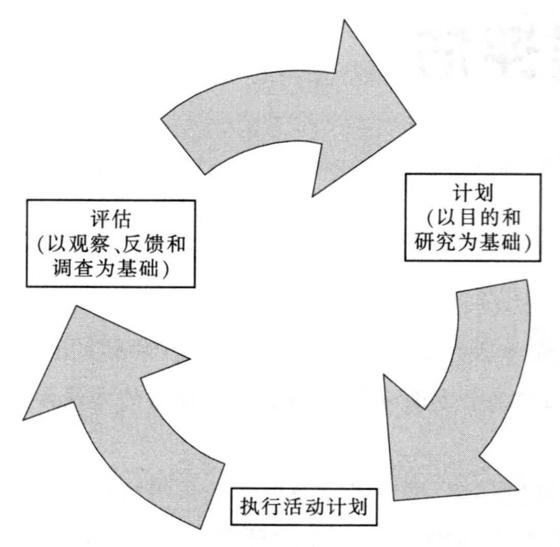

图 13-1　会展评估在会展管理过程中的地位

二、会展评估的意义

会展活动,无论对于主办单位还是参展商来说,本身都是一项人力、财力、精力投入较大的活动,每次会展活动结束后都会有很多宝贵的经验和教训值得借鉴与总结,这个过程的意义巨大。

(一)有利于会展主办单位的健康运作

很多会展主办单位都会在每次展会后进行相关展会数据、经验的总结和积累,如参展商数量、参观人数、取得的利润等,但是对那些已举办多届的展会,在内容和形式上可能会有些成式化,评估也仅仅只是停留在数据的统计和整理上,并没有深入地挖掘下去。其实,每一届会展举办时,宏观环境的变化都会对会展运作管理产生重大影响,这种影响必然导致会展评估内涵和特征的变化。所以说,针对每一次会展的评估对会展主办单位(包括政府部门)而言,都是他们客观、理性地分析、评价当前的展会市场大环境和发展趋势的最直接的资料。会展主办单位可以根据评估结果为今后会展项目的市场开发、运营管理提出相应的建议,并及时调整会展发展方向、运作管理方式等,扬长避短,不断完善产品和提高服务能力。

（二）有利于得到更为客观的结果

由于对会展项目进行评估的人员多为会展主办单位的员工，因而评估结果难免受企业内部因素的影响，用于对会展进行评估的数据乃至结论都不够客观、公正，存在着一定的主观倾向，这对会展将来的发展十分不利。在国外，会展的评估工作多由主办单位委托一些独立的专业会展咨询企业或行业协会进行，这种评估体制使评估过程和结论更为真实、公正，提出的展会未来发展对策大多能对主办单位起到借鉴作用。展会主办单位可根据每次评估的结论和建议，及时调整展会发展方向和运作管理方式等，扬长避短，来完善自己的会展品牌①。

（三）有利于参展单位更好地进行选择

在会展业如火如荼发展的今天，很多企业都面临着在同类、同质会展活动中进行选择的情况，因此，参展商通过直接或间接地对参展成本、参展效果、成交金额、专业观众等多个层面进行综合、详细的评估，从而得出各展会的性价比，从中选择成本低而效果好的优质会展项目。另外，会展评估还可以将参展和参会与其他营销方式，如广告、人员推广等方式的成本效益进行比较，为参展企业选择最佳展会项目提供依据。

（四）有利于会展行业管理机构管理

会展行业主管部门可以根据相关会展评估的标准、结论来制定会展行业发展的行业规章和制度，并可对一些评估良好的会展项目进行重点扶持，帮助它们做大、做强，形成品牌优势；反之，对那些评估差，缺乏市场前景甚至重复举办的展会予以严格控制，以达到规范会展市场秩序和行业竞争的目的。

（五）有利于净化会展市场

会展市场也存在着信息不对称现象，许多展会为了吸引更多的参展商和观众，在前期做了许多虚假广告，有时竟会出现骗展及展会“蒸发”现象。产生这些现象的一个非常重要的原因，就是我国会展市场的评估体系还没有建立起来，不能对每个会展活动的主办机构或承办单位的资质进行评价，没有通过对会展的评价形成展会品牌。

（六）有利于我国会展业的健康发展

我国会展业从小到大，发展速度不断加快，成为各地经济发展的助推器和新亮点。但在其快速发展的背后，却存在许多严重的问题，低水平重复办展就是其中一个主要问题。这些展会缺乏明确的定位，既没有特色，也没有实质内容，而且缺乏良好的组织与服务，收费混乱，低水平恶性竞争，这使得参展者的利益无法得到保

① 这也是本书从组展商、参展商和中介机构三个方面介绍会展评估的原因。

障。造成我国会展产业管理服务水平低下,市场秩序混乱的一个重要原因,就是没有严格的资质条件限制,没有一套完善的评估体系。

三、会展评估的目的

会展评估的目的旨在通过对展会参展面积、参展商数量、观众人数等指标的考核,定量地分析会展的规模,从而树立会展品牌,达到规范行业竞争的目的。

具体而言,会展评估的目的主要包括:①为会展主办机构进行会展项目的可行性分析提供数据依据。②对会展项目的整体运作及其相关成果做出客观真实的评价,展示会展项目的优势,为会展招商提供基础数据的支撑。③对会展项目历年的相关数据进行纵向比较,分析其存在的问题、市场发展的趋势及未来的发展对策。④结合国内类似的大型相关会展活动进行横向对比,分析并借鉴优势会展项目。⑤会展项目的品牌建设是一个长期的工程,借助于会展评估的结果,会展主办方可以不断改进,并最终打造出品牌会展。⑥为参展商参展提供数据支持。⑦会展评估的结果还是贸易促进会和展览馆协会对会展市场进行管理的基础数据来源。⑧为会展场馆的出租提供参考资料。

四、会展评估的主体和客体

(一)会展评估的主体

会展评估的主体指的是谁对会展进行评估。一般说来,会展评估的主体主要有会展主办单位(即组展商)、参展商和中介组织。会展主办单位可根据每次会展评估的结论和建议及时调整会展发展的方向、运作管理方式等,从而完善自己的会展品牌;参展商对会展进行评估则是为了比较参展的成本与收益,从而决定今后是否再参加此类会展;中介组织进行的评估一般说来更具备真实性与客观公正性,他们提出的会展未来发展的对策大多都能给主办单位一定的启发,同时,利用会展中介机构进行评估也是国外非常流行的做法,而且也已经有了成熟的运作经验。

(二)会展评估的客体

会展评估的客体,也可以称之为评估的对象,主要有会展城市、会展主办单位(专业会展公司)与单个会展项目[①]。各类对象在评估时的侧重点如下所述:①对会展城市进行的评估,应侧重于该城市在一年内所举办展会(尤其是品牌展会)的

① 除此之外,还可以针对会展中更为细致的方面加以评估,比如对参观会展的观众的评估,对会展人才的评估等,本书不再详述。

数量、规模、质量、效益和展会所带来的各方面的影响；②对会展主办单位的评估，应侧重于该企业全年办展的业绩与效益；③对单个会展项目的评估，应侧重于该次会展的规模，参展商的数量与档次，参观人数，展会成交额，展会所带来的经济和社会效益等。

五、会展评估的内容

在进行会展评估之前，首先应当明确会展评估的内容。虽然会展项目性质不同，评估主体不同，所评估的内容也无法一概而论，比如教育性、公益性会展与商业性会展的性质就完全不同，评估的内容也不一样。但是一般说来，会展评估的基本内容应当包括：①展会是否有明确的行业定位；②展会的面积；③展览主题（主题是否明确、是否能够服务于当地经济）；④展台的设计与装饰（突出展示、宣传、介绍产品、宣传品牌）；⑤广告宣传力度（在展会前、展会中、展会后均应有强大的宣传阵容，达到接触、交流、洽谈、签约、交易的目的）；⑥参展商的数量；⑦观众（包括专业性观众）的数量；⑧招商组展工作（展会规模、展品质量、品牌、科技含量）；⑨经济与社会效益（达成的交易金额或签订的协议金额，会展的门票收入，广告收入）；⑩展会后勤服务（硬件设施，展会现场环境，展场指南，食宿安排，交通服务，展会会刊等）等。

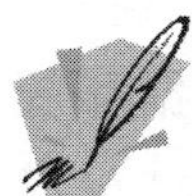

知识链接

某公司展览评估内容

表13-1是某公司展览评估内容。

表13-1　某公司展览评估内容

分类	展览工作（筹备、展台）	展览效果
内容	展出目标	展台效果
	展台	成本效益比
	展台人员	成本利润
	设计工作	消费成交
	展品工作	贸易成交
	宣传工作	接待客房
	管理工作	调研评估
	开支	竞争评估
	展览记忆率	宣传、公关

六、会展评估的程序

会展评估程序如下:①被评估单位与展会组织者提出书面报告与各项统计资料。②评估机构对被评估单位的业绩、展会的规模、展商数量、展品构成与质量及其他各项统计资料等进行实地考察,对展会的实际效益进行科学评估。③评估机构对展会的合同成交额,成交的产品结构,成交的机构以及协议的实施结果等实施跟踪咨询,以获得切实可靠的数据。④评估机构通过参展商、贸易商及传媒机构了解展会的实际活动情况,对展会的服务水平、服务态度进行专项评估。⑤评估机构出具标准的评估报告,并将评估结果在主要的会展专业网站以及会展行业媒体上公布、宣传。

七、评估结论

通过各种分析报告,客观揭示展会的现状,评判展会价值,预测展会的未来走向,并对展会的发展趋势、完善方式和品牌建设提出合理的建议和咨询意见。

分析报告应满足以下几点要求:①语言简洁,有说服力。②必须以严谨的结构、简洁的体裁将调研过程中各个阶段收集的全部有关资料组织在一起,不能遗漏重要的资料,但也不能将一些无关资料统统写进去。③全部数据和统计资料务必准确无误。④对展会评估工作所要解决的问题提出明确的结论或建议。

展会评估报告可能因评估的具体内容而有所区别,但一般来说,都应该包含以下几个部分:

(一)评估的背景和目的

在评估背景中,调研人员要对评估的由来或受委托进行该项评估的具体原因加以说明。说明时,最好引用有关的背景资料为依据,分析展览活动等方面存在的问题。

(二)评估内容

在评估过程中,要包括以下方面的内容:

1.评估对象:说明从什么样的对象中抽取样本进行评估。

2.样本容量:抽取多少观众作为样本,或选取多少实验单位。

3.样本的结构:根据什么样的抽样方法抽取样本,抽取样本后的结构如何,是否具有代表性。

4.资料采集方法。

5.实施过程及问题处理。

6.资料处理方法及工具：指出用什么工具、什么方法对资料进行简化和统计处理。

7.访问完成情况：说明访问完成率及部分未完成或访问无效的原因。

（三）评估结果

评估结果是将评估所得资料整理出来。除了用若干统计表和统计图来呈现以外，报告中还必须对图表中数据资料隐含的趋势、关系和规律加以客观描述。也就是说，要对评估结果加以说明、讨论和推论。评估结果所包含的内容应该反映出评估目的，并根据评估标准的主次来突出所要反映的重点内容。一般来说，评估结果中应包含以下内容：展台效果、成本效益比、成交笔数、成交额、接待客户数量、观众质量等。

（四）结论和建议

要用简洁明晰的语言做出结论。如阐述评估结果说明了什么问题，有什么实际意义。必要时可引用相关背景资料加以解释、论证。建议是针对评估结论提出可以采取哪些措施以获得更好的效果，或者是如何处理已存在的问题，最好能提供有针对性的行动方案。

知识链接

某汽车企业展销会评估总结表

表 13-2 是某汽车企业展销会评估总结表。

表 13-2　某汽车企业展销会评估总结表

<table>
<tr><td colspan="2">经销商</td><td colspan="2">活动时间</td><td>活动区域</td></tr>
<tr><td>活动时间</td><td colspan="2">出发时间</td><td colspan="2">返回时间</td></tr>
<tr><td>活动主题</td><td colspan="4"></td></tr>
<tr><td>巡展路线及里程</td><td colspan="3"></td><td>约　公里</td></tr>
<tr><td rowspan="2">静展场地描述</td><td colspan="2">展示地区</td><td colspan="2">展示场地简介</td></tr>
<tr><td colspan="4">1.
2.
3.</td></tr>
<tr><td>活动描述</td><td colspan="3">参与车辆
展　车　台
维修车　台</td><td>代理公司参与人员　人
销售人员　人
维修人员　人</td></tr>
</table>

续表

<table>
<tr><td rowspan="15">活动效果评估</td><td colspan="2">项　目</td><td>目标</td><td>实际执行</td></tr>
<tr><td rowspan="3">1.信息宣传</td><td>资料派发数</td><td></td><td></td></tr>
<tr><td>现场参观咨询人数</td><td></td><td></td></tr>
<tr><td>沿途可见人数</td><td></td><td></td></tr>
<tr><td rowspan="3">2.互动活动</td><td>有奖知识竞答参与人数</td><td></td><td></td></tr>
<tr><td>互动活动参与人数</td><td></td><td></td></tr>
<tr><td>试乘试驾人数(或预约)</td><td></td><td></td></tr>
<tr><td rowspan="3">3.客户关系维护</td><td>用户邀约人数</td><td></td><td></td></tr>
<tr><td>现场老用户车辆检测台数</td><td></td><td></td></tr>
<tr><td>拜访老用户人数</td><td></td><td></td></tr>
<tr><td>4.问卷调查</td><td>问卷调查人数</td><td></td><td></td></tr>
<tr><td rowspan="3">5.信息收集</td><td>潜在用户数(建资料卡人数)</td><td></td><td></td></tr>
<tr><td>有望成交客户数</td><td></td><td></td></tr>
<tr><td>活动结束后电话回访数</td><td></td><td></td></tr>
<tr><td>6.现场成交</td><td>成交台数</td><td></td><td></td></tr>
<tr><td rowspan="3">活动总结</td><td colspan="2">活动效果及经验</td><td colspan="2"></td></tr>
<tr><td colspan="2">存在问题</td><td colspan="2"></td></tr>
<tr><td colspan="2">改进措施及建议</td><td colspan="2"></td></tr>
<tr><td>区域经理评价</td><td colspan="4"></td></tr>
<tr><td colspan="2">填表人</td><td colspan="3">市场经理</td></tr>
</table>

代理公司盖章：　　　　　　　　　　　　　　督导处：

第二节　会展评估的类型与内容

一次会展结束后，无论是组展商还是参展商，都应该对所组织的展会或所参加的展会进行评估，以了解展会整体情况，看是否达到展出目的等。因此，会展评估可分为组展商评估、参展商评估和中介机构评估三种类型①。

① 不同的人对会展评估有不同的分类方法，比如可以分为对会议、展览和大型活动三种评估类型，本书的分类依据采用的是按会展评估的主体进行分类，一个被评估对象经过多方的评估，可以为参展商提供更可靠的选择依据。

一、组展商会展评估

组展商对会展进行评估的主要内容包括展览的整体情况、参展商、观众的整体情况及媒体的报道等。

（一）展览的整体情况

展览的整体情况主要包括组展商的前期筹备工作、会展现场管理工作，这些情况可以通过对参展商、展台工作人员以及参观者进行调查获得。比如可对参展商进行调查，从而了解参展商对展馆环境及组展者的组织管理工作是否满意，展出者的展览效果是否达到，统计接待客户情况、参观展台的客户质量、展览期间的成交情况等。再如，通过对展台工作人员进行调查，也可获得展出者对组织工作的评价，接待新老客户情况，实际成交额，成本效益比等；对参观者进行调查，可获得其对组织工作的评价以及参观者是否在展会上获得了相应的信息并实现了参展目的等。展览整体情况评价可以说是组展商通过相关主体的反馈来了解自身工作情况的一种方法。

（二）参展商

对参展商的评估主要是评价参展商在行业或参展企业中的地位，通过这项评估，可以使组展商了解所举办展会的档次、规模，包括是否有行业内的知名企业参展，参展商在行业内的影响如何等。

（三）观众

对观众的评估主要是了解国外的观众比例以及专业观众的比例。对参展商和观众的评估结果是组展商工作效果的间接反映，一般来说，组展商实力越强，展会的品牌效应越强，就越能吸引到高质量的参展商和观众。

1.参观展台的观众数量，可以细分为接待参观者数，现有客户数和潜在客户数。其中，潜在客户数是重点。

2.参观展台的观众质量。按照评估内容和标准分类统计观众的订货决定权、建议权、影响力、行业、区域等，然后根据统计情况将参观观众分为“极具价值”、“很有价值”、“一般价值”和“无价值”等情况。

3.接待客户的成本效益。计算方法是用展览总支出额除以所接待的客户数或者所建立的新客户关系数。

（四）成交评估

成交指消费成交和贸易成交两种。对贸易性的会展而言，成交评估是展会评估最重要的内容之一。成交评估主要包括以下内容：①有无达到销售目标；②成交额；③成交笔数；④意向成交额；⑤实际成交额；⑥与新客户成交额及与老客户成交额；⑦展览期间成交额；⑧预计后续成交额，等等。

（五）新闻媒体报道

新闻媒体的报道是对展会进行评估的一个重要方面，而对新闻媒体报道的分析又可以从两个方面进行：

一是媒体报道的次数。这里所讲的次数应当包括展览会举办当地的媒体，高一级行政区域的媒体，国家级的新闻媒体，展览会专业媒体等进行的报道。媒体报道的次数可以说明该展会项目的影响力。

二是媒体报道的评价。报道的正面或负面，以及正负的程度，都依赖于展览会的结果和对社会的影响。对新闻媒体报道数据的收集与分析，工作量较大，专业性也较强，可以请专业的媒体监控组织来进行，这样虽会有较高的成本，但相对来说评估的效果会更好。

二、参展商的会展评估

参展商参加会展是要付出成本的，因此，每次参加展会之后，参展商都会对本次会展进行评估，计算成本收益，决定今后是否继续参展。如果继续参展的话，还可以利用评估结果对未来参展的展会提出建设性的建议。参展商对会展的评估主要集中在展览工作、展览质量和展出效果这几个方面。通常情况下，评估工作是由参展公司独立完成的，但有时也会委托给专业的评估公司来做。

（一）对展览工作的评估

对展览工作的评估有定性的内容，也有定量的内容，评估的主要目的是了解展览工作的质量、效率和成本效益。主要评估工作包括展会的前期筹备工作和现场管理工作。对会展前期筹备工作的评估内容主要包括：展会所确立的展览目标是否合适，展会宣传是否到位，展台工作人员的工作态度，展台整体工作效率，展品的制作运输情况，管理工作情况，等等。

1. 有关展出目标的评估。参展公司依据本公司的经营方针和战略，市场条件，展览会情况等，评估展出目标是否与自身情况相符。

2. 有关展览效率的评估。展览效率是展览整体工作的评估指标，评估方法有多种，其中一种是展览人员实际接待参观客户的数量在参观客户总数中的比例；另一种是参展总开支除以实际接待的参观客户数量之商。后一种方法计算出的结果也称作潜在客户的平均成本，是一种非常有价值的评估指标。只要有足够的开支，参展公司可以接触到所有的潜在客户。但这里要注意，应当用最少的开支达到这一目的。这一指标可以直接用货币值表示，比如接触一个潜在客户的开支为200元。

3. 有关展览人员的评估。展览人员的表现包括工作态度、工作效果、团队精神等方面，这些不能直接衡量，一般是通过询问参加过展览的观众来了解和统计。

另一种方法是计算展览人员每小时接待观众的平均数。美国展览调查公司曾作过一项调查，该调查指出，如果一个展览单位的评估结果显示表现差的展览人员超过工作人员总数的6%时，就应当采取措施提高展览人员素质。

4. 其他人员评估。其他人员评估包括展览工作人员组合安排是否合理，工作效率是否高，言谈、举止、态度是否合适，展览人员工作总时间的长短，展览人员工作轮班时间是否过长或过短等。

5. 设计工作评估。定量评估内容有展台设计的成本效率，展览和设施的功能效率等；定性的评估内容有公司在展会上的形象如何，展会资料是否有助于展出，展台是否突出和易于识别等。

6. 展品工作评估。这项评估工作的内容包括展品选择是否合适，市场效果是否好，展品运输是否顺利，增加或减少某种展品的原因等。这种评估结果对市场拓展会有一定的参考价值。比如，通过评估可以了解哪种产品最受关注，在以后的展出工作中就可予以更多的重视，相反，对那些不受关注的展品则应考虑不再展出。

7. 宣传工作评估。这包括宣传和公关工作的效率，宣传效果，是否比竞争对手吸引了更多的观众，展会资料散发的数量等。另外，对新闻媒体的报道也要收集、评估，包括刊载（播放次数、版面大小、时间长短）、评价等。

8. 管理工作评估。这包括展览筹备工作的质量和效率，展览管理工作的质量和效率，工作有无疏漏，尤其是培训等方面的工作有无疏漏。

9. 开支评估。展览开支是另一个争论较多的评估内容。对于绝大部分参展公司，展览只是营销过程中的一个环节，因此，展览直接开支并不是展览的全部开支，展览的隐性开支可能很大，要计算清楚比较困难。但即便这样，对参展开支仍要进行评估，因为这是计算参展成本的基础。

展览成本详表见表13-3。

表13-3　展出成本详表

展　出　成　本	
展览目标（包括成效、接待客户等）	接触潜在客户的平均成本
	与潜在客户建立联系的平均成本
	签订合同的平均成本
非展览目标（包括扩大影响、提高形象、市场调研等）	散发资料（包括直接发函）或用品的平均成本
	音像放映、表演的平均成本
	新闻报道平均成本（可以以每一次报道或每千字为单位）
	广告平均成本（可以以报刊面积或电视、电台的播放时间为单位）
	研讨会出席人员平均成本
	了解竞争对手情况平均成本
	参加研讨会的平均成本
	调研报告的平均成本

10. 展览记忆率评估。能反映整体参展工作效果的专业评估指标是展览记忆率,它是指参观客户在参加展览 8~10 周后仍能记住展览情况者占的比例。展览记忆率与展出效率成正比,反映参展公司给参观客户留下的印象和影响。记忆率高,说明展览形象突出、工作好;反之,则说明展览形象普通、工作一般。记忆率低的原因主要有:展览人员与参观客户之间缺乏直接交流,缺乏后续联系,参展公司形象不鲜明,所吸引的参观客户质量不高等。

(二)展出质量评估

参展商要考核一个展览会的质量,需要从展会的参展企业数量、售出面积等方面综合考虑。其中,有关参展企业的评估主要包括:

1. 参展企业数量。这是一个比较直观简单的定量内容,所需数据可以从组展商那里获得。

2. 参展企业质量。这是最重要的参考因素。参展企业质量与展出效率成正比,即参展企业质量高,展出效率就高。

3. 平均参观时间。这是指参观者参观整个展览会所花费的时间,该指数与展览会效果成正比。

4. 平均参展时间。这是指参展企业参加每次展览所花费的平均时间。利用这个指标,参展企业可以安排具体展览工作,比如规定操作示范的时间不宜超过多少分钟,以便留有时间与参展企业交流。

5. 人流密度指数。这是指参加展览会观众的平均数量。如果每 10 平方米有 3.2 个参观者,指数就是 3.2。一般来说,综合性的消费展览会观众人数多,密度大,但专业性展览会则不会太拥挤。

美国的一项研究结果显示,美国参展公司对展览会常使用 34 种评估标准,其中 16 项被普遍认为非常重要。这 16 项标准可以归为 4 类,即参展企业质量、参展企业数量、展出位置和展出管理,如表 13-4 所示。

表 13-4　贸易展览会评估标准

种　类	项　目	重要性排序
参展企业质量	参展决策者的比重	1
	目标市场观众的比例	2
	展览会的专业性	8
	潜在客户的数量或比例	9
	筛选参展企业	15

续表

种　类	项　目	重要性排序
参展企业数量	参展企业数量	3
	展览会组织者的宣传规模	5
	展览会参观者在过去几届的数量	6
展出位置	展出位置	4
	可以选择展出面积/位置等	7
	走道观众流量	13
展出管理	可预先登记程序	10
	安全保卫	11
	展品运进、运出的手续	12
	展品运进、运出设施	16

（三）展览效果评估

展览效果评估既是对该届展会的总结，也是为企业下一次参展提供的有效借鉴。有关展览效果评估的争议较多，这主要是因为对工作项目与工作成果之间关系的理解不同。因此，效果评估工作比较难。但是参展企业仍应尽力做好展览效果评估，同时不要将评估结果绝对化，以免以偏概全。对展览效果评估的内容包括：

1. 参展效果评估。如果参展商接待了70%以上的潜在客户，客户接触平均成本低于其他展览的平均值，就表明参展效果优异。

2. 成本效益比评估。成本效益也可以称作投资收益，评估因素比较多，范围较广。评估时可以用此次展览的成本与效益相比，用此次展会的成本与前次类似展会的成本相比，用此次展会的效益与前次或类似展会的效益相比，也可以用展出成本效益与其他营销方式相比，等等。

一种典型的成本效益比是用展览总开支比展览成交总额①，要注意的是这个成本不是产品成本而是展出成本。这个值越大说明展出效果越好。

另一种典型的成本效益比是用开支比建立新客户关系数。由于贸易成交比较复杂，用展览开支比展览成交额不容易准确计算，而与潜在客户建立关系是展览的直接结果，因此与客户建立关系就意味着未来的成交，因此，可以把与潜在客户建立的关系作为衡量展览投资收益的基础。

① 成本效益=展览总开支/成本总额。

3. 成本利润评估。成本利润评估法是从另外一种角度对展览效果进行评估的方法,这种方法认为,对展览效果的评估不应该只局限于对成本和成本效益的计算,同时还应该计算成本利润。比如,签订买卖合同,先用展览总开支除以成交笔数,得出每笔成交的平均成本①;再用展览总开支除以成交总额,得出成交的成本效益;最后,用成交总额减去展览总开支和产品总成本,得出利润②,再用展览成本比利润,即成本利润③。利润、成本利润的值越高,展出效果越好。虽然这种方法得出的结果可以作为参考,但却不可以作为评估的主要内容,因为如果某企业以建立新客户关系为主要出发点参加展会的话,就不存在利润,或者利润很少。因此,成本利润法不能作为单独的评估依据。

4. 成交评估。成交评估分消费成交和贸易成交。消费性质的展览会以直接销售为展出目的,因此,可以用总支出额比总销售额,然后用预计的成本效益比与实际的成本效益比相比较,这种比较可以从一方面反映展出效率。

贸易性质的展览会是以成交为最终目的,因此,成交是最重要的评估内容之一,但也是展览评估矛盾的焦点之一。许多展览商喜欢直接使用展出成本与展出成交额相比较的方法计算成交的成本效益,但要注意,这是一种不准确、不可靠的方法,因为有些成交是由于展览而达成的,而有些成交却是不展出也能达成,更多的成交可能是展览之后达成的。因此要慎重以此作为评估指标,并要慎重使用这些评估结论。

对成交评估的内容一般有:销售目标是否达到,成交额多少,成交笔数多少,实际成交额,意向成交额,与新客户成交额,与老客户成交额,展览期间成交额,预计后续成交额等,同时,这些数据还可以交叉统计计算。

5. 接待客户评估。这是贸易展览会最重要的评估内容之一,主要包括:

(1)参加展览的观众数量,这一数量还可以细分为接待参展企业数、现有客户数和潜在客户数。

(2)参加展览的观众质量,可以参照展览会组织者的评估内容标准,分类统计观众的订货决定权,建议权,影响力,行业,地域等,并按自己的实际情况将参展观众分为"极具价值"、"很有价值"、"一般价值"和"无价值"四类。

(3)接待客户的成本效益尤其是与新客户建立关系的成本效益,是最重要的评估内容。它是此次展览与前次展览相比较,展览方式与其他推销方式相比较的

① 平均成本=展览总开支/成交笔数。

② 利润=成交总额-(展览总开支+产品总成本)。

③ 成本利润=利润/展览成本。

重要标准。计算方法是用展览总支出额除以接待的客户数,或所建立的新客户关系数。

6. 调研评估。这种方法是参展商在展出后针对市场和产品进行调研,即通过展会对新产品或市场有没有新的了解,有没有更明确的发展和努力方向等来对展会效果进行评估。

7. 竞争评估。指在展览工作方面和展览效果方面与竞争对手相比较的情况。

8. 宣传、公关评估。这方面的评估工作比较困难,因为其中定性的内容比较多,评估技术比较复杂。具体评估内容包括宣传、公关有无效果,效率、效益有多大,是否需要增加投入提高企业形象,企业形象与实际成交之间有多大关系,等。

需要说明的是,无论组展商还是参展商所做的评估,都是以所收集的信息为依据的。收集信息是评估工作中工作量最大也最为关键的一个环节。如果所收集的信息不准确,会展评估就不具有科学性。收集信息可以采用多种方式,如收集已有资料,实况记录,组织会议,座谈,发调查问卷等。其中,组织专家召开会议或座谈所获得的信息通常是定性的,这种方式能够比较迅速地获得对展会整体、大概的评价;而发放调查问卷所获得的信息通常是定量的,这种方式以概率论为基础,采取抽样调查的方式,具有一定的科学性,所获得的信息可作为具体项目评估的依据。因此,设计科学、合理的调查问卷也是会展评估中的一项重要工作。

德国企业如何评判展会效果

各个展会的举办方都在挖空心思,想方设法把展会办得更能吸引参展商,以便获得更大的经济利益。而参展商们也很自然地把参展的成本与展会的收益相互比较,辨别出哪些展会能带来更大的经济效益和社会效益。一个展会的“质量”到底是以什么为标准?在国内,举办者与参展者都认为在展会中“有没有订单、有多少订单”,“展览会人气旺不旺”似乎是最为重要的一个标准。比较而言,德国企业似乎对展会质量的判断更为全面些。

据德国展览协会总结,德国企业判定一个展会是否成功,主要从如下几个方面来考虑:①本企业在展会中是否树立和保持了公司良好的形象;②是否更新和强化了与现有客户的联系;③结识了多少新的客户;④所显示的参与市场程度;⑤推介新产品的情况;⑥对现有市场份额的巩固情况;⑦所收集的信息的质量;⑧签订的合同数量。

在德国,无论举办方和参展方,都比较倾向于从展览前、中、后三期综合考虑,注重参展企业的选择、产品的选择、层位布展、参展人员素质、展台接待、展后跟踪等多方面因素,而不单纯专注于“订单”和“人数”。

德国的会展评估是由第三方机构来承担的,即 FKM(Gesellschaft zur Freiwilligen Kontrolle vonMesse-und Ausstellungszahlen)公司。其主要业务就是制定统一的展览会相关指标统计审核标准,促进会展数据的透明度和真实性。FKM 隶属于行车展览与博览会协会(AUMA)。其成员都自觉遵守相关规定,按照规则和标准申报展览会统计数据,接受 FKM 组织的专门数据审计,保证在任何场合和情况下所使用和发布的展览会统计数据均与 FKM 公布的统计数据相一致。一般情况下,德国展会推广时都会标记该展会是否经过 FKM 审核。

三、中介机构评估

不论组展商还是参展商群体,因为利益相关性,由他们所做的会展评估有时难免有失偏颇,不容易取信于人。为此,一些中介性质的会展评估机构、会展协会甚至还有政府主管部门便承担起了中立评估的任务。

一些会展业发达的国家都相当重视会展评估。比如,德国会展业的成功就有赖于权威的会展评估中介机构 AUMA,它对每个会展的参观人次及效果,都作公正公开的评价,使参展商能避开信誉不好的会展公司的陷阱,这有助于真正有实力的会展企业迅速树立自己的品牌。法国的会展评估权威机构是数据评估事务所(OJS),英国、美国也都有自己的展览审计机构。表 13-5 和表 13-6 分别是 AUMA 评估会展项目的主客观评价指标。

表 13-5 主观评价指标体系的含义

项目	指标	含义
满意度	参展商满意度	对展会不同满意程度的参展商在全体参展商中所占的比例
	专业观众满意度	对展会不同满意程度的专业观众在全体专业观众中所占的比例
	普通观众满意度	对展会不同满意程度的普通观众在全体普通观众中所占的比例

续表

项目	指标	含义
目标实现度	参展商目标实现度	参展目标不同实现程度的参展商在全体参展商中所占的比例
	专业观众目标实现度	参展目标不同实现程度的专业观众在全体专业观众中所占的比例
	普通观众目标实现度	参展目标不同实现程度的普通观众在全体普通观众中所占的比例
持续参展率	参展商持续参展率	继续参加展览的参展商在全体参展商中所占的比例
	专业观众持续参展率	继续参加展览的专业观众在全体专业观众中所占的比例
	普通观众持续参展率	继续参加展览的普通观众在全体普通观众中所占的比例

表 13-6　客观评价指标的统计含义

项目	评价指标	统计含义
展位面积	出租的展位面积	指出租用作展览或特殊展出的面积;为参展商和(或)观众提供公共服务的行政管理机构、协会和组织所占用的面积不计入出租展位面积;出租的展位应被划分为室内和室外展出面积,还应被划分为国内和国外展出面积。划分为国内和国外面积应以参展商的划分为依据被用作舞台、特殊活动的面积不能算作净展览面积,除非他们满足特殊展位的条件
	特殊展位	在展会(包括消费类和贸易类)上,尤其是消费类展会上,组织者会安排额外的空间用作特殊展示(通常是和某些组织合作),如设计展示、研究成果、工艺展示、专业培训信息或其他一些内部专题展示
	总面积	包括所有用于展览的面积,如展位面积、走廊、休息厅面积等,但不包括诸如饭店、办公室等辅助设施。出租的展位面积与总面积的比例一般在50%~60%

续表

项目	评价指标	统计含义
参展商	参展商数量	凡是作为独立单元支付展位费用,并在整个展览持续期间完全由自己雇用人员以自己或他人的名义提供产品或服务的个体就被称为参展商;支付展位费但未能参加展览的企业不被计为参展商;联合展出的企业也应被计为参展商,只要参展商是以自己的人员和产品展出即可,即使没有形式上的分离,但只要独立性明显即可,在参展商登记方面必须能表现出参展商的独立性,如果说联合展出的参展商登记时不能表现出独立性,它们将被作为一个参展商反映;如果一个参展商占用一个以上展位,应当被当作一个参展商来记录。但是,如果一个展览被清晰地划分为几个部分,或者说提供不同的产品和服务,而且一个公司在不同的部分都有展位并且在每个展位上都能有真正的展览,那么就应该根据这个参展商独立的展位个数来计量这个参展商的个数;即使母公司出现在展览上,只要子公司能提供自己的产品并满足其他的参展商的条件,子公司也是独立的参展商;在展会上为参展商或观众提供服务的服务提供商、行政管理机构、协会和各种组织不能被计为参展商。但当他们提供的服务与展览的主题相关,而且他们还支付了展位费,就应该作为参展商来计量。筵席承办商不能算作参展商
	外国参展商的数量	这是国际展的重要指标,指来自举办国以外的其他国家参展商的个数
	被代理企业数量	委托其他企业代为展览本公司产品的企业。一般代理商只能被记录一次,多次记录的规则与参展商一样;记录参展商的规则同样可被用于记录代理商;当公布参展商总数时,代理商的数量不能记在内
	参展商所代表的国家数量	参展商所代表的国家数的总和
观众	观众的数量	第三个重要指标。(国内和国外的)观众的绝对数量是观众分析评价的基础。这些数据都能从组织者处获得。观众人数也就是入场券的数量,一般可以通过观众入场系统或单天票数以及多天票数乘以最小使用频率来计算。在一些特殊的案例中观众数可以通过调查方式获得,对于一些并行举行的展会,以联票形式出售。调查问卷的形式获得的观众数据是可比的,但是由于选择的方法不同波动较大
	专业观众的比例	出于商业/专业目的参加展览的观众在观众总量中所占的比例
	国内专业观众的地区分布	国内专业观众在本地区和全国范围的分布
	国外专业观众的地区分布	国外专业观众在本地区和全国范围的分布

续表

项目	评价指标	统计含义
观众	专业观众行业分布	专业观众在各行业的分布
	专业观众对购买/采购决策的影响力	专业观众对所在公司/组织采购决策的影响力
	专业观众的职位	专业观众在所在公司/组织的职位
	责任范围	参展商能意识到专业展不仅有负责采购的技术人员或管理人员参加,消费类展会也不完全由购买者参加。尤其是在一些大型的公司或在一些大额的采购中,往往会有特殊部门来参加。消费类展会通常也有一些寻求零售灵感的个人销售者或市场专家。参展商应该特别注意和这些观众建立联系,因为他们对参展商的产品进入市场有重要影响
	参展频率	在一个已举办过的展览上,平均有20%~30%的观众第一次参展。也就是说,参展商有大量的机会和第一次参加展览的公司或者是经常来参加展览的公司的新员工建立联系
	专业观众的公司规模	指专业观众的公司规模,一般以公司雇员多少来表示
	专业观众停留时间	专业观众在展会上停留的天数
	普通观众比例	一般的消费类展会普通观众的比例超过80%,在特殊的消费类展会上这个比例可能会更低一些。还有一些展会会有两类观众参加:专业观众和普通观众。普通观众比例一般在30%~70%
	普通观众的地区分布	普通观众在国内、外的地区分布
	年龄	普通观众的年龄
	职业	普通观众的职业
	家庭净收入	普通观众的家庭中每个成员净收入的总和
	购买或预定活动/展后采购活动	普通观众在展会上以及展会后的购买/预定活动
媒体	媒体的数量	对展会进行报道的媒体的数量
	国内媒体的比例	国内媒体在媒体总量中所占的比例
	媒体所代表的国家数	媒体所代表国家数的总和

国际博览会联盟(Union of International Fairs,简称UFI)有一套成熟的会展评估体系,对会展的参展商、专业观众、规模、水平、成交等进行严格评估,达到标准的,或被接纳为成员,或准予刊登在年度会展目录上,并向全世界推广。由于UFI的权威性,被认可的会展在吸引参展商、专业观众等方面具有很大优势,一旦会展或博览会的名称与UFI联系在一起,即被认为是最高品质的象征。

我国的中介机构对会展的评估工作虽然起步较晚,但近些年却取得了长足的发展,各地已经成立或即将成立的会展行业协会也已经或准备积极开展当地的会展项目评估工作。比如,福建省厦门市会展协会作为全市会展行业的中介组织,主要负责加强行业的自律和协调工作,承办政府相关部门委托的会展评估和会展统计工作。

知识链接

如何评估展会效果?

有效的调研与评估是确定会展是否成功、监测工作绩效、决定企业是否有必要继续采用这种营销推广方式的依据之一。目前国内对会展活动的评估意识和专业知识还不是很健全,大多数停留在展后写活动总结和员工心得的层面,事实上这还远远不够。科学的评估体系的建立不应局限在会展之后对市场反馈的监测和整理,而是一个贯彻在会展前、中、后期的由专门研究展会绩效评价的组织负责的整体工作。

(一)确立展会评估目标

展会评估的主要目标是了解展出的效率和效益。由于会展效果的评估涉及会展工作项目与工作成果之间的复杂的关系,导致了展会评估目标的复杂化。所以在进行展会评估时应该根据展出目标确立评估的具体目标和主要内容,并依据评估目标的主次,排列优先评估或重点评估的次序。

(二)选择规范的评估标准

会展效果的评估标准系统包括整体成效、宣传效果、接待成果、成交结果等。评估时应该根据展出目标确定展会评估标准的主次。比如展出目标是推销,就应该把成交结果作为主要评估标准。划定评估标准的主次以后,还应该使其规范化。评估标准的规范化是指评估标准必须明确、客观、具体、协调和统一,也就是,明确评估标准的主次、重心;客观地制定切合实际的评估标准;量化评估标准,使之具体化、可操作性强;评估标准之间必须协调并能长期统一,使评估结果更为准确。

（三）制订评估方案

根据会展效果的评估目标及标准，确定各阶段具体的评估内容和评估方案，包括各段时间安排与抽样分布、评估的对象和方法、人员安排和经费预算等。制订评估方案应包括以下内容：

1. 根据评估项目、对象和方法制订评估方案，明确人员分工，安排各项必要措施。

2. 设计制作各种测评问卷及情况统计表，如参展商问卷调查表、观众问卷表和展览会举办情况统计表等。

3. 小范围预测，修改测评问卷。

4. 对测评人员进行培训，考虑测评困难及问题防范措施。

（四）实施评估方案

1. 通过收集现成资料、安排记录、召集会议、组织座谈、利用调查问卷向参观者收集情况等方式收集各种信息。

2. 整理收集的信息，处理分析数据。

（五）撰写评估报告

根据不同阶段的效果测评，汇总分析，对整个展览活动过程的效果进行总体评价，写出评估报告。报告内容一般包括评估项目、评估目的、评估过程与方法、评估结果统计分析、评估结论与可行性建议及附录等。

评估结果是将评估所得资料整理出来。除了用若干统计表和统计图来呈现以外，报告中还必须对图表中的数据资料隐含的趋势、关系和规律加以客观描述，也就是说要对评估结果加以说明、讨论和推论。评估结果所包含的内容应该反映出评估目的，并根据评估标准的主次来突出所要反映的重点内容。一般来说，评估结果中应包含以下内容：展台效果、成本效益比、成交笔数、成交额、接待客户数量、观众质量等。

（六）结论和建议

要用简洁明晰的语言做出结论，如阐述酒店用品展评估结果说明了什么问题、有什么实际意义。必要时可引用相关背景资料加以解释、论证。建议是针对评估结论提出可以采取哪些措施以获得更好的效果，或者是如何处理已存在的问题，最好能提供有针对性的行动方案。

资料来源：第十三届中国（广东）国际酒店用品展览会官方网站（www.hosfair.com）。

复习思考题

1. 会展评估的意义和目的是什么？

2. 会展评估的主、客体分别是什么？

3. 假如你是某国际汽车展的参展商，请为自己的企业写一份展会评估报告。

4. 请跟踪一次会展活动，并以会展中介机构的身份为这次展会写一份评估报告。

参考文献

[1]胡平.会展旅游概论[M].上海:立信会计出版社,2003.

[2]华谦生.会展管理[M].广州:广东经济出版社,2008.

[3]林宁.展览知识与实务[M].北京:经济科学出版社,1999.

[4]刘大可.会展项目管理[M].北京:中国人民大学出版社,2017

[5]刘大可.会展营销教程[M].北京:高等教育出版社,2013.

[6]刘大可,王起静.会展活动概论[M].北京:清华大学出版社,2004.

[7]罗秋菊,展览会选题定位与运作模式研究——以东莞为例[M].天津:南开大学出版社,2008.

[8]刘松萍,李佳莎.会展营销[M].成都:电子科技大学出版社,2003.

[9]刘伟,符文洋.大型国际会展中的项目管理[M].南宁:广西人民出版社,2004.

[10]马勇,王春雷.会展管理的理论、方法与案例[M].北京:高等教育出版社,2003.

[11]马勇,肖轶楠.会展概论[M].北京:中国商务出版社,2004.

[12]潘杰.中国展览史[M].成都:电子科技大学出版社,1993.

[13]邱菀华.现代项目风险管理方法与实践[M].北京:科学出版社,2003.

[14]邱菀华.现代项目管理导论[M].北京:机械工业出版社,2002.

[15]田扬,李恩荣.浅谈供应链中的供应商管理及其在采购预算中的应用[J].企业管理,2004(1):34.

[16]王春雷.会展市场营销[M].上海:上海人民出版社,2004.

[17]王起静,等.会展项目管理[M].北京:中国商务出版社,2004.

[18]魏中龙,段炳德.我为会展狂——如何经营成功的会展[M].北京:机械工业出版社,2002.

[19]吴志才.会展策划理论与实务[M].北京:经济管理出版社,2016.

[20]张凡.会展策划[M].武汉:武汉大学出版社,2014.

[21]张健康,任国岩.会展概论[M].北京:高等教育出版社,2004.

[22]中国国际贸易促进委员会.中国会展经济发展报告2004[M].北京:经济日报出版社,2005.

[23]周彬.会展旅游管理[M].上海:华东理工大学出版社,2003.

[24] Dr. JOE GOLDBLATT. CSEP, Special Events [M]. Third Edition. New York: John Wiley & Sons, Inc, 2002.

[25] GETZ D. Event Management & Event Tourism [M]. New York: Cognizant Communication Corporation, 1997.

[26] GOLDBLATT J, MCKIBBEN C. The Dictionary of Event Management [M]. New York: Van Nostrand Reinhold, 1996.

[27] HOLLOWAY J C, ROBINSON C. Marketing for Tourism [M]. London: Longman, 1995.

[28] MILTON T ASTROFF, JAMES R ABBEY.会展管理与服务[M].5 版.北京:中国旅游出版社,2002.

[29]安昌达人.百科译展业活动的规划与管理[M].北京:光明日报出版社,1985.

[30]博姆.成功的会务组织[M].王健梅,译. 北京:中国标准出版社,2001.

[31]哈罗德·科兹纳.项目管理——计划、进度与控制的系统方法[M].杨爱华,等,译.北京:电子工业出版社,2002.

[32]罗伯特·尼尔森.会议管理——如何创造高效率的会议[M].高维泓,译.桂林:广西师范大学出版社,2001.

[33]罗杰·摩司魏克,罗伯特·尼尔森.会议管理[M].桂林:广西师范大学出版社,2001.

[34]乔治·费尼奇.会展业概论[M].刘大可,等,译.北京:中国人民大学出版社,2016.

[35]乔·戈德布拉特.国际性大型活动管理[M].北京:机械工业出版社,2003.

[36]约翰·艾伦.大型活动项目管理[M].北京:机械工业出版社,2002.